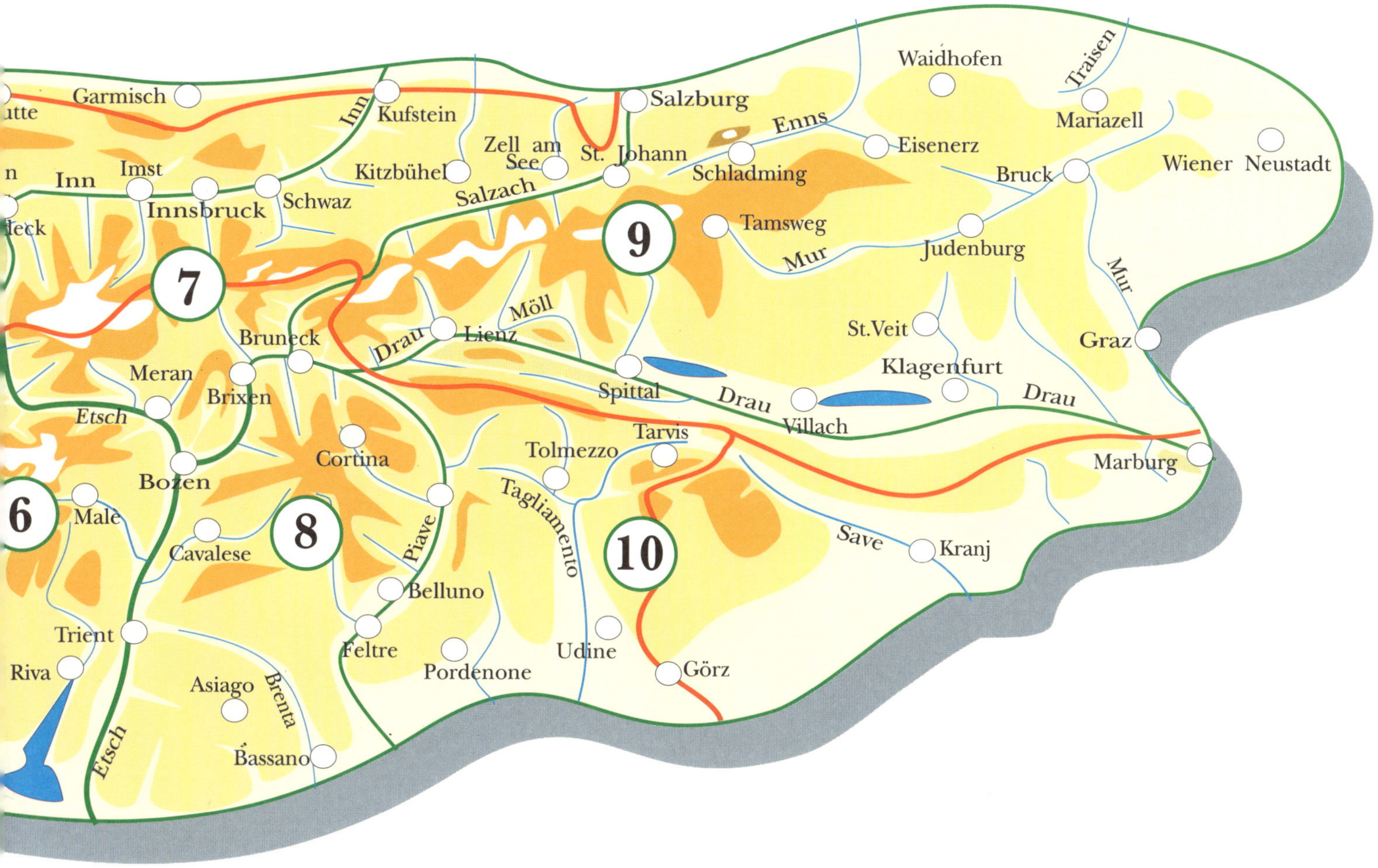

1000 Gipfel der Alpen Regioneneinteilung:

Maßstab ca. 1:2,5 Mio.

0 50 100 150 200 250 300 km

1000 Gipfel
der Alpen

Ernst Höhne

1000 Gipfel der Alpen

Wanderziele und Paradeberge

Bechtermünz

Einführung

1000 von 300 000 Alpengipfeln

Das größte und höchste Gebirge Europas sind die Alpen. Sie beeinflussen uns nicht nur vielfältig, sondern sind darüber hinaus ein wesentlicher Klimafaktor unseres Kontinents und schließlich ein gewaltiges Hindernis. Sie umfassen etwa 200 000 Quadratkilometer und bilden ein im Westen halbkreisförmiges, später gegen Osten gerades Bergband von etwa 1200 Kilometern Länge und 150 bis 250 Kilometern Breite. Auf jeden Fall ist dieser 1200 Kilometer lange Strang des von nur wenigen Einsenkungen unterbrochenen Alpenhauptkamms, der von beinahe unzähligen Seitenkämmen flankiert ist, viel ausgedehnter, als wir uns das – ohne lang zu überlegen – vorstellen. Tatsächlich unterschätzen wir alle die Alpen mit ihren über 100 Gebirgsgruppen. Da die Alpen jedoch keineswegs eben, sondern reichlich mit mehr oder minder steilen Hängen ausgestattet sind, umfassen sie in Wirklichkeit eine wesentlich größere Fläche – grob geschätzt rund 40 Prozent mehr.

Die Alpen sind aus zahlreichen verschiedenartigen Gesteinen aufgebaut, die entweder sozusagen durcheinander liegen oder auch massiert in bestimmten Gebieten vorkommen. Im letzteren Fall nennt man solche Alpenteile unter anderem Kalkalpen, Schieferalpen, Urgesteinsalpen. Doch die meisten Alpenteile bestehen teils auch aus anderen Gesteinsarten, nicht nur aus denen, auf die der Name hinweist. So gibt es zum Beispiel im Kalkgebirge Dolomiten auch Urgestein.

Wegen ihrer Unzugänglichkeit und Wildheit betrachteten die Menschen vergangener Jahrhunderte und Jahrtausende die Alpen nicht gerade mit Sympathie, sie bedeuteten ihnen fast nur Schrekken und Entbehrungen. Seit der Zeit der Romantik, seit Rousseau sein »Zurück zur Natur« verkündet hatte, aber auch seit man bessere und sichere Verkehrswege in und durch die Alpen zu bauen gelernt hatte, änderte sich diese Meinung. Anfangs waren es nur wenige Alpenfreunde und ihre Zahl nahm zunächst auch nur wenig zu. Heute sind die Alpen der größte Magnet Europas, der teilweise schon intensiv für den Fremdenverkehr erschlossen ist und die meisten Besucher anzieht. Trotzdem bleibt noch genug Raum für die Menschen, die Natürlichkeit und Ruhe hochschätzen.

Mit dieser Zusammenstellung der 1000 bedeutendsten Alpengipfel erhält jeder Interessierte ein großzügiges Gesamtbild der Alpen, das alle Teile, auch die kaum bekannten Gebirgsgruppen, berücksichtigt.

Eine Auswahl von nur 1000 unter rund 300 000 selbständigen Alpengipfeln zu treffen, ist nicht ganz einfach. So mußte zuerst einmal das Wort »bedeutend« umrissen und die Art der Auswahl erläutert werden, was in einem eigenen Kapitel geschieht. Doch auch nach Festlegung auf bestimmte Auswahlkriterien bleibt noch viel Ermessensspielraum für Argumente und Gegenargumente. So ist die Auswahl reiflich überlegt, muß aber doch subjektiv bleiben.

Dieser Versuch, einen Überblick der gesamten Alpen mit 1000 Gipfelbeschreibungen, Texten, Kartenskizzen und rund 200 Bildern zu geben, verfolgt nicht nur das Ziel, Wissen zu vermitteln. Er soll in erster Linie bei Bergfreunden die Lust entstehen lassen, bisher unbekannte Gipfel und Landschaften kennenzulernen, aber auch Neuland zu entdecken. Und begeisternde Ziele innerhalb unserer beliebten Alpen zu finden, die ebenso attraktiv sind und vielleicht größere Freude bringen als so manche Anziehungspunkte ferner Kontinente – nur eben leichter und schneller zu erreichen sind. Diese Zusammenstellung könnte auch dazu beitragen, die bekannten und viel besuchten Berge und Gebiete zu entlasten.

Wer sich mit den hier vorgestellten 1000 Gipfeln beschäftigt, wird staunend feststellen, daß es noch viele unbekannte faszinierende Landschaften und Berge innerhalb der Alpen gibt, die es wert wären, besucht zu werden, und vor allem, die einen Besuch reich lohnen würden!

Auf jeden Fall ist diese Zusammenfassung eine Hilfe, die Alpen umfassender zu sehen und sie nach der Lektüre des Buches vielleicht mit anderen Augen zu betrachten.

Daß bei diesen Gipfelbeschreibungen – und nicht zuletzt bei der Auswahl – auch individuelle Eindrücke mitbestimmt haben, ist selbstverständlich. Andererseits ermöglicht die in fast 50jähriger Alpenverbundenheit erworbene persönliche Kenntnis auch eine andere, vertrautere Betrachtung, als es allein das fleißige Zusammentragen vieler Informationen aus Bergen von Papier, sozusagen am grünen Tisch, jemals erlauben könnte.

Es ist zu hoffen, daß die Anregungen viel Bergfreude vermitteln können und daß sie dazu beitragen, auch bisher weniger bekannte Berge zu besteigen. Vor allen sind diejenigen angesprochen, in denen noch die Entdeckerlust steckt und die es lieben, Neues, bis dahin noch Unbekanntes zu sehen und die Berge noch so zu erleben, wie sie ohne Erschließung aussehen.

Ich danke allen, die mir mit Hinweisen, Korrekturen und Vorschlägen geholfen haben, besonders meinem Freund Pierre Terrier, Aix-les-Bains, und Grete und Dr. Hermann Seidel, St. Pölten!

Eichstätt, im Mai 2000

Ernst Höhne

▷▷ Vom Zeller See im Mitterpinzgau blickt man gegen Süden auf die nahen Berge der Hohen Tauern. Links steht der Hochtenn im Kamm zwischen Fuscher- und Kapruner Tal, rechts das Kitzsteinhorn im Kamm zwischen Kapruner Tal und Stubachtal.

Inhalt

Vorüberlegungen

Alpeneinteilung und Gliederung

Das riesige Gebiet der Alpen bedarf einer gewissen Einteilung, um sich leichter ausdrücken und besser zurechtfinden zu können bzw. Örtlichkeiten unmißverständlich zu lokalisieren.
Versuche solcher Einteilungen, oder besser der Benennung bestimmter Teile, hat es gegeben, seit Menschen die Alpen betreten und sie als bedeutsam erkannt haben. Leider waren solche Versuche immer nur Stückwerk und sind bis heute fast ausschließlich subjektive und inkonsequente Ansätze geblieben. Neben der meist willkürlichen und individuellen Namensgebung stand das Fehlen genauer Grenzen. Das war in früheren Jahrhunderten und Jahrtausenden mangels geographischer Grundlagen verständlich, heute ist es bedauerlich, weil es zu vielen Mißverständnissen führt. Für den Mond gibt es Karten und einheitliche Benennungen, nicht jedoch für unsere Alpen! Denn immer noch werden geologische, lokale, politische und willkürliche Systeme der Grenzziehung nebeneinander und sogar gleichzeitig angewandt.
Das in unserer Zeit und wohl in den folgenden Jahrtausenden anscheinend einzige brauchbare, weil dauerhafte System der Abgrenzung verschiedener Alpenteile kann allein das geographische sein. Alle anderen sind – ganz deutlich ausgedrückt – unbrauchbar. Politische Grenzen werden immer wieder geändert, geologische könnten nur für bestimmte Seehöhen gelten, da sie kreuz und quer verlaufen, Sprachgrenzen werden seit Jahrhunderten immer undeutlicher und können sich durch Grenzänderungen, Zwang und Verschmelzung laufend ändern. Die geographischen Abgrenzungen dagegen bedienen sich unübersehbarer Tatsachen, der naturgegebenen Flußtäler, die sich nur in sehr, sehr langen Zeiträumen ändern könnten. Dieses System wird auch hier angewandt, wie es auch grundsätzlich viele Wissenschaftler und mehrere Alpenvereine Europas – wenn auch nicht immer konsequent – praktizieren. Im Bereich der Ostalpen beruht es auf der Alpenvereinseinteilung. Freilich enthält auch sie infolge meist lokaler Widerstände noch manche Eigenheit, die nicht ganz mit den genannten Grundsätzen übereinstimmt. Für die Westalpen bietet sich kein brauchbarer Einteilungsvorschlag aus diesem Gebiet. So konnte die Forderung geographischer Grenzen einigermaßen konsequent angewandt werden. Das mußte zu manchen Abweichungen von örtlichen Namensgebungen und Grenzen führen.
Unangefochten ist die große Trennung in West- und Ostalpen, die an Rhein, Hinterrhein, Splügenpaß, Liro, Mera und Comersee (Lago di Lecco) verläuft. Die Westalpen nehmen rund 2/5, die Ostalpen 3/5 der Alpen ein. Dementsprechend sind in diesem Buch die Westalpen in vier, die Ostalpen in sechs Regionen aufgeteilt. Diese Regionen haben voneinander teils stark abweichende Größen. Jede Region faßt mehrere Gebirgsgruppen zusammen. Eine Gesamtübersichtskarte am Anfang des Buches und jeweils eine Regionsübersicht am Anfang der Regionsbeschreibung erleichtern den Überblick und die Orientierung.
Bei der Einteilung der Gebirgsgruppen – es existiert ja noch keine allgemein anerkannte Alpengliederung! – und bei ihrer Begrenzung kommt es zu Abweichungen von örtlich üblichen Versionen. Es ist aber in den Tabellen darauf hingewiesen, wenn die hier angewandten Grenzen oder Namen auch anders sein können. Vor allem in der Schweiz und in Frankreich spielen Kantone und Talschaften eine große Rolle, die sich in der Namensgebung einzelner Gebirgsgruppen und ihrer Grenzziehung niederschlägt.
Auch manche »scheinbar unalpine« Landschaft – man denke nur an die Provence – kann Zweifel an der genauen Begrenzung der Alpen oder ihrer Abgrenzung gegen das Vorland entstehen lassen. Eine andere, von der Natur vorgegebene Tatsache bringt Unklarheiten in die Begrenzung der Alpen zur Ebene bzw. zum Alpenvorland. Denn in fast allen Fällen bewegen sich die Flüsse aus den Alpen hinaus und nicht parallel zu ihnen, wie es unserer Einteilung willkommen wäre. In diesen Zonen muß der manchmal nicht eindeutig festzulegende Alpenrand, wo die letzten deutlichen Berge ins Flachland oder Hügelland übergehen, als Grenze angesehen werden. Das ist aber deshalb nicht so gravierend, weil es sich dabei um relativ kleine Gebiete handelt. Jedenfalls stellt es im Sinn einer großzügigen Alpenbetrachtung kein Hindernis dar.

Welche Alpengipfel sind bedeutend?

Diese heikle Frage hat viel Kopfzerbrechen bereitet. Sie mußte aber allein dem Sinn des Buches entsprechend geklärt bzw. entschieden werden. Folgende Berge sollen das Prädikat »bedeutend« erhalten:

1. Die höchsten Gipfel aller Gebirgsgruppen.
2. Die Gipfel an Eck- oder Verzweigungspunkten von Kämmen und Graten.
3. Die Gipfel mit besonders auffallender Form oder bestimmten Eigenschaften, denen das menschliche Interesse schon lange Zeit gegolten hat.
4. Gipfel, die man von vielen Richtungen als besonders herausragend empfinden kann.
5. Gipfel, die aus bergsteigerischer Sicht ausgesprochene Anziehungspunkte darstellen.
6. Gipfel, die als besonders grandiose Aussichtspunkte gelten.

Die Höhe oder die Schwierigkeitsgrade tauchen als Kriterien nur in Zusammenhang mit anderen Voraussetzungen auf, können nach genauerer Überlegung aber allein für sich nicht gewertet werden. Denn das würde dann einen ganz anderen Titel erfordern.
Bei zahlreichen beschriebenen Gipfeln treffen mehrere dieser genannten erforderlichen Punkte zusammen. Bei diesen ist dann sicher kein Zweifel möglich. Bei anderen wieder könnte mancher anderer Meinung sein. Doch bei den meisten dürfte es wohl kaum abweichende Beurteilungen geben.

Dieses Buch ist mit aller Sorgfalt geschrieben, illustriert und zusammengestellt worden. Dennoch müssen alle Angaben ohne Gewähr erfolgen, weil zwischenzeitliche Änderungen nicht auszuschließen sind. Weder den Autoren noch dem Verlag ist es deshalb möglich, für daraus resultierende Nachteile oder Schäden eine Haftung irgendwelcher Art zu übernehmen. Hierfür bitten wir ganz herzlich um Ihr Verständnis.

Erläuterungen

Regionen

Zur besseren Übersicht und mit dem Ziel des raschen Findens sind die Alpen in zehn Regionen gegliedert, deren Verteilung die große Übersichtskarte zeigt. Die Regionen tragen Nummern, die von Südwesten nach Nordosten ansteigen.
Jede Regionenbeschreibung beginnt mit einer allgemeinen Schilderung, einer farbigen Übersichtskarte und einer tabellarischen Aufstellung der einzelnen Gebirgsgruppen, die Auskunft über Größe, genaue Grenzen, politische Zugehörigkeit, höchste Gipfel, Untergruppen sowie Führer und Landkarten gibt. Zahlen sind in manchen Fällen, zum Beispiel bei Größenangaben, gerundet. In der Spalte Führer und Landkarten steht am Anfang der Herausgeber (meist Verlags- oder Organisationsname) bzw. der Erscheinungsort. Danach folgt der Titel. Einige Kurzbezeichnungen sind am Ende der Abkürzungen erläutert. Dann kommen die Gipfelbeschreibungen, geordnet nach Gebirgsgruppen. Bei der Begrenzung sind Flüsse, Bäche und teils auch Orte oder Seen angeführt. Auf Abkürzungen wurde weitgehend verzichtet, um eine gute Lesbarkeit zu erhalten.

Gebirgsgruppen

Jede Region besteht aus mehreren Gebirgsgruppen. Die meisten von ihnen sind allgemein bekannt, und auch ihre Begrenzungen entsprechen häufig den üblichen Vorstellungen. Abweichungen gibt es in den Ostalpen nur wenige, in den Westalpen mehr, besonders im Südwesten. Über die wichtigsten Angaben und die Grenzen unterrichtet die Tabelle bei jeder Region.

Untergruppen

Fast überall sind die größeren Gebirgsgruppen weiter in Untergruppen gegliedert. Ihre Namen sind ebenfalls den Tabellen zu entnehmen. Sie folgen dem üblichen Sprachgebrauch oder sind den Spezialführern entnommen. In wenigen Fällen wurde eine eigene Einteilung verwendet, sofern keine Grundlagen vorhanden waren. Auch hier gibt es keine allgemeingültigen Bezeichnungen.

Gipfelbeschreibungen

Dieser Hauptteil des Buches enthält die wichtigsten Kurzangaben der jeweiligen Gipfel, kann aber – allein aus Platzgründen – keine erschöpfende Beschreibung wie in einem Führer bieten.
Bei den Gipfelbeschreibungen steht an erster Stelle das allgemein Wissenswerte, dann werden in zahlreichen Fällen die Erstbesteiger genannt. Dabei ist unterschieden nach der Motivation aus eigenem Antrieb und dem Verdienst als Führer, Vermesser o. ä. Zum Beispiel: P. Grohmann (Initiator) mit H. Devouassoud (Führer).
Dann folgt die Kurzangabe des Normalwegs (meist der am häufigsten begangene, fast immer der einfachste und kürzeste), wobei Ausgangspunkt, Hütten, Schwierigkeit und Anstiegszeit angeführt sind. Häufig sind die Lage der Ausgangspunkte und die Zufahrten bzw. Zugänge kurz angedeutet – diese Informationen stehen in Klammern. Beispiel: Vom Refuge du Couvercle, 2687 m (von Montenvers, Bergbahn von Chamonix, 4 Std.). Das bedeutet, daß die genannte Hütte in 4 Stunden von Montenvers zu erreichen und Montenvers durch eine Bergbahn mit Chamonix verbunden ist. Die Anstiegsrouten sind im allgemeinen mit rund drei geographisch eindeutigen und in den Karten eingezeichneten Punkten angedeutet.

Die angegebenen Wegzeiten gelten für durchschnittliche Gehgeschwindigkeit ohne eingelegte Rasten usw. Die Schwierigkeitsangaben entsprechen ungefähr der Alpenskala I–VI. Es muß betont werden, daß mit ihnen lediglich die technischen Schwierigkeiten angedeutet werden. Gletscherüberschreitungen sind nicht besonders erwähnt, ebenso weitere eventuelle Schwierigkeiten, die sich aus zeitgebundenen Verhältnissen ergeben.

Schreibweise

Grundsätzlich werden die Namen so geschrieben wie auf den offiziellen örtlichen Karten. Davon gibt es folgende Ausnahmen:
Wenn es deutsche Namen gibt, werden sie auch verwendet, wenn die Karten fremdsprachige Namen vorziehen.
Bei uneinheitlicher Schreibung wird die Version vorgezogen, die eher der deutschen Schreibweise entsprechen könnte (zum Beispiel Les Marécottes und les Marécottes – in diesem Fall wird groß geschrieben).
Bei den Angaben der Begrenzungen sind die geographischen Punkte oder Linien durch Gedankenstriche getrennt, um Mißverständnisse mit Trennungsstrichen zu vermeiden. Zum Beispiel: Hinterrhein – San-Bernardino-Paß – Moesa.
Wenn Namen in zwei Sprachen angegeben sind, so werden sie durch einen Schrägstrich getrennt – zum Beispiel: Dora Baltea/Doire Baltée. Das gilt auch für Namen gleicher Bedeutung – zum Beispiel Rifugio Croda da Lago/Reichenberger Hütte.

Abkürzungen in den Tabellen

Bei den Angaben der politischen Zugehörigkeit wurden die gängigen Kurzbezeichnungen verwendet. Diese Zahlen- bzw. Buchstabenfolgen sind nachfolgend – nach Staaten getrennt – erklärt. Dahinter folgen einige andere Abkürzungen, die teils in den Tabellen, teils im Text verwendet wurden.

In Frankreich sind die Départéments numeriert, was auch für Postanschriften und Autokennzeichen gilt. Zur besseren Information sind die Hauptorte in Klammer beigefügt.

04	= Alpes de Haute Provence (Digne)	05	= Hautes Alpes (Gap)
06	= Alpes Maritimes (Nizza)	13	= Bouche-du-Rhône (Marseille)
26	= Drôme (Valence)	38	= Isère (Grenoble)
73	= Savoie (Chambéry)	74	= Haute Savoie (Annecy)
83	= Var (Toulon)	84	= Vaucluse (Avignon)

Italien ist in Provinzen eingeteilt, die nach ihren Hauptstädten benannt sind (und deren Abkürzungen bis vor wenigen Jahren auch als Autokennzeichen galten):

AO	= Aosta/Aoste	BG	= Bergamo
BL	= Belluno	BS	= Brescia
BZ	= Bozen	CO	= Como
CN	= Cuneo	IM	= Imperia
MI	= Milano/Mailand	NO	= Novara
PN	= Pordenone	SO	= Sondrio
SV	= Savona	TN	= Trient
TO	= Torino/Turin	UD	= Udine
VC	= Vercelli	VE	= Verona

In der Schweiz sind Postanschriften und Autokennzeichen durch die Kantonsabkürzungen gekennzeichnet:

AI	= Appenzell-Innerrhoden	AR	= Appenzell-Außerrhoden
BE	= Bern	FR	= Fribourg/Freiburg

GE	= Genf	GL	= Glarus
GR	= Graubünden	LU	= Luzern
NW	= Nidwalden	OW	= Obwalden
SG	= St. Gallen	SZ	= Schwyz
TI	= Ticino/Tessin	UR	= Uri
VD	= Vaud/Waadt	VS	= Valais/Wallis
ZG	= Zug	FL	= Fürstentum Liechtenstein

In Deutschland gelten die Autokennzeichen der Kreise:

BGL	= Berchtesgadener Land	GAP	= Garmisch-Partenkirchen
LI	= Lindau	MB	= Miesbach
OA	= Oberallgäu	OAL	= Ostallgäu
RO	= Rosenheim	TÖL	= Bad Tölz
TS	= Traunstein		

In Österreich sind die Kennzeichen der Bundesländer durch die der Bezirkshauptmannschaften bzw. gleichbedeutender Einheiten ersetzt worden:

AM	= Amstetten	B	= Bregenz
BA	= Bad Aussee	BL	= Bludenz
BM	= Bruck an der Mur	BN	= Baden
BZ	= Bludenz	DL	= Deutschlandsberg
DO	= Dornbirn	FK	= Feldkirchen
G	= Graz	GB	= Gröbming
GM	= Gmunden	GU	= Graz-Umgebung
HA	= Hallein	HB	= Hartberg
HE	= Hermagor	I	= Innsbruck
IL	= Innsbruck-Land	IM	= Imst
JU	= Judenburg	JO	= St. Johann
K	= Klagenfurt	KB	= Kitzbühel
KF	= Knittelfeld	KI	= Kirchdorf (Krems)
KL	= Klagenfurt-Land	KU	= Kufstein
LA	= Landeck	LB	= Leibnitz
LE	= Leoben	LF	= Lilienfeld
LI	= Liezen	LN	= Leoben-Umgebung
LZ	= Lienz	ME	= Melk
MO	= Mödling	MU	= Murau
MZ	= Mürzzuschlag	NK	= Neunkirchen
PL	= St.-Pölten-Land	S	= Salzburg
SB	= Scheibbs	SE	= Steyr-Land
SL	= Salzburg-Umgebung	SP	= Spittal an der Drau
SV	= St. Veit an der Glan	SZ	= Schwaz
TA	= Tamsweg	VB	= Vöcklabruck
VI	= Villach	VK	= Völkermarkt
VL	= Villach-Umgebung	VO	= Voitsberg
WB	= Wiener Neustadt	WN	= Wiener-Neustadt-Land
WO	= Wolfsberg	WU	= Wien-Umgebung
WY	= Waidhofen (Ybbs)	ZE	= Zell am See

In Slowenien gelten die früher in Jugoslawien üblichen Abkürzungen der Bezirke:

CE	= Celje/Cilli	KR	= Kranj/Krainburg
LJ	= Ljubljana/Laibach	MR	= Maribor/Marburg
NG	= Nova Gorica		

Andere Abkürzungen, die vor allem in den Tabellen vorkommen:

CAF	= Club Alpin Français	CAI	= Club Alpino Italiano
CAS	= Club Alpin Suisse	DAV	= Deutscher Alpenverein
IGC	= Istituto Geografico Centrale	GR	= Grande Randonnée (Weitwanderwege in Frankreich)
GT	= Grande Traversate (Weitwanderwege in Italien)	IGM	= Istituto Geografico Militare
IGN	= Institut Geographique National	SAC	= Schweizer Alpenclub
SAT	= Società Alpinisti Tridentini	SLK	= Schweizer Landeskarte
Std.	= Stunde(n)	TCI	= Touring Club Italia

Verhalten in den Bergen

Der Aufenthalt in den Bergen, besonders im Hochgebirge, erfolgt unter teils völlig anderen Bedingungen als der in der Ebene. Die abweichenden Hauptfaktoren sind Temperatur, möglicher rascher Wetterumschlag, Zustand der Wege oder Routen, mögliche Gefahren beim Begehen dieser Wege und nicht zuletzt das Zurechtfinden.
Diese Tatsachen erfordern eine gewisse Anpassung im Interesse der eigenen Sicherheit und des eigenen Wohlbefindens. So sind entsprechendes Verhalten sowie vernünftige Kleidung und Ausrüstung unbedingt notwendig. Doch noch weit wichtiger ist das Wissen um mögliche Gefahren und Nachteile. Erst daraus kann das ernsthafte Bemühen um richtiges Verhalten entspringen. Wer die Berge nicht kennt und sie unterschätzt, lebt gefährlich! Die Tatsache, daß die meisten Unfälle in den Bergen ihre Ursache in Unwissenheit, Überheblichkeit und mangelnder Vorsicht haben, belegen das und sollten jedem zu denken geben.
Dabei ist es wirklich nicht sehr viel, was zu beachten ist; man muß es nur wissen – und befolgen! Dann kann der Aufenthalt in den Bergen zum großen Erlebnis werden. Wer dagegen die wenigen Regeln ignoriert, begibt sich selbst in Gefahr.

Wetter

Was bei sonnigem und trockenem Wetter als Spaziergang oder leichte Wanderung einzustufen ist, kann nach einem Wettersturz zu einer schwierigen, ja lebensgefährlichen Unternehmung werden! Deshalb ist es durchaus vernünftig, bei ungünstigem Wetter kurzerhand auf eine Tour zu verzichten. Das gilt auch für zu erwartendes Schlechtwetter. Das bedeutet, daß man sich unbedingt um die Wettervoraussage für den Tourentag kümmern muß. Zwar ist der amtliche Wetterbericht, ebenso wie die Prognosen Einheimischer, nicht immer zutreffend. Doch wir kennen keine besseren Vorhersagen, und Wetterstürze werden auch meist richtig angekündigt. Also unbedingt die Wettermeldungen in Funk und Fernsehen verfolgen und nach Möglichkeit auch das Barometer beobachten! Es gibt aber auch allgemeine Regeln, die man zu Rate ziehen kann:
Auf gutes Wetter deuten hin:
- klares Abendrot
- kalter Abend, kalte Nacht, kalter Morgen mit Reif bzw. Tau
- Wolkenauflösung am Abend
- Winddrehung von West auf Nord bis Ost (gilt auf der Alpensüdseite nicht unbedingt)
- Aufklaren nach Schneefall bis in tiefe Lagen

Auf schlechtes Wetter lassen schließen:
- verschwommenes Abendgelb
- Morgenrot und -gelb
- Winde und Wolken aus Südwest bis Nordwest
- hohe dünne Wolkenfelder mit Feder- und Schleierwolken
- zwischen den Höhenzügen liegende oder segelnde Wolken
- Halo-Erscheinungen, also farbige Höfe und Teile von farbigen Ringen
- Amboßwolken und zerfransende Wolkenoberkanten bringen Gewitter
- Bildung von Haufenwolken am Morgen deuten auf Gewitter

Allgemeine Wetterregeln:
Der obere Wind siegt. Nur aus ihm darf man Schlüsse ziehen. Bodennahe Winde sind nicht wetterprägend. Ein dauerhafter Wetterumschwung – gut oder schlecht – wird stets langsam eingeleitet. Rasche Änderungen sind zumeist ohne Bedeutung.
Ein Wermutstropfen ist die Erkenntnis, daß auch das beste Wetter nichts nützt, wenn die übrigen Bedingungen nicht stimmen. Gemeint ist damit in erster Linie der Schnee, der oftmals so hoch liegt, daß man die Steige nicht erkennen kann. Ganz abgesehen von den Schwierigkeiten und der Mühe, die sich daraus für die Fortbewegung ergeben. Deshalb ist zu empfehlen, sich auch nach der Schneelage zu erkundigen. Dabei muß man bedenken, daß an nordseitigen Hängen der Schnee rund einen Monat länger liegenbleibt als an südseitigen. Sollte man ein von Schnee zugedecktes Wegstück antreffen, das zudem ausgesetzt ist, kehrt man am besten um. Nur Erfahrene und zudem gut Ausgerüstete dürfen sich an solche Stellen wagen!

Wegbeschreibungen

Jeder Weg, auch der Normalweg, erfordert in den Bergen Aufmerksamkeit. Manchmal werden auch gute Wege etwas undeutlich oder sie gabeln sich plötzlich, wodurch man leicht unsicher werden kann. Auch können Steige durch Wettereinwirkungen zerstört oder kaum mehr kenntlich sein. Deshalb ist es nötig, in Zweifelsfällen an Hand der Landkarte zu überlegen, ob man noch auf dem richtigen Weg ist. Grundsätzlich sollte jeder bedenken, daß ein Zurückgehen zum sicher rechten Weg in nahezu allen Fällen vernünftiger ist als das Vertrauen, die richtige Route schon irgendwann wieder zu finden. Markierungen gewähren natürlich gute Sicherheit, wenn sie häufig genug und an den logischen Stellen angebracht sind. An der Häufigkeit der Markierungen, besonders in den Ostalpen – in den Westalpen geht man mit der Farbe sparsamer um – ist kaum zu zweifeln. Ob sie allerdings immer günstig angebracht sind, ist eine andere Frage. Man wird also auch bei markierten Wegen die Aufmerksarnkeit nicht vergessen.

Ausrüstung

Für die allermeisten der hier angegebenen Berge, die auf der Normalroute bestiegen werden, ist eine ganz normale Bergausrüstung nötig. Darunter ist folgendes zu verstehen: an erster Stelle feste Bergschuhe mit Profilgummisohlen; keine Halbschuhe, sondern solche, die den Knöchel gegen Abknicken schützen.
Bei der Kleidung ist ein Kälte- und Regenschutz sehr wichtig. Alles kommt in einen Rucksack, damit man die Hände stets frei hat. Ferner sind eine Sonnenbrille sowie Sonnenschutzcreme oft unentbehrlich. Nicht zu vergessen sind eine elastische Binde und Heftpflaster ebenso wie Proviant und Getränke.

Rücksicht

Wer sich in den Bergen richtig verhalten will, darf auch auf keinen Fall vergessen, daß jeder Mensch auch zum Wohl und zur Sicherheit anderer Lebewesen beitragen kann. Das kann ganz allgemein mit Rücksicht beschrieben werden – mit Rücksicht gegenüber der Natur. Das geht am besten mit Ruhe, Überlegung und Zurückhaltung. Es ist nicht weniger verwerflich, Pilze umzustoßen, Ameisenhaufen zu zerstören, das Wild zu erschrecken oder Alpentiere zu belästigen, als einem Menschen irgendein Leid zuzufügen!
Auch vor der Unsitte, Steine abzulassen oder loszutreten, kann nicht genug gewarnt werden. Das hat schon viele Menschen und Tiere verletzt und sogar getötet. Und schließlich gehört unter diese Überschrift auch das Brüllen und Schreien in den Bergen. Ebenso selbstverständlich ist es, daß man keinen Müll zurückläßt, also seinen Abfall wieder mit ins Tal nimmt.
Ganz allgemein gilt also in den Bergen: Vorsicht und Rücksicht in jeder Beziehung!

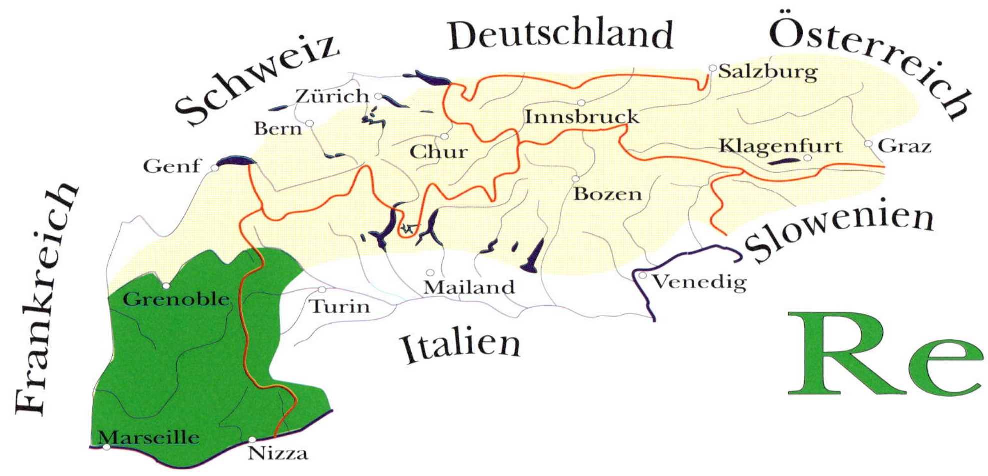

1 Region

Diese vom Herzen Europas am weitesten entfernte Region der Alpen und gleichzeitig die größte der hier angewandten Gliederung ist auch ihre bei weitem kontrastreichste. Das kommt allein schon in der Spannweite der Höhenlagen zum Ausdruck: Zwischen null Metern Seehöhe innerhalb von etwa 300 Kilometern der Côte d'Azur und des Ligurischen Meeres und 4000 Meter übersteigenden Gipfeln von Dauphiné- und Grajischen Alpen liegen tatsächlich »ganze Welten«. Diese Region umfaßt Subtropisches ebenso wie Arktisches. Ihre Gebirgsgruppen bieten nahezu alles, was sich Bergfreunde erträumen können. Und womöglich noch mehr! Gemeint ist der in diesem Ausmaß meist unerwartete Zusammenklang von Bergen und Meer. Und nicht zuletzt das einzigartige Erlebnis, das unendliche Meer nicht nur gleißend und schimmernd schauen zu können, sondern mit ein wenig Wetterglück auch in der Ferne Elba, ja sogar Korsika sehen zu können. Für jeden Bergfreund eine großartige, für die meisten von ihnen eine noch völlig unentdeckte Bergnatur.

Der südlichen geographischen Lage entsprechend, bietet die Pflanzenwelt über die Flora des Kerns der Alpen hinaus eine unerwartete Fülle. Nirgendwo sonst in den Alpen kann sich diese Pracht entfalten; Düfte und Farben schmücken heiße Hänge, aber auch alpine, schneenahe Einöden. Dazu trägt auch die geologische Vielfalt, vielleicht auch Zerrissenheit, bei. Eine saubere Teilung in Kalk und Schiefer ist hier nicht möglich. Die zur Zeit der Alpenentstehung auftretenden Gewalten haben mehr durcheinandergemischt als etwa in den Ostalpen. Dieser Umstand erklärt auch die Vielgestaltigkeit der Berg- und Landschaftsformen. Was diese Region – wie weite Teile der Westalpen – von großen Teilen der Ostalpen unterscheidet, sind die erheblichen Höhenunterschiede zwischen tiefeingeschnittenen Tälern und hochaufragenden Gipfeln, die so manche Gipfelbesteigung zu einer langen Unternehmung werden lassen. Das äußert sich auch in einer kaum erwarteten Tatsache: Hier ist ein bedeutender Teil der höchsten Alpenpässe konzentriert. So lassen zum Beispiel der Col de l'Iséran und der Col de la Bonnette das Stilfser Joch unter sich.

Die Vergletscherung ist größer, als man das der südlichen Lage entsprechend vermuten würde und konzentriert sich besonders in den Dauphiné-Alpen, im Vanoise und den Grajischen Alpen. Doch auch die Grandes Rousses und die Cottischen Alpen besitzen zahlreiche beachtliche Gletscher.

Ebenfalls im Gegensatz zu mancher Vermutung steht die Tatsache des großen Wasserreichtums, die sich dem Bergsteiger so häufig zeigt und durch eine ganze Reihe von Stauseen untermauert wird. Die Entwässerung dieser Region erfolgt durch Flüsse, die alle aus dem Alpenhauptkamm kommen. Im Westen sind das in erster Linie Isère und Durance, die beide in die Rhône münden. Der Var dagegen fließt direkt ins Meer. Auf der Ostseite des Alpenhauptkamms sammelt der Po alle Wässer; er selbst entspringt ja ebenfalls in ihm. Das Klima erinnert mit seiner sonnigen Seite an die Küste und ihre Anziehungspunkte, doch in den Bergen weicht die Eigenart der Wettergewalten, auch die Schneemenge und die Temperaturen, kaum von anderen Gebirgslandschaften ab.

Menschen dürften die Region vielleicht schon früher als andere Teile der Alpen betreten haben, weil verschiedene Gegenden gut zugänglich waren und auch günstige Lebensmöglichkeiten gewährten, womit in erster Linie die Provence-Alpen gemeint sind. Das sagenhafte Volk der Ligurer, als dessen Heimat man Afrika oder den Nahen Osten annimmt, dürfte die ersten auffälligen Spuren hinterlassen haben. Oder waren es Menschen noch vor ihnen? Gemeint sind die Schöpfer der rund 40 000 Felsenzeichnungen im Val des Merveilles in den Seealpen in über 2000 m Seehöhe. Sicher ist, daß zur Zeit von Hannibals Alpenübergang schon zahlreiche innere Täler der Region bewohnt waren, deren Bewohner sich wahrscheinlich überwiegend von der Viehhaltung und bescheidenem Ackerbau ernährten.

Um die Zeitenwende hat schon ein reger Verkehr über die Pässe stattgefunden, der vielen Bewohnern als Händler, Säumer, Viehtreiber, Wirt usw. Lebensmöglichkeiten bot. Die Bedeutung dieser Übergänge ergab sich aus der Notwendigkeit, die beiden Gallien (Gallia Cisalpina und Transalpina), heute Lombardei und Piemont und an der Alpen-Westseite Savoyen, Dauphiné und Provence, miteinander zu verbinden. Der Weg an der Küste war damals beschwerlich und gefährlich. Der Bergbau könnte schon in vorrömischer Zeit begonnen haben, erreichte seinen Höhepunkt aber erst im Mittelalter. Der Ausbau der Verkehrswege schritt nur langsam voran, und heute gibt es lediglich zwei Eisenbahnstrecken über bzw. unter den Südwestalpen durch den Fréjus-Tunnel (Mont-Cenis-Tunnel) zwischen Grenoble und Turin und durch den Col-di-Tenda-Tunnel. Erst in unserem Jahrhundert begannen der Fremdenverkehr und die Nutzung der Wasserkraft. Der Tourismus ist insgesamt bescheiden geblieben.

Ungefähr vier Fünftel dieser Region gehören zu Frankreich, der Rest zu Italien. Neben den Angehörigen der beiden Staatsnationen gibt es in dem Gebiet auf beiden Seiten der Grenze Frankreich/Italien die Okzitanen, ein Volk mit eigener Kultursprache, zu der auch das Provenzalische gehört.

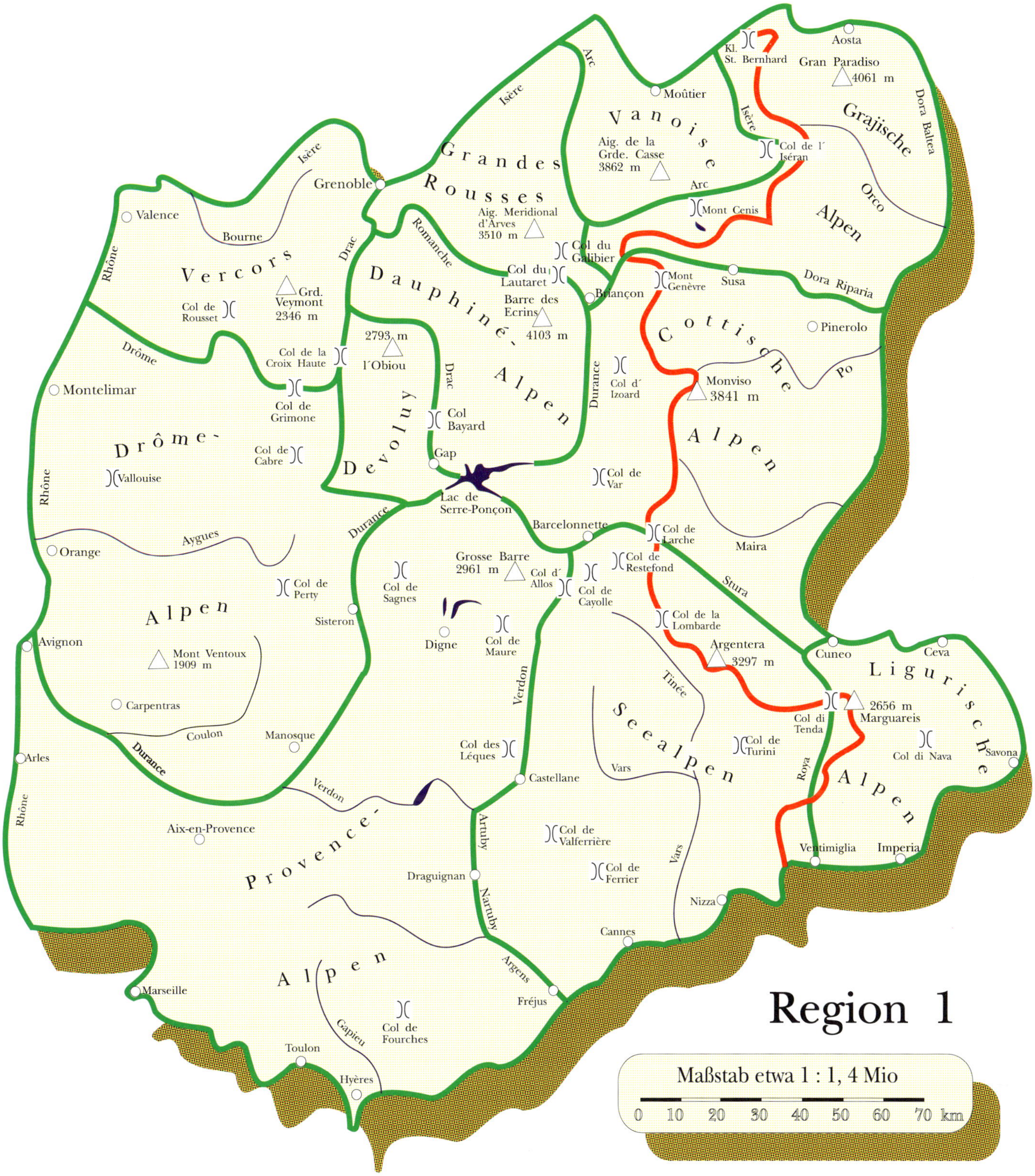
Region 1
Maßstab etwa 1 : 1, 4 Mio
0 10 20 30 40 50 60 70 km
Kl. St. Bernhard
Aosta
Gran Paradiso
4061 m
Grajische Alpen
Dora Baltea
Orco
Col de l´ Iséran
Isère
Moûtier
Vanoise
Aig. de la Grde. Casse 3862 m
Arc
Mont Cenis
Grandes Rousses
Aig. Meridional d'Arves 3510 m
Col du Galibier
Col du Lautaret
Romanche
Grenoble
Valence
Bourne
Rhône
Vercors
Grd. Veymont 2346 m
Col de Rousset
Drac
Dauphiné-Alpen
Barre des Ecrins 4103 m
Briançon
Mont Genèvre
Susa
Dora Riparia
Pinerolo
Cottische Alpen
Po
Monviso 3841 m
Col d´ Izoard
Durance
Drôme
Col de la Croix Haute
Col de Grimone
2793 m
l´Obiou
Col Bayard
Montelimar
Drôme-
Col de Cabre
Vallouise
Devoluy
Gap
Lac de Serre-Ponçon
Col de Var
Barcelonnette
Col de Larche
Maira
Stura
Orange
Aygues
Grosse Barre 2961 m
Col d´ Allos
Col de Restefond
Col de Cayolle
Col de Sagnes
Col de Perty
Sisteron
Alpen
Col de la Lombarde
Argentera 3297 m
Digne
Col de Maure
Avignon
Mont Ventoux 1909 m
Carpentras
Coulon
Manosque
Verdon
Tinée
Seealpen
Cuneo
Ceva
Ligurische Alpen
2656 m Marguareis
Col di Tenda
Col de Turini
Col di Nava
Savona
Arles
Col des Lèques
Castellane
Vars
Roya
Rhône
Aix-en-Provence
Provence-Alpen
Artuby
Col de Valferrière
Col de Ferrier
Ventimiglia
Imperia
Draguignan
Nartuby
Nizza
Cannes
Argens
Fréjus
Marseille
Col de Fourches
Gapieu
Toulon
Hyères

Gebirgsgruppe	Fläche in km²	Begrenzung	polit. Zugehör.	höchster Gipfel	Untergruppen	Führer/Karten
Ligurische Alpen, italienisch Alpi Liguri	4500	Alpenvorland – Bórmida – Col di Cadibona bzw. Col Altare – Lavenestra – Meer – Roya – Colle di Tenda/Col de Tende – Vermenagna	F/06 I/IM I/SV I/CN	Marguareis, 2651 m	Carmo-, Armetta-, Saccarello-, Marguareis-, Mongioie-Gruppe	CAI/TCI, Alpi Ligure et Marittime; CAI Mondoví, Marguareis; IGC 1:50 000 Nr. 8, 14, 15
Seealpen, italienisch Alpi Maríttime, französisch Alpes Maritimes	7000	Col de Larche/Col della Maddalena – Stura – Vermenagna – Col di Tenda/ Col de Tende – Roya – Meer – Argens – Nartuby – Artuby – Verdon – Col d'Allos – Ubaye – Ubayette	I/CN F/06 F/04 F/83	Argentera, 3297 m	Gelas-, Argentera-, Cialancia-, Tenibres-, Côte de'Âne-, Mounier-Gruppe	CAI/TCI, Alpi Ligure et Marittime; Didier & Richard, Alpes de Provence; Elster, Côte d'Azur und südliche Seealpen; IGC 1:50 000 Nr. 7, 8, 14; Didier & Richard 1:50 000 Nr. 1, 9, 10, 19, 26
Provence-Alpen, fr. Alpes de Provence mit verschiedenen Begrenzungen, die auch Teile der Seealpen einschließen	9300	Lac Serre-Ponçon – Ubaye – Col d'Allos – Verdon – Artuby – Nartuby – Argens – Meer – Rhône – Durance	F/04 F/83 F/84 F/13 F/05	Grosse Barre, 2961 m	Estrop-, Monges-, Verdon-, Maures-, Ste.-Baume-, Caume-, Estaque-, Ste.-Victoire-Gruppe und kleinere Gruppen	Didier & Richard, En Haute Provence; Elster, Provence; Edisud, Calanques (6 Bde.), Lubéron, Préalpes du Buëch, Bioux, Str. Baume, Ste. Victoire; Didier & Richard, Alpes de Provence; Didier & Richard 1:50 000 Nr. 1, 14, 19, 24, 25
Drôme-Alpen	6800	Drôme – Gas – Col de Grimone – Lunel – Buëch – Durance – Rhône	F/84 F/26	Ventoux, 1909 m	Lubéron, Plateau de Vaucluse, Ventoux-Albion, Baronies, Trente Pays, Buëch, Diois	Edisud, Randonnées aux Ventoux, Préalpes du Buëch; Didier & Richard 1:50 000 Nr. 5, 13, 27
Cottische Alpen, italienisch Alpi Cozie, französisch Alpes Cottiennes	6900	Col d'Echelle – Dora Riparia/Doire Baltée – Alpenvorland – Stura – Ubayette – Ubaye – Lac Serre-Ponçon – Durance – Clarée	F/05 I/CN I/TO	Monviso, 3841 m	Chaberton-, Orsiera-, Gran Queyron-, Rochebrune-, Monviso-, Chambeyron-, Parpaillon-Gruppe	CAI/TCI, Alpi Cozie; Didier & Richard, Haut Ubaye, Edisud, Haute Val Durance; Didier & Richard 1:50 000 Nr. 10; IGC 1:50 000 Nr. 1, 6, 7, 17
Devoluy	900	Drac – Col Bayard – Rousine – Durance – Buëch – Lunel – Col-de-la-Croix – Haute-Ebron	F/38 F/04 F/05	L'Obiou, 2793 m	Westkette, Ostkette, Montagne de Ceüse	Didier & Richard, Gapençais; Didier & Richard, Itineraires pédestres, à ski, équestres; Denoël, Les préalpes du Sud; Didier & Richard 1:50 000 Nr. 7
Dauphiné-Alpen, in F Massif des Ecrins oder Oisans genannt, der Südteil Gapençais	2400	Col du Lautaret – Guisane – Durance – Gap – Col Bayard – Drac – Romanche	F/05 F/38	Barre des Ecrins, 4103 m	Meije-, Ecrins-, Ailefroide-, Olan-Etret-, Soreiller-, Sirac-Gruppe, Gapençais	Rother, Dauphiné; Edisud, Préalpes du Buëch; Didier & Richard, Ecrins, Haut Dauphiné, Gapençais; Didier & Richard 1: 50 000 Nr. 6, 7
Vercors	2500	Isère – Drac – Ebron – Col de la Croix Haute – Col de Grimone – Gas – Drôme – Rhône	F/26 F/38	Grand Veymont, 2341 m	Vercors-Hauptkette, West-Vercors	Didier & Richard, Massif du Vercors, Royan; Edisud, Vercors; Didier & Richard 1:50 000 Nr. 12
Grandes Rousses, in F in mehrere Gruppen geteilt	2300	Arc – Saint-Michel-de-Maurienne – Valoirette – Col des Rochilles – Clarée – Guisane – Col du Lautaret – Romanche – Drac – Isère	F/38 F/05 F/73	Aig. Meridionale d'Arves, 3510 m	Chaîne de Belledonne, Grandes Rousses, Arves, Galibier	Didier & Richard; Chartreuse, Belledonne; CAF, Randonnées et Ascensions Maurienne, Haute Maurienne; Edisud, Haute Val Durance; Didier & Richard 1:50 000 Nr. 4
Grajische Alpen, italienisch Alpi Graie, französisch Alpes Grées, in F oft Haute Tarentaise, Haute Maurienne	3200	Dora Baltea/Doire Baltée – Alpenvorland – Dora Riparia – Col d'Echelle – Clarée – Col des Rochilles – Valoirette – Arc – Col de l'Iséran – Isère – Kleiner St. Bernhard – Dora di Verney	I/TO I/AO F/73 F/74	Gran Paradiso, 4061 m	Südliche Grajische Alpen, Zentrale Grajische Alpen, Paradisogruppe	Rother, Gran Paradiso; Rother, Aostatal; Imprimeries Chambéry, Sommets pour tous; CAF, Randonnées et Ascensions Haute Maurienne; IGC 1:50 000 Nr. 2, 3, 9
Vanoise, in F Haute Maurienne, Haute Tarentaise, Westteil Lauzière	1800	Isère – Col de l'Iseran – Arc	F/73 F/74	Aig. de la Grde. Casse, 3862 m	Lauzière-, Péclet-Polset-, Dent Parachée-, Grde. Casse-, Mont Pourri-, Bellecôte-Gruppe	Didier & Richard, La Vanoise; Imprimeries Chaméry, Sommets pour tous; CAF, Randonnées et Ascensions Maurienne, Haute Maurienne; Didier & Richard 1:50 000 Nr. 11

Ligurische Alpen

Carmo del Finale, 1389 m

Höchste Erhebung der östlichsten Ligurischen Alpen, 7 km vom Meer, meist nur Carmo genannt. Gute Fernsicht.
Vom Giogo Toirano, 807 m (von Borgo Santo Spírito 18 km), über Giogo di Giustenise und auf beiden Seiten des Südkamms. 2 Std.

Monte Armetta, 1739 m

Weithin sichtbarer Gipfel, der das obere Tánarotal und die Stadt Ormea 1000 m überragt.
Vom Straßenpaß Colle di Capraúna, 1297 m (von Ormea 12 km, von Albenga 37 km), zur Colla Bassa und über Südkamm. 1½ Std.

Saccarello, 2200 m

Bedeutender Gipfel im nord-süd-gerichteten Grenzkamm zwischen dem französischen Royatal und dem Tal Briga Alta. Auf der Grenzkamm-Höhenstraße mit dem Auto zu erreichen.
Fußanstieg von Mónesi 3 Std. (eine Bergbahn kann über 2 Std. ersparen).

Monte Pietravecchia, 2038 m

Der letzte und südlichste 2000er-Gipfel des Grenzkamms liegt 20 km von der Küste entfernt und bietet eine großartige Aussicht. An ihm endet die Grenzkamm-Höhenstraße.
Fußanstieg von der Colla Melosa über einem großen Stausee (an der Auffahrt zur genannten Höhenstraße, von Bordighera 40 km, von Molini di Triora, ebenfalls über Carmo di Langan, etwa 12 km), teils auf der Straße. 1½ Std.

Monte Mongioie, 2630 m

Gipfel eines mächtigen, breitausladenden, das Negrone-Tal beherrschenden Bergstocks.
Von Viozene, 1245 m (von Ormea 16 km), über Bocchin dell'Aseo und Südflanke. 5 Std.

Monte Saline, 2612 m

Blumenreicher Plateauberg mit steilen Felsabstürzen nach mehreren Seiten.

△ Vom Col des Sagnettes zeigt sich die Monviso-Südwand, wobei allerdings die beiden steilen Eisrinnen noch verdeckt sind, die in das sichtbare Schneefeld münden.

△ Der Bergstock des Monte Mongioie von Süden, aus dem oberen Negrone-Tal, mit Viozene.

Von Carnino, 1387 m (von Ormea 24 km), über Passo delle Saline und Südostrücken. 4 Std.

Punta Marguareis, 2651 m

Höchster Gipfel der Ligurischen Alpen im Alpenhauptkamm an der Abzweigung eines Seitenkamms. Kleines Hochplateau mit steilen Kalkabstürzen und Karrenfeldern. Berühmtes Panorama.
Von Carnino, 1387 m (von Ormea 24 km), über Rif. Selle di Carnino, Südhänge und Ostgrat. 4 Std.

Cima della Fascia, 2495 m

Höchster ligurischer Gipfel in der Umrahmung des Vermenagnatals und des Colle di Tenda.
Von der Bergstation des Sessellifts von Limone Piemonte, etwa 1450 m, über Nordwestseite. 3 Std.

Seealpen

Roche de l'Abisse, 2755 m

Massiger Gipfel westlich über dem Colle di Tenda und südwestlich über Limone Piemonte.
Vom Fort de Jaure, 2253 m (teils schlechtes Sträßchen, etwa 12 km von Limone Piemonte), über Ostgrat. 1½ Std., von Limonetto, 1300 m. 5 Std.

Mont Clapier, 3045 m

Gerühmter Aussichtsberg im Alpenhauptkamm westlich des Colle di Tenda.
Vom Refuge Valmasque, 2221 m (hierher Sträßchen von Saint-Dalmas-de-Tende etwa 19 km), über Col la Fous und Südostkamm. 4 Std.

Mont Bego, 2872 m

Höchster Berg eines gegliederten, südlichen Seitenkamms mit steilen Felsflanken, bekannt wegen der 40 000 Steinzeichnungen in seiner Umgebung.
Vom Refuge des Merveilles, 2150 m (hierher von Les Mesches, 10 km von Saint-Dalmas-Tende, 2½ Std.), über Südseite oder Westflanke. 2½ Std.

Cime du Gelas, 3143 m

Höchste, doppelgipfelige Erhebung der östlichen Seealpen im Alpenhauptkamm. Erstersteiger: di Saint-Robert 1864.
Vom Refuge de Nice, 2266 m (vom Straßenende im Vallon Gordolasque über Belvédère 2 Std.), über Lac Long und Südseite. 3¼ Std.

Argentera, Cima Argentera, 3297 m

Höchste Erhebung der Seealpen, viergipfeliger Grat mit Steilabstürzen gegen alle Seiten, die in einem kurzen, gegen Norden gerichteten Seitenkamm östlich des Valle de la Valletta aufragt; großartiges Panorama. Erstersteiger: Dellapiane, Ponta, Audisio 1882.
Vom Rifugio Remondino, 2430 m (vom Straßenende über Terme di Valdieri 2 Std.), über Südabstürze und ein langes Band. 3 Std./I.

Testa Malinvern, 2939 m

Massiger, herausragender Felsberg an einem ausgeprägten Knick des Alpenhauptkamms.
Vom Straßenende im Val Valasco hinter dem ehemaligen königlichen Jagdhaus (von Terme di Valdieri

△ Cime du Gelas im Alpenhauptkamm, der hier auch der Seealpen-Hauptkamm ist, vom Anstieg von Madone de Fenêtre.

◁ Die Südseite des Argentera-Massivs vom Rifugio Remondino. Die rechte Schneerinne vermittelt den Normalaufstieg.

△ Côte de l'Âne von Norden, aus der Umgebung des Col de la Cayolle.

etwa 8 km), über Bassa de Druos und Nordgrat. 3 Std./I.

Cime de la Lombarde, 2801 m

Beherrschender, gelbrötlich gefärbter Gipfel über dem Straßenpaß Col de la Lombarde.
Von westlich unter der Paßhöhe ungefähr am Südwestgrat. 1½ Std./I.

Mont Tenibre, 3031 m

Höchster Gipfel des westlichen Seealpen-Hauptkamms über dem Rabuons-Seekessel mit umfassender Fernsicht.
Vom Refuge de Rabuons, 2524 m (von Saint-Etienne-de-Tinée 5 Std.), über Rabuonsseen, Pas de Rabuons und Nordostgrat. 2 Std./I.

Las Donnas, 2474 m

Berühmter Aussichtsberg westlich über dem Tinéetal, höchster Punkt des Cirque d'Auron.
Von der Sessellift-Bergstation, etwa 2250 m (hierher vom Wintersportort Auron, 1880 m), über Ostseite. 1 Std./I. Von Auron 2½ Std./I.

Cime de la Bonnette, 2860 m

Felsbuckel, den die Bonnettestraße fast umkreist. Großartiger Aussichtspunkt. An schönen Tagen stark überlaufen.
Von der Bonnettestraße, um 2800 m (von Barcelonnette 32 km), ¼ Std.

Chapeau de Gendarme, 2685 m

Felsberg, der das Ubayetal bei Barcelonnette beherrscht.
Von Super-Sauze, 1705 m (hierher von Barcelonnette 10 km), über Nordflanke. 4 Std./I.

Côte de l'Âne, 2916 m

Dreigipfeliger Hauptberg einer langen, südlichen Seitenkette des Alpenhauptkamms, weithin sichtbare Kammerhebung zwischen den oberen Tälern von Var und Tineé.
Vom Refuge de Gialorgues, 2300 m (hierher von Saint-Dalmas-le-Selvage im Tinée-Tal zum Straßenende, dann 3 Std.), über Brêche de Fort Carra und Südhänge. 2½ Std.

△ Phantastische Gesteinsformationen und Auswaschungen zeigen sich im parallel zur Rhône verlaufenden Bergzug, den Alpilles bei Les Baux (rechts hinten).

Mont Pelat, 3052 m

Dieser vielbesuchte Felsriese von charakteristischer Gestalt liegt zwischen Verdon- und Var-Tal über dem Lac d'Allos.
Vom Refuge Col de la Cayolle, 2300 m (nördlich unterhalb der Paßhöhe), über Col de la Petite Cayolle und Südseite. 4 Std.

Mont Mounier, 2819 m

Herausragender Gipfel in der langen Kette von der Côte de l'Âne nach Südosten.
Von Roya, 1508 m (von Saint-Etienne-de-Tinée Straße), über Col de Crousette und Refuge du Mounier, 2731 m (derzeit als Observatorium genutzt), und Südwestgrat. 4½ Std.

Provence-Alpen

Grosse Barre, 2960 m

Höchster Gipfel der Provence-Alpen westlich des Col d'Allos. Mächtiger Felsberg mit riesigen Plattenpartien auf der Nordabdachung, in die Strudellöcher eingefräst sind, manchmal fälschlich auch als Tête de l'Estrop bezeichnet.
Von La Foux d'Allos, 1795 m, über Crête de Barres und Nordabdachung. 4½ Std./I.

Grande Séolane, 2938 m

Weithin auffallender Felsstock mit charakteristischer Form zwischen dem Col d'Allos und dem Ubaye-Tal am Nordrand der Provence-Alpen.
Von der Liftstation, 2130 m, über Pra-Loup (Straße von Barcelonnette), über Col de Thuiles und Ostseite. 5 Std./II.

Dourmillouse, 2503 m

Nördlicher Eckpfeiler der Crête de Dourmillouse über dem Lac de Serre-Ponçon zwischen Seyne und dem unteren Ubaye-Tal. Gerühmter Aussichtspunkt. Alte Militäranlagen.
Von Seyne nach Saint-Pons und auf Forststraße zum Parkplatz, 2010 m, über dem Maison forestière de Bellevue. Nun auf alter Militärstraße über Col Bas und Südgrat. 1 Std.

Blayeul Sommet, 2189 m

Höchste Erhebung des langen, gegen Norden ansteigenden Kammes Crête de Blayeul über dem Tal des Bès, zu dem eine alte Militärstraße führt; auch Les Quatre Termes genannt.
Von Le Villard, 1168 m (von Digne 31 km), über Ostkamm. 3 ½ Std.

Les Monges, 2115 m

Begraste Felskuppe, höchster Punkt einer verzweigten Kette südlich des Sasse-Tals.
Von Le Pont, etwa 1500 m (von Sisteron 22 km – Abzweigung bei Forest Lacour). 2 ½ Std.

Malaup, 1561 m

Bekannter Aussichtspunkt und höchste Erhebung im langen Kamm, der das Tal der Durance im Südosten begleitet.
Von Le Caire, etwa 700 m (von Sisteron 27 km), über Südostseite. 2 ½ Std.

Chiran, 1906 m

Nach dem Mourre de Chanier zweithöchster Gipfel der Verdongruppe, zu dem eine gesperrte Militärstraße führt.
Von Castellane zur Verdonschlucht, auf der D 17 etwa 20 km gegen Nordwesten zur Abzweigung, dann bis zur Schranke. Von dort 1 ½ Std. auf Straße.

Pic des Mouches, 1011 m

Höchster Punkt der Kette Montagne Sainte Victoire über Aix-en-Provence.
Vom Col de Portes, 627 m (von Aix 18 km), über Nordseite und Ostkamm. 1 ½ Std.

La Caume, 387 m

Höchster Punkt der Chaîne des Alpilles mit Aussichtsturm und Straßenzufahrt von Les Baux.

△ Grande Séolane, einer der auffallenden Bergstöcke der Provence-Alpen, von Süden, vom Aufstieg zur Grosse Barre.

▷ Der bekannteste Berg der Provence, der Mont Ventoux, mit seiner teils bewaldeten Nordseite und dem Ort Brantes.

Drôme-Alpen

Grand Lubéron, 1125 m

Höchster Punkt der über 50 km langen Kette Montagne de Lubéron.
Von der Lubéron-Höhenstraße (von Nähe Cavaillon nach La Bastide des Jourdans etwa 90 km), von La Bastide etwa 20 km. ¼ Std.

Mont Ventoux, 1909 m

Flache Kuppe und höchster Punkt des gleichnamigen Kammes, der sich 1800 m über Carpentras erhebt. Sendestation, Hotels, Skigebiet.
Von Carpentras über Malaucène 39 km, über Bedoin 36 km. Fußanstieg 6 Std. von Les Baux bei Bedoin.

Signal de Lure, 1826 m

Hervorragende Aussichtswarte und höchste Erhebung der langen Kette Montagne de Lure. Straße zum für den Skisport verbauten Gipfel. Von Sisteron 28 km.

◁ Die Nordabstürze der Tête de la Courbe am Südrand der Cottischen Alpen in der Nähe des Col de Larche/Col della Maddalena.

Le Duffre, 1757 m

Größte Erhebung im Kamm Montagne de l'Aup südlich des Drôme-Tals.
Von Valdrôme, 800 m (von Serres über den Col de Carabès 24 km), über Nordhänge. 3 Std.

Montagne de la Lance, 1339 m

Höchster Punkt der langgezogenen, gleichnamigen Bergkette am westlichen Alpenrand, die das breite Rhône-Tal über 1000 m überragt.
Von Les Guilles, etwa 500 m, bei Valreas, zum Col de la Sausse, dann auf dem Weitwanderweg GR9 zum höchsten Punkt. 2½ Std.

Cottische Alpen

Grand Bérard, 3048 m

Hauptgipfel des Massif du Parpaillon zwischen Durance und Ubaye, spitzer Felskegel.
Von Sainte-Anne-la-Condamine, 1750 m (von Barcelonnette 21 km), auf der Parpaillonstraße bis Pont de Bérard, weiter im Vallon de Bérard und über Südgrat. 4 Std./I.

Aiguille de Chambeyron, 3411 m

Höchster Gipfel der Chambeyrongruppe, aus einem gezackten, westlichen Seitenkamm herausragende Spitze über dem Chambeyron-Seenkessel und dem oberen Ubaye-Tal.
Vom Refuge de Chambeyron, 2640 m (von Fouillouse, von Saint-Paul-sur-Ubaye 9 km, 2½ Std.), über Südwand. 4½ Std./III.

Brec de Chambeyron, 3390 m

Mächtiges Felshorn mit gewaltigen Steilwänden im Alpenhauptkamm über dem Anfang des Valle Maira. Erstersteiger: Agnel, Risoul 1878.
Vom Refuge de Chambeyron, 2640 m (von Fouillouse 2½ Std.), durch Ostabstürze. 3½ Std./II.

Tête de Sautron, 3159 m

Auffallender Felsstock im Alpenhauptkamm nördlich über dem Col de Larche.
Vom Rif. Stroppia, 2260 m (von Chiappera im ober-

▷ Der Brec de Chambeyron, der zu den interessantesten Bergzielen der Cottischen Alpen zählt, von Norden, vom Aufstieg zur Tête de la Fréma.

sten Valle Maira 2 Std.), über Col de la Portiola und Nordwestgrat. 4 Std.

Rocca la Meia, 2831 m

Turmartiger Felsberg im Kamm zwischen Maira und Stura, einer der schönsten Cottischen Gipfel.
Vom Colle Margherina, 2420 m (hierher von Demonte etwa 20 km schlechte Militärstraße), über Südwand. 2 Std./III.

Rocca Castello, 2448 m

Matterhornähnliches Felshorn über dem obersten Mairatal, Nachbar des Wallfahrtsberges Croce Provenzale/Croix Provençale.
Von Chiappera, 1661 m, über Südwand. 3½ Std./V.

Pic de la Font Sancte, 3379 m

Mächtiges, stark vergletschertes Bergmassiv zwischen Guil und Ubaye, prachtvolle Aussicht.
Von Maljasset, 1903 m (hierher von Saint-Paul-sur-Ubaye 14 km), über Vallon de Panestre, Pas Est de la Font Sancte und Nordostseite. 7 Std./II.

Bric Rubren, 3340 m

Der mächtige Felsberg (ital. Mongioia) steht zwischen dem obersten Ubaye-Tal und Pontechianale.
Von Sant'Anna di Bellino, 1882 m (von Casteldelfino 10 km), über Grange Samicel, Grange Sablus und Col Riouburent. 5 Std.

Monviso, 3841 m

Hauptgipfel der Cottischen Alpen in der Nähe der piemontesischen Tiefebene, der alle seine Nachbarn deutlich überragt und deshalb mit seiner typischen Form von weither zu sehen ist (Bernina). Erstersteiger: Mathews, Jacomb mit Brüdern Croz.
Vom Rifugio Quintino Sella, 2640 m (vom Pian del Re, von Crissolo 8 km, 3 Std.), über Col des Sagnettes und Südwand. 5 Std./I.

Monte Granero, 3171 m

Herausstechender Felsberg im Alpenhauptkamm nördlich des Monviso.
Vom Rifugio Battaglione Monte Granero, 2377 m (vom Rifugio Jervis al Pra, 1732 m, Straße von Bobbio Pellice, 2½ Std.), über Colle Seillière und Südwestgrat. 2½ Std.

Pic de Rochebrune, 3325 m

Spitzer Felskegel südöstlich von Briançon, höchster Gipfel der gleichnamigen Untergruppe.
Vom Refuge Col d'Izoard, 2330 m (von Briançon 21 km), über Col Perdu und Casse des Oules. 4 Std.

Bric Froid, 3303 m

Mächtiger Felsberg an einem Knick des Alpenhauptkamms über dem Guil-Tal und der Abzweigung eines hohen Grats gegen Nordwesten, auch Punta Ramière genannt.
Vom Rifugio Monte Nero, 2129 m (Finanzunterkunft – keine Hütte! – von Sestrières 21 km), über den Col des Echaffes. 3½ Std.

Albergian, 3043 m

Weit nach Norden über das Chisone-Tal vorgeschobener Hochgipfel.

▽ Über dem teils verlassenen Ort Chiappera im obersten Valle Maira erhebt sich der charakteristische Felsturm des Rocca Castello.

△ Der Grand Ferrand ist der Hauptgipfel des südwestlichen Devoluy. Hier sieht man ihn von Norden über dem Wolkenmeer, das die Provence bedeckt.

Von Balsiglia, etwa 1450 m (hierher von Perrero Argentina etwa 17 km), über Bergerie de Lauson, Colle dell'Albergian und Südgrat. 5 Std.

Orsiera, 2890 m

Hauptgipfel der ausgedehnten, gleichnamigen Untergruppe zwischen Dora Riparia und Chisone. Vielgerühmter Aussichtspunkt.
Vom Rifugio Sellières, 2023 m (hierher von Fenestrelle 14 km), über Bergerie del Ciardonnet und Colletto dell'Orsiera zum höheren Nordgipfel. 2 Std.

(Mont) Chaberton, 3136 m

Festungsberg über dem Col de Montgenèvre, dessen zerschossene Geschütztürme von weitem aus dem Tal der Dora Riparia auffallen.
Vom Parkplatz beim Village du Soleil über Clavière und bei Montgenèvre, etwa 1880 m (vom Ort Montgenèvre 1 km), über Ref. les Sept Fontaines (Ruine) und Col de Chaberton. 4 Std.

Devoluy

Grande Tête de l'Obiou, 2790 m

Hauptgipfel des Devoluy an seinem Nordrand. Gewaltiger Turm mit teils senkrechten, bauchigen Abstürzen und angelehntem Pfeiler (Petite Tête).
Vom Col de Faisse, 1699 m (hierher von Pellafol bei Corps etwa 5 km Forststraße), zur Scharte zwischen beiden Gipfeln und im Halbkreis durch die Südwände 4½ Std./I.

Grand Ferrand, 2759 m

Zusammen mit dem Petit Ferrand steiler Felsaufbau im Devoluy-Westkamm.
Von Hameau de Maubourg, 1350 m (von Saint-Etienne-en-Devoluy 11 km), über Col de Charnier und Ostflanke. 5 Std.

Pic Pierroux, 2372 m

Höchster Punkt der Bergkette Montagne de Ferraud am Ostrand des Devoluy und ihr nördlicher Eckpfeiler mit Vermessungszeichen.
Vom Ort Haut Gicon, 1347 m (von Pellafol 10 km), über Cabane de l'Aup (nicht bewirtet) und Col de l'Aup. 3 Std.

Pic de Bure, 2709 m

Massiger, südlicher Eckpfeiler des Devoluy und höchster Gipfel der Ostkette. Sternwarte auf dem Gipfel. Hervorragender Aussichtspunkt.
Vom Refuge de Sauvas, 1350 m (von Veynes 11 km), über Combe d'Arouse und Westgrat. 4½ Std.

La Corniche de Ceüse, 2016 m

Höchster Punkt der fast kreisförmigen Umrahmung des Kessels von Ceüse.
Vom Parkplatz bei der Kletterschule unterhalb des Col des Guérins, 1275 m (von Gap 20 km), über Südhänge und Grat. 2½ Std.

Dauphiné-Alpen

Le Vieux Chaillol, 3163 m

Berühmter Aussichtsbalkon am südwestlichen Rand der Dauphiné-Alpen.
Vom Ort Chaillol, 1600 m (von Saint-Bonnet 10 km), über Refuge de Chaillol (Ruinen), Col de la Pisse und Südflanke. 5 Std./I.

Tête de Vautisse, 3156 m

Gipfel am südöstlichen Rand der Gebirgsgruppe hoch über dem Tal der Durance; vorzüglicher Aussichtspunkt.
Von der Cabane Pastorale de l'Alpe, 2392 m (hierher von Guillestre über Réotier und Mikéou 26 km), über die Seen Etoile und Rougnoux und Col de Rougnoux. 2½ Std./I.

Sirac, 3440 m

Eindrucksvoller, vergletscherter Felsberg über dem oberen Valgaudemar, südlichster der hohen Dauphinéberge. Erstersteiger: Coolidge mit Führern Almer Vater und Sohn 1877.
Vom Refuge de Vallompierre, 2271 m (von Le Clot an der Talstraße 2½ Std., 13 km von La-Chapelle-en-Valgaudemar), über Creux de la Mourrière, Südwestflanke und Südgrat. 4 Std./II.

Roche de la Muzelle, 3464 m

Herausragender, dreigipfeliger Gratberg im Westen zwischen Vénéon-Tal und Valsenestre. Erstersteiger:

◁ Die Meije, berühmtestes Felsmassiv der Dauphiné-Alpen, von Süden, über dem Etançons-Tal von der Tête de la Maye.

Coolidge mit Führern Christian und Ulrich Almer 1875.
Von Lanchâtra, 1434 (von Le Bourg-d'Oisans 16 km), über La Selle, Glacier de la Grande Montagne und Ostnordostwand. 7 Std./II.

L'Olan, 3564 m

Mächtiger Bergstock mit drei Gipfeln nördlich über dem Valgaudemar. Erstersteiger: Hauptgipfel Coolidge mit Führern Almer Vater und Sohn, Mittelgipfel Pendlebury mit G. und J. Spechtenhauser.
Vom Refuge d'Olan, 2350 m (von La-Chapelle-en-Valgaudemar 3 ½ Std.), über Olangletscher und zwei Bänder zum Hauptgipfel. 5 Std./II.

Les Bans, 3670 m

Formschöne Felsgestalt über drei Tälern: Valgaudemar, Venéon-Tal und Gerendoine-Tal, auch als Sommets des Bans bekannt. Erstersteiger: Coolidge mit Führern Almer Vater und Sohn.
Vom Refuge Pilatte, 2572 m (von La Bérarde 5 Std.), über östlichen Col des Bans, Têtes de Pilatte, westlichen Col des Bans und Ostnordostgrat. 5 Std./II.

Mont Pelvoux, 3946 m

Dieser herausragende, steilwandige, dunkelgefärbte Felsstock thront mit vier Gipfeln und steilen Hängegletschern über dem obersten Tal von L'Ailefroide. Erstersteiger: Durand mit Jägern Matéoud und Liotard 1828.
Vom Refuge du Pelvoux, 2704 m (hierher von Ailefroide 4 Std.), über Glacier du Clot de l'Homme, Coolidge-Rinne und Glacier du Pelvoux. 4 Std./II.

Ailefroide Occidentale, 3954 m

Höchste Spitze eines gewaltigen Felsstocks in Form eines langen Grates mit drei Gipfeln mit mehreren steilen Gletschern. Erstersteiger: Reynier, Gaspard, Clot und Turc 1889.
Vom Refuge Selé, 2710 m (von Ailefroide 4 Std.), über Südostsporn. 5 Std./II.

Barre des Ecrins, 4101 m

Höchster Gipfel der gesamten Südwestalpen südlich des Mont Blanc, zwischen Vénéon-Tal und Ailefroide, allseits vergletschert und mit charakteristischer Gestalt. Großartiges Panorama. Erstersteiger: Moore, Walker, Whymper mit Führern Christian Almer und Michel Croz 1864.
Vom Refuge des Ecrins, 3170 m (vom Chalet-Hotel du Pré de Mme. Carle, 1874 m, am Straßenende über Ailefroide 4 ½ Std.), über Glacier Blanc, nahe der

▽ Einen grandiosen Anblick bietet der Sirac mit seinen Nordabstürzen aus dem obersten Valgaudemar.

△ Einen der schönsten Dauphiné-Ausschnitte lassen Col du Lautaret und Col du Galibier erleben: Pic Gaspard mit Glacier de l'Homme; rechts hinten beginnt der Meije-Grat.

Brêche Lory auf den Westgrat, über Dôme des Neiges des Ecrins und Pic Lory. 4 Std./II.

Tête des Fétoules, 3458 m

Aus dem Vénéon-Tal auffallender Aussichtsberg, Nachbar der etwas höheren Tête de l'Etret.
Vom Refuge de la Lavey, 1797 m (von Champhorent, etwa 1650 m, von Le Bourg-d'Oisans 21 km, 1¼ Std.), über Glacier und Passage des Fétoules und Nordnordostgrat. 5 Std./I.

Mont Gioberney, 3352 m

Großartiger Aussichtsgipfel zwischen dem obersten Valgaudemar und dem Glacier de la Pilatte, dem Sommet des Bans benachbart.
Von Chalet-Hotel du Gioberney, 1650 m (von La-Chapelle-en-Valgaudemar 14 km), über Col du Gioberney und Nordgrat. 5½ Std./I.

Tête de la Maye, 2519 m

Gerundeter Felsbuckel und leicht erreichbarer Aussichtsplatz über Le Bérarde und dem Etançons-Tal, anerkennend der »Gornergrat der Dauphiné« genannt.
Von La Bérarde, 1711 m (von Le-Bourg-d'Oisans 31 km), über Südostflanke. 2¼ Std.

Pic Gaspard, 3883 m

Formschöner Hochgipfel östlich der Meije, der den Col du Lautaret beherrscht.
Vom Refuge de l'Alpe de Villar d'Arène, 2079 m (hierher von Villar d'Arène 2½ Std.), am Glacier Claire vorbei, über die Ostflanke und den Südwestgrat. 8 Std./II.

Grand Pic de la Meije, 3983 m

Höchste, turmartige Spitze der langen, westöstlich verlaufenden Felsmauer der Meije zwischen Romanche- und Etançons-Tal, die unter steilen Wänden stark vergletschert ist. Einer der berühmtesten Alpenberge. Erstersteiger: Boileau de Castelnau mit Gaspard Vater und Sohn 1877.
Vom Refuge Promontoire, 3092 m (von La Bérarde, von Le-Bourg-d'Oisans, 5½ Std.), über Brêche du

Crapaud, östlichen Glacier des Etançons, Dolle Castelnau und Glacier Carré. 6 Std./III.

Le Rateau, 3809 m

Westöstlich verlaufender Felsgrat mit zwei Spitzen am Nordrand der Gruppe über dem Romanche-Tal, von denen die östliche die höhere ist.
Vom Refuge Promontoire, 3092 m (hierher von La Bérarde 5½ Std.), über Brêche du Rateau und Ostgrat. 4 Std./III.

Taillefer, 2857 m

Höchste Spitze eines kleinen Bergmassivs über dem Romanchetal, nordwestlich des Col d'Ornon.
Von Combe Ousière, 1690 m (von Séchillienne bei Vizille 21 km), über Crête de Brouffier, Westflanke und Westgrat. 4 Std./I.

Vercors

Mont Barral, 1902 m

Aussichtsreicher Felsgipfel über dem Col Menée am östlichen Vercors-Rand.
Von der Tunnelsüdseite des Col Menée, 1400 m (von Chatillon 22 km), zur Paßhöhe und über Nordwestgrat. 1½ Std.

Dôme de Pié Ferré, 2041 m

Letzter südlicher Hochgipfel der Vercors-Hauptkette, höchster Gipfel der Montagne de Glandasse.
Von Laval d'Aix, 600 m (von Die 9 km), über Col de l'Abbaye, Col Fauchard und Ostflanke. 5½ Std./I.

Mont Aiguille, 2086 m

Der Traumberg des Vercors, eines der Naturwunder der Dauphiné, ist ein Felshochplateau mit fast senk-

◁△ Daß Gipfel verschiedenartige Seiten besitzen können, ist bekannt. Besonders ausgeprägt beweist diese Eigenschaft der Mont Aiguille, der auf dem oberen Bild von Osten und links von Süden zu sehen ist.

rechten Wänden, das von Osten wie ein schlanker Turm erscheint. Erstersteiger: de Ville und Begleiter 1492.
Vom Fahrwegsende, etwa 1250 m (von der N 75 9 km südlich von Monestier-de-Clermont bis hinter Les Pellas, etwa 7 km), über Col d'Aupet zum Einstieg, dann teils Kletterei). 4 Std./II.

Le Grand Veymont, 2341 m

Höchster Vercors-Gipfel mit steilen Ostabstürzen im Vercors-Hauptkamm über Gresse-en-Vercors.
Vom Parkplatz de la Ville, 1250 m (von Gresse, von Vif bei Grenoble 29 km, 2,5 km), über Pas de la Ville und Nordgrat. 4 Std./I.

Grande Moucherolle, 2284 m

Höchster Gipfel mit senkrechten Südabstürzen im Nordteil der Hauptkette am Ostrand der Hochfläche.
Vom Ende der Forststraße über Prélenfrey, ca. 1000 m (von Vif bei Grenoble 17 km), über Col des Deux Soeurs und Hochfläche. 4 Std.

Serre de Montue, 1706 m

Größte Erhebung an der Westseite des Vercors.
Von Font d'Urle, 1435 m (von Saint-Jean-en-Royans 20 km südlich), über Pas de l'Infernet, Ostseite und Südkamm. 1½ Std.

Serre Cocu, 1007 m

Kammerhebung hoch über dem Tal der Isère und Pont-en-Royans.
Von Presles, 863 m (von Pont-en-Royans 16 km), über Ostflanke. 1 Std.

Le Moucherotte, 1901 m

Prachtvoller Aussichtsberg über Grenoble, Seilbahn zum Gipfel.
Von Saint-Nizier, 1162 m (von Grenoble 9 km), über Ostflanke 3 Std.

Grandes Rousses

Croix de Chamrousse, 2257 m

Südlichster wichtiger Gipfel der Chaîne de Belledonne, prachtvoller Aussichtsberg.
Von Roche Béranger, 1785 m (bei Chamrousse), über Col de la Perche. 1¼ Std.

Grand Pic de Belledonne, 2978 m

Höchster, aussichtsreicher und weithin sichtbarer Gipfel der langen Chaîne de Belledonne östlich über Grenoble.
Vom Refuge de la Pra, 2110 m (vom Bois de Frey-

▽ Der Nordteil der über 50 km langen Chaîne de Belledonne aus den Bauges-Bergen bei Chambéry.

dière, etwa 1250 m, von Domène 11 km, 2½ Std.), über Lacs des Doménons und Col de Belledonne. 5 Std./II.

Puy de Gris, 2908 m

Bedeutendster Hochgipfel im Nordteil der Chaîne de Belledonne.
Von Gleyzin, etwa 1090 m (von Allevard 10 km), über Chalets de l'Oute. 4½ Std.

L'Etendard, 3468 m

Höchster Gipfel der teils vergletscherten und seenreichen Grandes-Rousses-Gruppe, mitunter auch Pic de l'Etendard genannt.
Vom Refuge de l'Etendard, 2430 m (hierher von Pierre Aigue bei Saint-Sorlin 2 Std.), über Glacier du Saint-Sorlin und Col de la Barbarate. 3½ Std.

Aiguille Meridionale d'Arves, 3510 m

Höchste Spitze der drei eindrucksvollen, steilen Felstürme zwischen Arc-Tal und Romanche-Tal, die von weither und von allen Seiten auffallen; beeindruckendes Panorama.
Vom Refuge des Aiguilles d'Arves, 2260 m (von Bonnenuit, von Valloire 3 km, 2 Std.), über Mauvais Pas und Südostgrat. 6½ Std./II.

Pic du Mas de la Grave, 3021 m

Großartiger Aussichtsberg zwischen Aiguilles Rouges und Aiguilles des Arves.
Von La Grave, 1950 m, westlich des Col du Lautaret, über Südseite und Westgrat. 3½ Std.

Grand Galibier, 3229 m

Mächtiger Felsstock über dem oberen Tal der Guisane und dem Col du Lautaret, häufig als Roche du Grand Galibier bezeichnet.
Von der Straße zum Col des Rochilles in etwa 2210 m, zwei Kehren über den Chalets des Mottets (von Valloire 9 km), am Lac des Cerces vorbei zum Col de la Ponsonnière und über Brêche de la Clapière. 4 Std.

Grajische Alpen

Tabor, 3177 m

Höchste Spitze eines massigen Bergstocks mit zwei Gletschern. Berühmte Wallfahrtskapelle Notre Dame des Sept Douleurs aus dem 11. Jahrhundert, häufig Thabor geschrieben.
Vom Refuge de la Vallée Etroite, 1800 m, bzw. dem

△ Pic du Grand Galibier im Osten der Grandes Rousses im ersten Abendlicht vom Col du Galibier.

△ Dem obersten Arc-Tal bei Bessans wendet der Charbonnel seine stark vergletscherte Nordflanke zu, über die der Normalanstieg führt.

▷ In der Nähe des Rifugio Vittorio Emanuele; hinten Ciarforon und Becca di Monciair.

Straßenende bei alten Bergwerksanlagen (von Bardonecchia 8 bzw. 9 km), über Ostflanke. 4½ Std.

Pierre Menue, 3508 m

Schroffer Felsgrat (der auch Aiguille de Scolette genannt wird) im hier westöstlich verlaufenden Alpenhauptkamm, höchster der gleichnamigen großen Untergruppe.
Von der Sommeiller-Straße bei Gran Plan, etwa 2150 m (von Bardonecchia 12 km), über Ostsüdostgrat. 5½ Std./III.

Pointe de Sommeiller, 3333 m

Nordseitig stark vergletschertes Felshorn südlich des Col Sommeiller. Beliebter Aussichtspunkt.
Vom Col Sommeiller, 3009 m (hierher von Bardonecchia 25 km), über Glacier Sommeiller und Südwestrinne. 1½ Std.

Charbonnel, 3751 m

Stark vergletscherter, höchster und auffallender Gipfel der Südlichen Grajischen Alpen in einer nördlichen Seitenkette des Alpenhauptkamms über dem oberen Arc-Tal, eindrucksvolle Berggestalt mit ausgezeichnetem Panorama.
Vom Parkplatz Vincendière, etwa 1850 m (von Bessans 3 km), über Nordseite und Glacier de Charbonnel. 7 Std./II.

Rocciamelone, 3538 m

Gewaltiger Felsriese, der das Tal der Dora Riparia bei Susa 3000 m überragt. Geschichtsträchtiger Berg mit der höchsten Kapelle Italiens. Wenig unterhalb des Gipfels die offene Unterstandshütte Santa Maria. Französischer Name: Rochemelon.
Vom Rifugio Cà d'Asti, 2854 m (hierher von La Riposa, 2205 m, am Ende einer etwa 15 km langen Militärstraße von Susa, 2 Std.), über Südhänge. 2 Std.

Uia Ciamarella, 3676 m

Mächtiges vergletschertes Bergmassiv im Alpenhauptkamm mit steilen Ostabstürzen über dem Talschluß des Val di Ala.
Vom Rifugio Gastaldi, 2659 m (vom Pian della Mussa, 35 km von Lanzo Torinese, 2½ Std.), über Pian Gias und Südflanke. 4½ Std.

L'Albaron, 3627 m

Auffallendes Felshorn inmitten weiter Gletscherfelder im Alpenhauptkamm südlich des obersten Arc-Tals.
Vom Refuge des Evettes, 2591 m (Aufstieg von

L'Ecot, hierher von Bonneval-sur-Arc 2 km, 2 Std.), über Glacier des Evettes, Selle d'Albaron und Südostgrat. 4½ Std./II.

Levanna Centrale, 3619 m

Höchste Spitze des stark vergletscherten, dreigipfeligen Felsgrates im Alpenhauptkamm zwischen Arc und Orco.
Vom Rifugio Daviso, 2280 m (hierher von Forno Alpi Graie 3 Std.), über Colle Girard, Glacier des Sources de l'Arcs und Glacier des Tres Becs. 5 Std.

Signal de l'Iseran, 3241 m

Unvergletscherter Felsberg nordöstlich über dem Col de l'Iseran und nördlich des skierschlossenen Glacier du Grand Pisaillas.
Vom Wintersportzentrum beim Col de l'Iseran (es liegt 2 km östlich der Paßhöhe, 18 km von Val d'Isère), über Col Pers und Ostgrat. 2½ Std.

Aiguille de la Gande Sassière, 3751 m

Weithin sichtbare, eindrucksvolle Felspyramide mit nordseitig starker Vergletscherung über dem Lac de Tignes. Berühmte Rundschau.
Von den Chalets de la Clète de la Sassière, 2220 m (hierher von der Hauptstraße bei Tignes, von Bourg-Saint-Maurice 35 km, etwa 8 km), über Westgrat. 5 Std.

Tsanteleina, 3601 m

Formschönes Felshorn, von Gletschern umgeben, über dem obersten Tal der Isère.
Vom Stausee Lac de la Sassière, etwa 2000 m (von der Straße nach Val d'Isère, von Bourg-Saint-Maurice 34 km, etwa 7 km), über Col de la Bailetta und Glacier du Quarre Dessus. 5½ Std./II.

Testa del Rutor, 3486 m

Gletscherberg zwischen oberem Isère-Tal, Aostatal und Valgrisenche, höchster der gleichnamigen Untergruppe, auch Ruitor geschrieben.
Vom Rifugio Scavarda, 2912 m (von Valgrisenche, 1664 m, von Aosta 31 km, 3½ Std.), über Colle del Rutor. 3 Std.

Grande Rousse, 3609 m

Herausragender Berg in der Kette zwischen Valgrisenche und Val de Rhêmes im nördlichsten Teil der Grajischen Alpen. Gerühmt für sein großartiges Panorama.
Vom Albergo Granta Parei in Chanavey im Val de Rhêmes, 1696 m (von Aosta 30 km), über Glacier de Torrent und Nordgrat. 6½ Std./II.

Gran Paradiso, 4061 m

Langer, gezackter Felsgrat zwischen mächtigen Gletschern, höchster Berg der Grajischen Alpen mit Gipfelmadonna, französisch: Grand Paradis; herausragende Fernsicht.
Vom Rifugio Vittorio Emanuele, 2732 m (von Pont, 1940 m, von Aosta 38 km, 2½ Std.), über Westseite, Paradisogletscher und Südgrat. 5 Std.

Grivola, 3969 m

Berühmte, weithin auffallende Fels- und Eispyramide, die sich 3000 m über Cogne und Valsavarenche erhebt und aus dem Aostatal zu sehen ist.
Vom Rifugio Sella, 2584 m (hierher von Valnontey, von Aosta 31 km, 3 Std.), über Col della Rossa, Col della Nera und Trayozgletscher. 6½ Std.

Mont Emilius, 3559 m

Eindrucksvolles Felshorn, das sich 3000 m über der Stadt Aosta erhebt, nördlichster Hochgipfel der Paradisogruppe.
Von Pila, 1814 m (Seilbahn und Straße, 12 km von Aosta), über Col de Chamole, Lac d'Erbole, Südgrat und Südflanke. 6½ Std./I.

Rosa dei Banchi, 3164 m

Südöstlichster Gletscherberg der Paradisogruppe über den Tälern Soana und Locana (Cuorgnè).
Von Dondénaz, 2111 m, (von Hône-Bard im Aostatal 19 km + 1 Std.), über Pian di Rocchi und Ghiacciaio dei Banchi. 4½ Std./I.

Vanoise

Mont Brequin, 3135 m

Berühmter Aussichtsberg am Südrand der Vanoise, über der mittleren Maurienne, etwa nordöstlich über Saint-Michel de Maurienne aufragend, auch Bréguin geschrieben.
Von Les Bruyeres, 1766 m, bei Les Menuires (von Saint-Martin-de-Belleville 8 km), über Lac du Loup und Col de la Vallée Etroite. 4½ Std.

Aiguille de Péclet, 3562 m

Höchster Berg der westlichen, stark vergletscherten Gipfelgruppe der Vanoise über der Maurienne bei Modane.
Von Val Thorens, etwa 2300 m (von Moûtiers 35 km), über Glacier de Thorens, Col de Thorens, oberen Glacier de Chavière und Grat über den Süd- zum Nordgipfel. 5 Std./II.

La Parraché, 3684 m

Südlicher Eckpfeiler des ausgedehntesten Gletschergebietes der Vanoise mit dem größten Gletscher, Glacier de la Vanoise, formschöne Gestalt, Beherrscher des oberen Arc-Tals. Andere Bezeichnung: Dent Parraché.
Vom Refuge de la Parrachée, 2540 m (vom Plan d'Amont, von Aussois 9 km, 1¼ Std.), über Südwestseite. 4 Std./II.

Grand Roc Noir, 3583 m

Höchster Gipfel im Kamm, der das oberste Arc-Tal nördlich begrenzt. Der Anstieg führt am geheimnisvollen »Pierre aux pieds« vorbei.
Vom Refuge de Vallonbrun, 2272 m (von Le Collet bei Lanslevillard 2 Std.), über Südflanke und Gletscher. 4½ Std./I.

◁ Die Aiguille de Péclet über dem gleichnamigen Gletscher von Westen, vom Val Thorens.

La Grande Casse, 3852 m

Höchster Vanoisegipfel (auch Aiguille de la Grande Casse), mächtiger Gletscherberg mit felsigen Südabstürzen zwischen Pralognan und Val d'Isère nahe am nordöstlichen Rand der Gebirgsgruppe.
Vom Refuge de la Vanoise, 2515 m (hierher von Plan du Lac, von Termignon 10 km, 2 ½ Std.), über Glacier des Grands Couloirs und Col des Grands Couloirs. 4 ½ Std./II.

Pointe de la Sana, 3437 m

Höchster Gipfel einer kleinen, vergletscherten Untergruppe südöstlich der Grande Casse mit gerühmter Rundschau.
Vom Refuge de la Fema, 2350 m (von Bellecombe, von Termignon 8 km, 2 ½ Std.), über Glacier de la Sana. 3 ½ Std./I.

Pointe de Méan-Martin, 3324 m

Hoher Gletscherberg im Südosten in der Nähe des Col de l'Iséran am südöstlichen Vanoise-Rand.
Vom Refuge de la Féma, 2420 m (von Plan du Lac, von Termignon 10 km, 3 Std.), über Glacier de la Roche Blanche. 3 ½ Std.

Le Cheval Noir, 2832 m

Herausragender Gipfel zwischen Isère- und Arc-Tal im nordwestlichen Teil der Vanoise.
Vom Col de la Madelaine, 1993 m (von Notre Dame de Briançon südlich von Albertville 26 km), über Westgrat. 3 Std.

Mont Jovet, 2554 m

Prachtvoller Aussichtsgipfel über dem tiefeingeschnittenen Isère-Tal östlich von Moûtiers.
Vom Refuge du Mont Jovet, 2500 m (von Bozel, von Moutiers 14 km, 3 Std. teils Straße). ½ Std.

Mont Pourri, 3782 m

Höchster, von allen Seiten eindrucksvoller Eisgipfel der stark vergletscherten Kette am Nordostrand der Vanoise, die parallel zum oberen Isère-Tal gegen Norden zieht.
Vom Refuge du Mont Pourri, 2370 m (von Les Lanches, von Bellentre im Tal der Isère 18 km, 3 Std.), über Südgrat. 5 Std./II.

Le Grand Arc, 2480 m

Von Isère-Tal und Arc-Tal bei Albertville umgebener, höchster Gipfel eines ausgedehnten Bergmassivs in prachtvoller Aussichtslage, westlicher Eckpfeiler der Vanoise.
Vom Ende der Forststraße La Fontaine du Loup, etwa 1600 m (hierher von Aiguebelle über Montsapey etwa 14 km), über Südostflanke. 3 Std./I.

Grand Pic de la Lauzière, 2829 m

Höchster Gipfel einer in Nord-Süd-Richtung verlaufenden Kette, gleichzeitig Namensgeber der Westvanoise.
Von der Brücke La Valette, 1586 m (von Notre-Dame-de-Briançon 21 km), über Nordseite und Glacier de Celliers. 4 ½ Std.

2 Region

Diese vergleichsweise kleine Region wird aus der Sicht von Nordosten, also von Deutschland, Österreich und der Schweiz aus, eindeutig vom Riesen Mont Blanc dominiert, der uns – so scheint es – den Blick auf die dahinterliegenden Gebirgsgruppen völlig versperrt. So ist, wenn überhaupt, ein nicht ganz zutreffendes Bild dieser Region vorhanden. Das erstreckt sich auch auf die »vor oder neben« dem Mont Blanc liegenden Berge, etwa des Chablais. Vor allem für den Bergfreund ist das sehr bedauerlich, da ihm deshalb viel Bewundernswertes und auch Liebenswertes dieser Berge entgeht. Im Gegensatz zur Region 1 herrschen hier weniger Gegensätze und Kontraste vor; es fehlen die südlichen Anklänge fast ganz. Hier findet der Bergsteiger in den höchsten Zonen von Mont Blanc und Chablais alle erdenkliche und erträumte Hochgebirgspracht, dem Eisgeher und Kletterer sind hier alle Schwierigkeiten, Möglichkeiten für alpine Taten geboten; er muß aber auch wegen der großen Seehöhe mit außergewöhnlichen Wetterrisiken und Gefahren rechnen. Ganz anders sind die übrigen Gebiete als überwiegend heimatlich anmutende Berge zu erleben, in denen genug vertraute Bilder zu finden sind. Damit ist das Gepräge der nördlichen Alpen und weiter Teile der Ostalpen zu verstehen. Das geht so weit, daß jeder auch in der Bauweise der Bauernhäuser Bekanntes und Anheimelndes wiederfindet: Die savoyischen Häuser

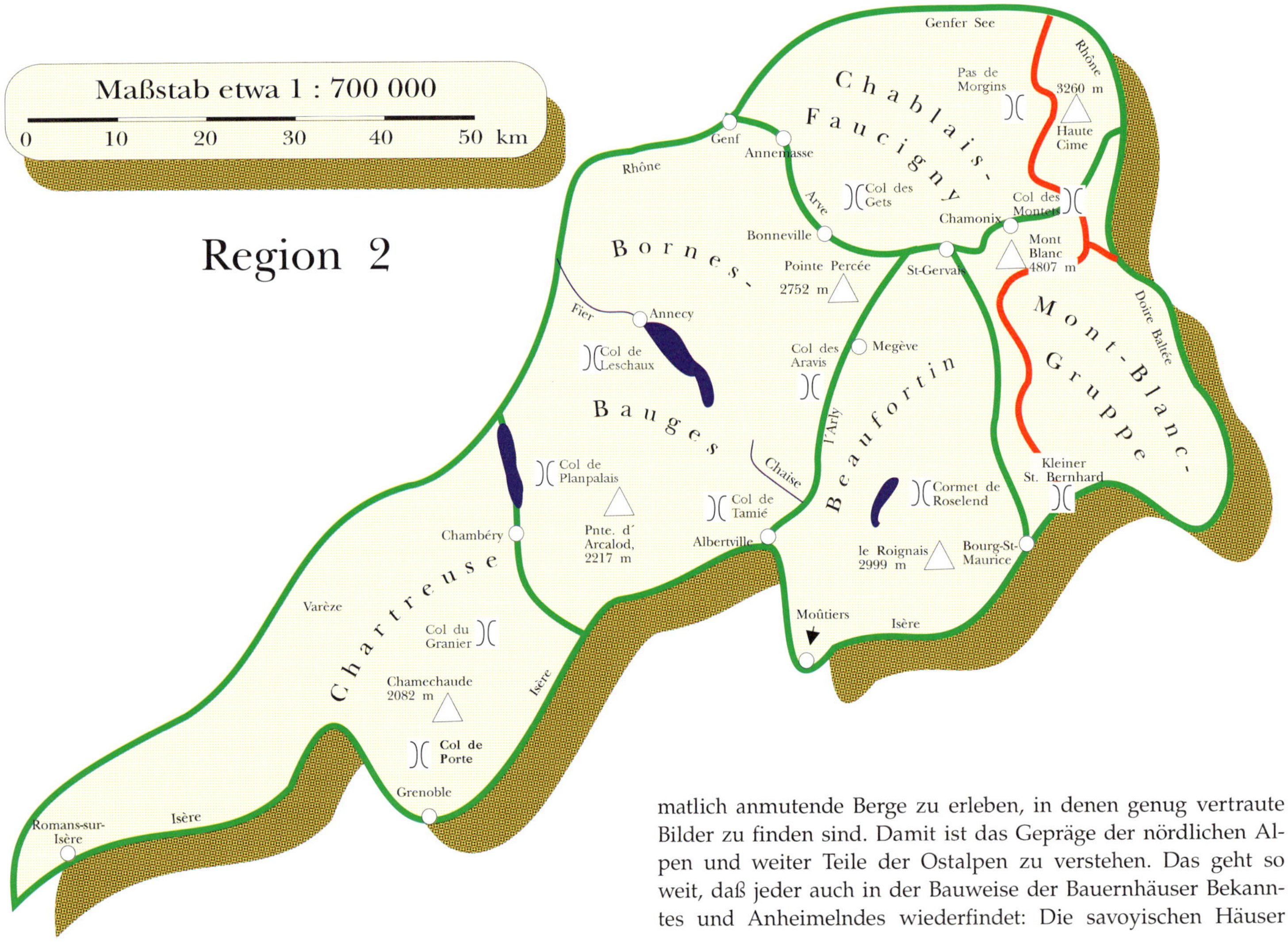

ähneln denen in Oberbayern, Tirol oder der Schweiz sehr. Weitausladende, ziemlich flache Dächer, warmes Holz und reicher Blumenschmuck könnten fast vergessen lassen, daß man in Frankreich ist. Während die höchsten Gipfel die vom Eisliebhaber geschätzte und »als typisch westalpin« eingestufte Pracht von Gletschern und Hochgipfeln in konzentrierter Form zeigen, erscheinen die anderen Berge im Durchschnitt eher gemütlich. Und das sind sie auch zum großen Teil. Obwohl diese Gebirgsgruppen zahlreiche und auch berühmte Klettergebiete besitzen, sind sie doch überwiegend Berge »für jeden« mit reichen Wandermöglichkeiten.

Wenn auch in dieser Landschaft zwischen Genfer See und Isère nicht die Pflanzenfülle der Provence und ihrer Nachbarschaft erreicht wird, so findet doch jeder Freund der Natur unerwartete Blumenpracht. Begeisternd sind die Jonquilles, die gelben Narzissen, die zu Milliarden zwischen den Schneefeldern blühen, oder auch die zarten Wildtulpen auf manchem Chartreuse- und Bauges-Gipfel. Rivierahafte Anklänge schenken die großen Seen der Region wegen ihrer geringen Seehöhe: Genfer See, Lac d'Annecy und Lac du Bourget. Die geologischen Verhältnisse ähneln denen der Region 1 und erlauben ebenso das überraschende Nebeneinander verschiedener Formationen. Während in der Chartreuse, in der Bauges-Bornes-Aravis-Gruppe und im Beaufortain Sedimentgesteine vorherrschen, überwiegen in der Mont-Blanc-Gruppe und im Chablais-Faucigny die Schieferregionen.

Starke Vergletscherung besteht nur in den genannten Hochgebirgsregionen von Mont Blanc und im östlichen Chablais, während der übrige Teil, der geringeren Höhe entsprechend, nur kleine Überreste besitzt. Das gesamte Gebiet wird von den Randflüssen Rhône, Isère und Dora Baltea/Doire Baltée entwässert, zu denen wasserreiche, aber weniger große Flüsse aus dem Inneren streben: Arve, Fier, Varèze, L'Arly.

Klimatisch weicht die Landschaft deutlich von der südlicheren Region ab, wobei die Klimagrenze allerdings schon weiter südlich ihrer Grenzen über Col de la Croix Haute und Dauphiné-Alpen verläuft. Es ist niederschlagsreicher und kühler, wenn auch noch unübersehbar wärmer als am Alpennordrand.

Von Menschen ist der weniger hohe Anteil der Region seit Jahrtausenden bewohnt, die höheren Tallagen sicher seit rund 3000 Jahren, als die Paßüberschreitungen immer mehr zunahmen. Interessant ist die Tatsache, daß sich hier alpenübergreifende Staaten bilden konnten, wie Hochburgund (teils auch in den Regionen 4 und 3) und später Savoyen. Die Zeit der intensiven Alpenerschließung begann, wenn man von Chamonix absieht, relativ spät, wurde aber, besonders seit dem letzten Krieg, rasch nachgeholt. So entstanden mehrere große Skizentren aus der Retorte, die für viel Entsetzen unter Naturbewußten gesorgt haben. Auch der Bau von Stauseen hat hier zu mancher großräumigen Veränderung geführt. Der Mont-Blanc-Tunnel und die im Bau befindlichen Autobahnen im Tal von Isère, Arve und Dora Baltea/Doire Baltée sind die bekanntesten Beispiele einer intensiven Verkehrserschließung.

Die Region gehört zu etwa 90 Prozent zu Frankreich, zu etwa sieben Prozent zu Italien und zu drei Prozent zur Schweiz.

Die Sprache ist französisch; lediglich im Aostatal nimmt die Bedeutung des Italienischen anscheinend langsam zu, wenn auch die Einheimischen (Union Valdotaîne) bemüht sind, ihre Sprache zu erhalten.

Gebirgsgruppe	Fläche in km²	Begrenzung	polit. Zugehör.	höchster Gipfel	Untergruppen	Führer/Karten
Chartreuse	2100	Lac du Bourget – Leysse – Isère – Alpenvorland – Rhône	F/38 F/73	Chamechaude, 2082 m	Hauptkette, Nordwest-kette, Südwest-Chartreuse	Didier & Richard, Chartreuse, Belledonne, Maurienne; CAF, Randonnées et Ascensions Chartreuse; Didier & Richard 1:50 000 Nr. 4
Bornes-Bauges-Aravis	2800	Genfer See – Arve – L'Arly – Isère – Leysse – Lac du Bourget – Rhône	F/73 F/74	Pointe Percée, 2753 m	Bornes, Bauges, Chaîne des Aravis	Didier & Richard, Massifs Bornes, Bauges und Mont-Blanc-Beaufortain; CAF, Randonnées et Ascensions Bauges, Aravis; Imprimeries Chambéry, Sommets pour tous, Didier & Richard 1:50 000 Nr. 2
Beaufortain	1700	Arve – Nant- Col du Bonhomme – Torrent des Glaciers – L'Arly	F/73 F/74	Le Roignais, 2999 m	Hauptkette, Nordkette	Didier & Richard, Mont Blanc Beaufortain; Imprimeries Chambéry, Sommets pour tous; Didier & Richard 1:50 000 Nr. 8
Mont-Blanc-Gruppe	1500	Rhône – Dranse – Dranse de Ferret – Dora di Veni – Torrent des Glaciers – Raja – Nant – Arve – L'Eau Noire	CH/VS F/74	Mont Blanc, 4807 m	Berrio-Blanc-, Trè-La-Tête-, Mont-Blanc-, Grdes.-Jorasses-, Aigs-de-Chamonix-, Aig.-Verte-, Argentière-, Trient-Gruppe	Rother, Montblanc-Gruppe; Didier & Richard, Mont Blanc, Beaufortain; CAI/TCI, Alpi Graie; Didier & Richard 1:50 000 Nr. 8
Chablais-Faucigny	2100	Genfer See – Rhône – L'Eau Noire – Col des Montets – Arve	CH/GE CH/VS F/74	Haute Cime, 3260 m	Faucigny, Chablais, Aiguilles Rouges	CAS, Préalpes franco-suisses; Arthaud, Aiguilles Rouges; Didier & Richard 1:50 000 Nr. 3

Chartreuse

Chamechaude, 2082 m

Höchster Gipfel der Chartreuse und vielbesuchter Aussichtspunkt in der Nähe von Grenoble.
Vom Col de la Porte, 1325 m (von Grenoble 18 km), über Source des Bachassons und entlang der Brêche Arnaud. 2½ Std./I.

Le Charmant Som, 1867 m

Bekannter Aussichtsberg nördlich des Col de la Porte.
Von Bergeries, 1666 m (von Grenoble 23 km), über Südseite. 1 Std.

Dent de Crolles, 2062 m

Südlicher Abschluß der Mont-Granier-Kette, 1700 m über dem Grésivaudan (Tal der mittleren Isère).
Von der Straße von Brévardière zum Col du Coq 500 m vor der Paßhöhe, 1400 m (hierher von Grenoble 25 km), über Col des Ayes. 2½ Std./I.

Grande Sure, 1920 m

Felsgipfel am westlichen Rand der höheren Berge der Chartreuse.
Von der Charmette-Straße, 6,5 km südlich von Saint-Laurent-du-Port (von Grenoble 29 km), über Col de la Sure. 3½ Std.

Grand Som, 2026 m

Ausgedehntes Kalkmassiv im Herzen der Chartreuse nordöstlich über dem Kloster Grande Chartreuse.
Von La Ruchère, 1042 m, bei Saint-Pierre-d'Entremont (von Grenoble 47 km), über Col de la Luchère und Pas du Loup. 3 Std.

Le Granier, 1933 m

Nordöstlicher, steilwandiger Eckpfeiler der Chartreuse über dem Tal der Isère mit charakteristischer Form, beherrscht das Tal von Chambéry, berühmte Rundschau, auch Mont Granier genannt.
Von Bellecombe, 716 m (bei Chapareillan, hierher von Chambéry etwa 15 km), über Source des Espares und Ostseite. 4½ Std.

Dent du Chat, 1390 m

Felsige Erhebung im gleichnamigen, 35 km langen, teils bewaldeten Bergzug westlich von Chambéry und dem Lac du Bourget, über den die GR 9 führt. Prachtvolle Aussicht.
Von Le Bourget-du-Lac 14 km + 1 Std. über Südgrat.

Bornes-Bauges-Aravis

Le Nivolet, 1547 m

Westlicher, aussichtsreicher Randberg mit steilen Westabstürzen über dem Talkessel von Chambéry mit großem Kreuz auf der felsigen Spitze.
Von Chalets de Glaise, 1304 m (19 km von Chambéry), über Chalets du Sire und Nordgrat. 1½ Std.

Le Colombier, 2043 m

Höchste Erhebung des Bergkamms zwischen Aillion und dem Chéran-Tal im Süden der Bauges-Berge.
Von Pra Gela, 1180 m (von Chambéry über Aillion le Jeune 31 km), über Col de la Fullie. 3½ Std.

Pointe d'Arcalod, 2217 m

Größter Felsberg zwischen Lac d'Annecy und Isère. Charakteristische Form, gerühmter Aussichtspunkt.

△ Aus der Nähe von Saint-Gervais-les-Bains zeigt die Pointe Percée, höchster Gipfel der Bornes-Bauges-Aravis-Gruppe, eine massige Gestalt mit steilwandigem Gipfelaufbau.

◁ Zu Seite 35: Mont Blanc und Grandes Jorasses von Osten, von der Grande Chenalette über dem Großen-Sankt-Bernhard-Paß in den Walliser Alpen.

◁◁ Der größte Teil der Mont-Blanc-Gruppe von Norden, von der Haute Cime, der höchsten Spitze der Dents du Midi. Der Mont Blanc ist ganz rechts zu erkennen; vorn steht der Mont Ruan.

◁ Der markante Nordostpfeiler der Chartreuse, der Mont Granier von Norden, aus dem Talbecken von Chambéry.

Vom Parkplatz Nant Fourchu, 1030 m (von Châtelard 11 km), über Col d'Orgeval. 4 Std./II.

Mont Charvin, 2408 m

Südlicher Eckpfeiler der Chaîne des Aravis, der gegen Ugine und das Val d'Arly mit riesigen Wänden abbricht.
Von Savatte über dem Tal der Chaise zum Parkplatz (etwa 1300 m). Über Westgrat. 4 Std./I.

La Tournette, 2351 m

Hauptgipfel eines beherrschenden und weithin sichtbaren Bergmassivs östlich über dem Lac d'Annecy, langgezogener Bergkamm.
Von Chalets de l'Aulp, 1424 m über Montmin (von Annecy über Col de la Forclaz), über Refuge de la Tournette. 3 Std./I.

Le Parmelan, 1832 m

Ausgedehntes Kalkplateau mit steilen Westwänden nordöstlich von Annecy mit kleiner Gipfelhütte.
Von La Blonnière, etwa 900 m (hierher 14 km von Annecy), durch Grand oder Petit Montoir, zwei Schluchten. 2 1/4 Std./I bzw. 3 Std.

Pointe Percée, 2752 m

Eindrucksvoller, freistehender höchster Gipfel des Gebietes, massiger Felskoloß über dem Arve-Tal mit steilen Felsabstürzen in einem Steinwildgebiet, großartige Rundschau.
Vom Col des Annes, 1722 m (Straße von Grand Bornand), über Refuge Gramusset, 2162 m, Westwand oder Südseite (cheminée verte). Je 3 Std./I.

▽ Die Pointe de la Terrasse, einer der großartigsten Mont-Blanc-Schauberge, von Les Chapieux an der Paßstraße zum Cormet de Roselend.

Pic de Jallouvre, 2408 m

Felsgipfel über dem Col de la Colombière, zweithöchster der Chaîne du Bargy.
Vom Col de la Colombière, 1618 m, über Col de Rasoir und Ostseite. 2 1/2 Std.

Montagne de Sous-Dine, 2004 m

Herausragender Bergstock zwischen Foron und Borne südlich des Arve-Tals.
Von Cheneviers, etwa 1100 m (8 km von Thoron-Glières), über Col de l'Enclave. 3 Std.

Le Salève, 1375 m

Nordwestlichster, bedeutender Höhenzug der Alpen über dem Südende des Genfer Sees und der Stadt Genf, über den eine Höhenstraße führt.
Von der Straße zum Grand Piton, dem höchsten Punkt, 1/4 Std.

Beaufortain

Le Quermo, 2301 m

Südlicher Eckpfeiler des Beaufortain dieser Höhe nördlich über Moûtiers, großartiger Schaupunkt.
Von Grand Naves, etwa 1400 m (von Notre-Dame-de-Briançon bei Moutiers 18 km), über Westseite und Südkamm. 3 Std.

Crêt du Rey, 2639 m

Aus der Südkette des Beaufortain gegen das Isère-Tal vorgeschobener Gipfel ungefähr über Aime.
Von La Pesée, etwa 1650 m (von Aime 9 km), über Chalet du Fruit und Südseite. 3 Std.

Le Grand Mont, 2687 m

Herausragender Felsberg im südlichen Kamm über dem Stausee Saint Guerin.
Vom südwestlichen Ende des Stausees, etwa 1600 m (von Beaufort-sur-Doron 12 km), über Col de la Force und Nordseite. 3 1/2 Std.

Le Roignais, 2999 m

Höchster Berg des Beaufortain in der Südkette nordwestlich über Bourg-Saint-Maurice, kegelförmiger Felsgipfel.
Von Grandville, 1467 m (hierher von Bourg-Saint-Maurice 8 km), über La Chapelet und Brêche Roignais. 5 Std./II.

Mirantin, 2461 m

Westlicher Randberg der südlichen Kette über Albertville mit freier Schau das Isère-Tal entlang, berühmtes Panorama.
Von La Dray, etwa 1250 m (von Beaufort-sur-Doron 7 km), über Chalet de Plan Villard, Pas de l'Âne und Südwestgrat.

La Terrasse, 2893 m

Felsiger Bergstock südlich von Les Chapieux mit großartiger Mont-Blanc-Schau.

△ Die zentrale Mont-Blanc-Gruppe aus der Umgebung des Lac Blanc. Von links: Mont Blanc du Tacul, Mont Maudit, Mont Blanc, Dôme du Goûter, Aiguille du Goûter; darunter Bossons- und Taconnaz-Gletscher.

Von Cormet de Roselend, 1968 m (von Bourg-Saint-Maurice 21 km), Sträßchen gegen Südosten ins Tal westlich des Gipfels, über Passeur de Pralognan und Südwestseite. 3½ Std.

Rochers des Enclaves, 2465 m

Höchster Punkt eines felsigen Höhenzugs nördlich über dem Stausee Lac de la Girotte.
Von Alphütten an der Straße von der Col-du-Joly-Straße gegen Süden, 1975 m (von Hauteluce 12 km), über Col de la Gitte und Nordkamm. 2½ Std.

Mont Joly, 2525 m

Nördlicher Eckpunkt des Beaufortin über Megève und Saint-Gervais mit Prachtschau zum Mont Blanc.
Von Saint-Nicolas-de-Veroce, 1450 m (von Saint-Gervais 7 km), über Chalet du Mont Joly, Mont Géroux und Nordkamm. 3 Std.

Mont-Blanc-Gruppe

Lancebranlette, 2928 m

Auffallendes, spitzes Felshorn mit vorzüglicher Aussicht im Westteil der Kette zwischen Val Veni und Kleinem Sankt Bernhard, italienisch Becco dei Rousses genannt.
Vom Hospiz nahe der Paßhöhe des Kleinen St. Bernhards teils auf alten Militärwegen über Südostflanke. 2 Std.

Le Prarion, 1967 m

Nordwestlicher Eckpunkt der Mont-Blanc-Gruppe über dem Arve-Tal mit gerühmtem Rundblick.
Vom Col de Voza, 1653 m (von Saint-Gervais-les-Bains Zahnradbahn), über Hotel Prarion und Südseite. 1 Std.

Tête Nord des Fours, 2756 m

Westlichster Felsgipfel der Mont-Blanc-Gruppe über dem Col de la Croix du Bonhomme.
Vom Refuge de la Croix du Bonhomme, 2443 m (hierher von Cormet de Roselend, von Bourg-Saint-Maurice 21 km, 3 Std.), über Col des Fours. 1 Std.

Pointe de Léchaud, 3128 m

Prachtvoller Aussichtsberg zwischen oberem Val Veni und Kleinem Sankt Bernhard.
Vom Rifugio Elisabetta, 2200 m (16 km von Courmayeur), über Col und Glacier de Chavannes. 3 ½ Std.

Aiguille des Glaciers, 3816 m

Formschönes, von weither auffallendes Felshorn, von mehreren Gletschern umgeben, über dem Talschluß des Val Veni.
Vom Refuge Robert Blanc, 2750 m (von der Ferme des Lanchettes, von Les Chapieux 7 km, 2 Std.), über Glacier des Glaciers und Südflanke. 4 ½ Std./I.

▷ Der Lac Blanc mit vielbesuchter Hütte gegen die Aiguille Verte und die gewaltigen Felstürme der Drus; darunter der Glacier des Rognons.

Aiguilles-de-la-Trè-la-Tête-Hauptgipfel, 3930 m

Höchste Erhebung in einem viergipfeligen Gletscherkamm, der seine schönste, stark vergletscherte Seite dem Val Veni zukehrt.
Vom Lac Combal, etwa 1970 m (hierher von Courmayeur 13 km), über Glacier de la Lée Blanche, Petit Mont Blanc (hier Biwak), Südostflanke und Südostgrat. 8 Std./II.

Dômes-de-Miage-Hauptgipfel, 3670 m

Höchster Punkt eines fünfgipfeligen Gletschergrates über dem oberen Val Veni mit eindrucksvollen Abstürzen gegen Saint-Gervais.

△ Eines der mächtigsten und zerrissensten Felsgebilde der Mont-Blanc-Gruppe ist die Aiguille Noire de Peuterey über dem Val Veni.

Vom Refuge Les Conscrits, 2713 m (von Notre-Dame-de-la-Gorge 5 Std.), über Südgrat 3 Std./I.

Mont Berrio Blanc, 3552 m

Höchster Berg der Untergruppe zwischen Val de Thuile, Val Veni und dem oberen Aostatal. Prachtvolles Panorama.
Vom Lac Checrouit, 2165 m (Bergbahnen von Courmayeur, zu Fuß 3 Std.), über Col de Youla und Col Berrio Blanc. 5 Std./II.

Aiguille de Bionnassay, 4051 m

Schmaler Firngrat über mächtigen Nordabstürzen am Knick des Alpenhauptkamms von der allgemein Nord- zur Ostrichtung, westlichster Viertausender der Mont-Blanc-Gruppe mit unverkennbarer Form.
Vom Refuge Durier, 3349 m (von Tresse bei Saint-Gervais-les-Bains 8 Std.), über den Südgrat. 5 Std./I.

Mont Blanc, 4807 m

Höchster Gipfel der Alpen und Europas mit von verschiedenen Seiten stark voneinander abweichenden Gesichtern, von zahlreichen bedeutenden Gletschern umgeben, eindrucksvoller Eisriese, der alle anderen Gipfel deutlich überragt, mit harmonischen Formen. Einzigartiger Aussichtspunkt. Oft unterschätzt; nur bei guter Kondition zu empfehlen. Erstersteiger: Dr. M. Paccard mit J. Balmat 1786.
Vom Refuge del'Aiguille du Goûter, 3817 m (von Nidd'Aigle, Endstation der Zahnradbahn von Saint-Gervais-les-Bains, 6 Std.), vorbei an Dôme du Goûter, Refuge Vallot (nur im Notfall benutzbar) und über Nordwestgrat. 5 Std.

▷ Vom Rand der Gletscherhochfläche des Plateau du Trient bieten sich eindrucksvolle Blicke durch das Labyrinth aus Granitblöcken zur Aiguille du Tour.

▽ Einer der überragenden Gipfel im Osten der Mont-Blanc-Gruppe ist die Aiguille du Chardonnet über dem Glacier du Tour, gesehen vom Refuge Albert I.

Mont Maudit, 4465 m

Nördlicher Trabant des Mont Blanc, durch den Col de la Brenva von ihm getrennt, mächtiger, allseits gletscherumgebener Eisriese.
Vom Refuge des Cosmiques, 2613 m (von der Aiguille du Midi, 3842 m – dorthin Seilbahn von Chamonix –, 1 Std. Abstieg), über Mont Blanc du Tacul und Nordflanke. 4 1/2 Std./I.

Aiguille Noire de Peuterey, 3772 m

Mächtiges, wildgezacktes Riesenfelshorn südöstlich des Mont Blanc, Schaustück des Val Veni.
Vom Rifugio de la Noire de Peuterey, 2316 m (hierher von Purtud im Val Veni 3 1/2 Std.), über Ostgrat. 7 Std./III.

Aiguille du Midi, 3842 m

Höchste Spitze der Aiguilles de Chamonix. Großartiger, für Touristen erschlossener, überwältigend eindrucksvoller Aussichtsplatz und Ausgangspunkt nur für erfahrene Bergsteiger und Skifahrer. Luftseilbahnen von Chamonix und dem Rifugio Torino (Italien).

Mont Chétif, 2343 m

Aussichtsreicher, vielbesuchter Gipfel über Val Veni und Courmayeur mit Kapelle und Marienstatue.
Von La Pra, 1903 m (Bergbahn von Nähe Entrèves-Courmayeur), über Nordwestseite 1 1/2 Std.

Aiguille de la Blaitière, 3552 m

Formschöner, dreigipfeliger Berg, höchster des Mittelteils der Aiguilles de Chamonix.
Vom Refuge d'Envers les Aiguilles, 2523 m (hierher von Montenvers, Bergbahnstation von Chamonix, 1913 m, 2 1/2 Std.), über Ostgrat des Süd- und Mittelgipfels. 4 Std./III.

Dent du Géant, 4013 m

Doppelgipfeliger Riesenobelisk am westlichen Abschluß der Arrête-de-Rochefort-Kette der Grandes Jorasses, höchste Felsturmgestalt der Alpen.
Vom Rifugio Torino, 3371 m (Seilbahn von Entrèves), über Col du Géant und Südwestwand. 4 1/2 Std./III.

Pointe Walker, 4208 m

Berühmter Hauptgipfel der mächtigen Felsmauer der Grandes Jorasses an ihrem Osteck über dem obersten Aostatal.
Vom Rifugio des Grandes Jorasses, 2803 m (von Planpansier bei Entrèves 4 Std.), über Südwestflanke und Reposoir-Rippe 7 Std./III.

Aiguille Verte, 4122 m

Höchste Spitze eines verzweigten und stark vergletscherten Bergstocks zwischen Mer de Glace und Glacier d'Argentière, einer der eindrucksvollsten Viertausender der Alpen.

Vom Refuge du Couvercle, 2687 m (von Montenvers, Bergbahn von Chamonix, 4 Std.), über Glacier de Talèfre und Südwestgrat (Moinegrat). 10 Std./III.

Mont Dolent, 3820 m

Östlicher Eckpunkt, herausragende Berggestalt der Mont-Blanc-Gruppe über dem Col Ferret, auf dem sich Frankreich, Schweiz und Italien berühren, und den beiden Ferret-Tälern.
Von Pré de Bar im italienischen Val Ferret, 2062 m (von Courmayeur 18 km), über Glacier Pré de Bar, Südflanke und Südostgrat. 6½ Std./II.

Aiguille d'Argentière, 3901 m

Formschöner, auffallender Gletschergipfel zwischen Argentière- und Saleinaz-Gletscher.
Vom Refuge Argentière, 2771 m (vom Hotel Lognan, 2032 m, von Argentière Bergbahn, 3½ Std., von der Bergbahnstation Grandes Montets mit Zwischenabstieg 2 Std.), über Glacier d'Argentière und Südwestflanke. 5 Std./II.

Aiguille du Tour, 3540 m

Doppelgipfeliger, allseits gletscherumgebener Felsriese zwischen Glacier du Tour und Plateau du Trient.
Von der Cabane du Trient, 3170 m (hierher von Champex 7 Std.), über Plateau du Trient (Gletscher) und Col du Tour. 2½ Std./I.

Pointe d'Orny, 3270 m

Gipfel östlich über dem Plateau du Trient und dem Col d'Orny, vielbesuchter Hüttenberg und hervorragender Aussichtsplatz.
Von der Cabane du Trient, 3170 m (von Champex, 1468 m, 7 Std.), ½ Std.

Le Catogne, 2598 m

Hauptgipfel eines kleinen, freistehenden Bergkamms westlich über dem Val d'Entremont, der durch die Gorge du Durnand von der übrigen Mont-Blanc-Gruppe abgespalten ist.
Von Champex, 1466 m, über Südflanke. 4 Std.

Mont de l'Arpille, 2085 m

Höchste Erhebung im nördlichsten Kamm der Gruppe nördlich des Col de la Forclaz. Bekannter und vielbesuchter Aussichtsberg.
Vom Col de la Forclaz, 1526 m, 1½ Std. Sesselbahnbenutzung möglich.

Chablais-Faucigny

Le Môle, 1863 m

Höchste Erhebung zwischen Foron und Arve, letzter der höheren Gipfel im Westen der Gruppe mit entsprechend guter Aussicht.
Aufstieg von der Straße zwischen Saint-Jean-de-Tholomé und Bovère, etwa 980 m (hierher etwa 13 km von Bonneville), über Chalets d'Ecutieux und Col de Môle. 2½ Std.

Tête du Colloney, 2692 m

Aus dem Arve-Tal bei Saint-Gervais auffallender Felsberg, berühmter Aussichtsgipfel.
Vom Sanatorium Praz-Coutent, 1200 m (von Sallanches 7 km), über Refuge de Platé und Nordostgrat. 4½ Std./I.

Mont de Grange, 2433 m

Formschöner Felsenberg im Süden des Val d'Abondance mit weitreichender Umschau.
Von den Chalets de Lens bei Abondance, 1588 m (von Thonon-les-Bains 27 km), über Chalet de Lenleway und Südseite. 2½ Std.

Brévent, 2626 m

Südlicher Eckpfeiler der Kette der Aiguilles Rouges über Chamonix. Einzigartiger und sehr häufig aufgesuchter Aussichtsplatz. Luftseilbahn von Chamonix.
Von Chamonix, 1050 m, über Col du Brévent oder Bellachat. 5½ Std.

Aiguille du Belvédère, 2966 m

Höchster Gipfel der Aiguilles Rouges nördlich des Arve-Tals mit großartigem Panorama.
Vom Chalet-Hotel Lac Blanc, 2354 m (von der Bergbahnstation Flegère 1½ Std.), über Glacier du Belvédère und Südgrat. 2½ Std./I.

Cornettes de Bise, 2432 m

Herausragender Gipfel zwischen Val d'Abondance und dem Genfer See.
Von den Chalets de Chevenne, 1216 m (von Abondance 7 km), über Chalet de La Cheneau und Ostseite. 4 Std.

Dent d'Oche, 2222 m

Aussichtsberg, der weit gegen Norden vorgeschoben ist und den Genfer See überschauen läßt.
Vom Refuge de la Dent d'Oche, 2125 m (von Trossy, Granges de Malpasset, 17 km von Thonon-les-Bains, 2½ Std.), ½ Std.

Les Dents Blanches, 2727 m

Bedeutender Gipfel im Kamm südlich des Val d'Illiez, der dieses Tal im Süden und Westen umschließt.
Vom Refuge de Bostan Tornay, 1763 m (von Les Allamands, von Samoëns 4 km, 2½ Std.), über Col de Bossetan und Westseite. 3½ Std.

Le Buët, 3094 m

Mächtiger, weithin auffallender, gerundeter Felsriese mit Gletscher über dem Talschluß von Chalets des Fonts nördlich der Aiguilles Rouges.
Vom Chalet-Hotel du Grenarion, 1950 m (von Plan du Lac, von Sixt 7 km, 2½ Std.), über Lac du Plan du Buët und Pointe du Plan Genevrier du Buët. 5 Std./I.

Tour Sallière, 3219 m

Massiger, gletscherumrahmter Felskoloß südwestlich des Lac de Salanfe und gegenüber der Dents du Midi, höchster Punkt der Kette des Mont Ruan.

Vom Lac d'Emosson, 1930 m (Straße von Finhaut-Trient), über Südflanke. 4 Std.

Haute Cime, 3250 m

Höchster Gipfel der Gebirgsgruppe der Dents du Midi zwischen Val d'Illiez und Lac de Salanfe, der steil ins Val d'Illiez abstürzt, großartiger Aussichtsberg. Von der Cabane de Susanfe, 2102 m (dorthin gelangt man vom Straßenende bei Les Clous, von Champéry 5 km, 2½ Std.), über Col de Susanfe und Südflanke. 3½ Std.

Le Luisin, 2785 m

Schroffer Felsberg zwischen Val de Trient und dem Stausee Lac de Salanfe.
Von La Creusa, 1777 m (hierher von Les Marécottes Luftseilbahn, von Martigny 10 km), über Südostgrat. 3 Std.

△ Der Tour Sallière, die höchste Spitze in der Kette des Mont Ruan, erhebt sich gegenüber der Dents du Midi und über dem großen Lac de Salanfe, aufgenommen vom Gipfel des Luisin.

3 Region

In dieser – allgemein und von Bergfreunden gesehen – bedeutenden Region dominiert das Berner Oberland, ursprünglich ein politischer Begriff, der sich, besonders bei Nichtschweizern, auf Teile der Kantone Wallis und Freiburg ausgeweitet hat. In diesem Gebiet sind die großen Namen konzentriert, die seit weit über hundert Jahren für beinahe weltweites Interesse gesorgt haben: Interlaken, Grindelwald, Eiger und Jungfrau. Zu Recht sieht der Bergsteiger in dieser Region einen guten Teil der reizvollsten Alpenziele. Neben der Gletscherregion besitzt das Berner Oberland auch richtige gemütliche Urlaubs- und Wanderlandschaften, die ihm vielleicht noch mehr zu seiner Beliebtheit verholfen haben.

Obwohl sie nicht gleiche Berühmtheit erwerben konnten, haben auch die anderen Gebiete, die größenmäßig weit überwiegen, viele Freunde gewonnen und besitzen in den Urner und Glarner Alpen teils auch großartige Hochgebirgsnatur. Der größte Teil der Region besteht jedoch aus nicht hochalpinen Berglandschaften, deren Gipfel auch Ziele für Bergfreunde ohne Leistungsbedarf sein können. Obwohl es noch genug unerschlossene Gegenden gibt, können diese Schweizer Landschaften im Durchschnitt keinesfalls als wenig erschlossen bezeichnet werden.

Die durch die Linie Rhein–Vorderrhein–Rhône klar abgegrenzte Region besitzt einen Hauptkamm, der parallel zum Alpenhauptkamm verläuft. Obwohl er auch Sedimentgesteine enthält, überwiegen in ihm die sogenannten Urgesteinsformen, während der Kalk nördlich von ihm vorherrscht, wenn auch die Abgrenzung nicht so deutlich wie in den Ostalpen ist. So besteht zum Beispiel der Eiger teils aus Sediment-, teils aus Schiefergestein.

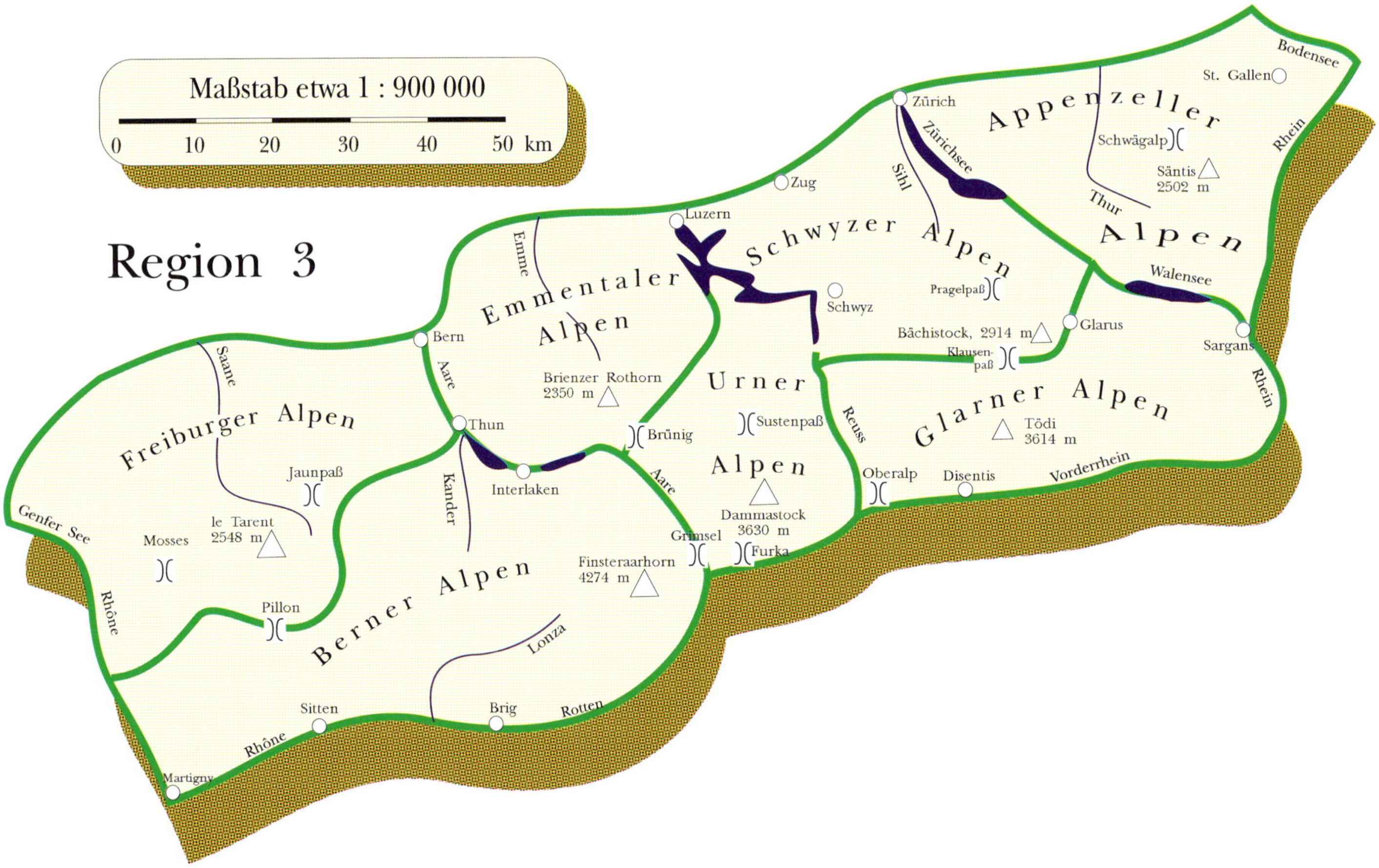

Eine starke Vergletscherung besteht nur in diesem Hauptkamm, der mit dem über 20 Kilometer langen Aletschgletscher den längsten Eisstrom der Alpen besitzt.
Das Gebiet wird im Süden durch die begrenzenden Flüsse Vorderrhein bzw. Rhein und Rhône entwässert. Gegen Norden sammeln Saane, Aare, Reuß, Sihl und Thur und schließlich der Rhein die großen Wassermengen von Niederschlägen und schmelzenden Gletschern. Zahlreiche Stauseen bzw. Kraftwerke nutzen den Wasserreichtum.
Das Klima ist durch Nordwestwinde geprägt, die ihre Niederschläge an den Vorbergen und dem Hauptkamm größtenteils abregnen, so daß die im Süden begrenzenden Täler von Rhône und Vorderrhein relativ trocken sind, wodurch sie stark vom nördlichen Alpenrand abweichen.
Zeichen der Menschen stammen im nördlichen Alpenvorland aus einer mehrere Jahrtausende alten Vergangenheit, während die Berge erst viel später betreten wurden. So wird angenommen, daß die Alemannen um die Mitte des ersten Jahrtausends teils noch unbewohnte Täler betraten. Das große Hindernis des Hauptkamms konnte, außer in eisarmen Perioden, etwa um das 12. Jahrhundert, nur an wenigen Stellen überschritten werden. Und noch heute gibt es zum Beispiel auf rund 100 km zwischen Col du Pillon und Grimselpaß keinen Straßenübergang, sondern nur den Lötschberg-Eisenbahntunnel. Ähnliches gilt auch im Bereich der Glarner Alpen, wo zwischen Reuß- und Rheintal kein Straßen- oder Bahnübergang existiert. Die touristische Erschließung hat sich besonders auf die berühmten Gegenden des Berner Oberlands konzentriert, ist aber auch in den übrigen Teilen nicht zu übersehen.
Die gesamte Region gehört zur Schweiz. Die Sprache ist im Westteil französisch, sonst überwiegend deutsch, außer im Vorderrheintal, wo noch teils rätoromanisch gesprochen wird.

△ Aus dem Aletschwald über Riederalp und Bettmeralp genießt man einzigartige Tiefblicke auf den Großen Aletschgletscher, hinter dem im Osten die vergletscherten Wannenhörner aufragen.

▷▷ Das berühmte Dreigestirn des Berner Oberlandes, Eiger, Mönch und Jungfrau, präsentiert sich besonders eindrucksvoll vom Schilthorn, einem der lohnendsten und leicht erreichbaren Aussichtsgipfel der Alpen.

Gebirgsgruppe	Fläche in km²	Begrenzung	polit. Zugehör.	höchster Gipfel	Untergruppen	Führer/Karten
Freiburger Alpen, französisch Alpes Fribourgoises, Alpes Vaudoises	2300	Aare – Simme – Saanenmöser – Saane – Col du Pillon – Grande Eau – Rhône – Genfer See – Veveyse – Alpenvorland	CH/FR CH/VD CH/BE	Le Tarent, 2548 m	La Berra-Ochsen-, Vanil-Noir-, Dent-de-Lys, Tour-d'Aï-, Tornette-, Gummfluh-, Gantrisch-Massiv	SAC, Préalpes Fribourgoises; SAC, Alpes et Préalpes Vaudoises; SAC, Berner Voralpen; K+F, Berner Wanderbücher 12, 13, 15, 17; SLK 1:50 000 Nr. 252, 253, 262, 263, 272
Berner Alpen, in CH geteilt in Berner Alpen und Berner Voralpen	3900	Thuner See – Brienzer See – Aare – Grimselpaß – Rotten/Rhône – Grande Eau – Saane – Simme	CH/VD CH/VS CH/FR CH/BE	Finsteraarhorn, 4274 m	Diablerets-Muveran-, Wildhorn-, Wildstrubel-Balmhorn-, Eiger-Blümlisalp-, Bietschhorn-, Aletschhorn-, Finsteraarhorn- Gruppe	SAC, Berner Alpen I-V; SAC, Berner Voralpen; SAC, Alpes et Préalpes Vaudoises; SLK 1:50 000 253, 254, 255, 262, 263, 264, 272, 273
Urner Alpen, in CH heißt der Nordteil Zentralschweiz. Voralpen, und der Westteil der Glarner A. zählt dazu, soweit sie zum Kanton Uri gehören	1300	Aa – Sarner See – Sarner Aa – Vierwaldstätter See – Reuß – Furkareuß – Muttbach – Rotten/Rhône – Grimselpaß – Aare – Brünigpaß – Lungerer See	CH/OW CH/NW CH/BE CH/UR CH/VS	Dammastock, 3629 m	Westl. und Östl. Melchtaler Alpen, Bauen-Brisen-, Kaiserstuhl-, Urirotstock-, Schlossberg-, Krönten-, Hoch-Sewen-, Fleckistock-, Sustenhorn-, Galenstock-Gruppe, Gelmerhörner-,Tierberg- , Wendenstock-, Titlis-Kette	SAC, Urner Alpen-West; SAC, Zentralschweizer. Voralpen; SLK 1:50 000 Nr. 245, 246, 254, 255, 256
Emmentaler Alpen, in CH Berner und Zentralschweiz. Voralpen genannt	1900	Vierwaldstätter See – Alpnacher See – Sarner Aa – Sarner See – Lungerer See – Brünigpaß – Brienzer See – Thuner See – Aare – Alpenvorland	CH/BE CH/LU CH/OW CH/NW	Brienzer Rothorn, 2350 m	Pilatus-, Brienzer-Rothorn-, Sigriswiler-Rothorn-, Emmental-Gruppe, Napfgebiet	SAC, Berner Voralpen; SAC, Zentralschweiz. Voralpen; K+F, Berner Wanderbücher 2, 4, 16, 20; SLK 1:50 000 Nr. 233, 234, 235, 243, 244, 245, 254
Schwyzer Alpen, in CH teils zu Urner, teils zu Glarner Alpen gerechnet	2000	Linth – Fätschbach – Klausenpaß – Vorder Schächen – Schächen – Reuß – Vierwaldstätter See – Alpenvorland – Zürichsee	CH/SZ CH/GL CH/UR CH/LU CH/ZG	Bächistock, 2914 m	Etzel-Aubrig-, Obersee-, Glärnisch-, Ortstock-Gruppe, Schächentaler Windgällen-, Chaiserstock-, Fronalpstock-Kette, Muotataler Alpen, Rigi, Alptaler Berge, Sihltaler Alpen	SAC, Urner Alpen Ost; SAC, Glarner Alpen; SLK 1:50 000 235, 236, 245, 246

Glarner Alpen, in CH gehört Westteil zu den Urner Alpen, Schwyzer Alpen größtenteils bei Glarner Alpen	2300	Linth – Walensee – Seez – Rhein – Vorderrhein – Oberalppaß – Oberalpreuß – Schächen – Vorder Schächen – Klausenpaß – Fätschbach	CH/GL CH/SG CH/UR CH/GR	Tödi, 3614 m	Chärpf-, Schilt-, Mürtschenstock-, Heubützli-, Spitzmeilen-, Sazmartin-, Pizol-, Zanai-, Ringelspitz-, Sardona-, Biferten-, Hausstock-, Tödi-, Rienzenstock-, Bristen-, Windgällen-, Düssi-, Hochfulen-, Clariden-Gruppe	SAC, Urner Alpen Ost; SAC, Glarner Alpen; SAC, Bündner Alpen I; SLK 1:50 000 Nr. 236, 237, 246, 247, 248, 255, 256, 257
Appenzeller Alpen	2100	Bodensee – Rhein – Seez – Walensee – Linth – Alpenvorland	CH/AI CH/SG CH/AR	Säntis, 2501 m	Alpstein, Churfirsten, Alviergruppe, Speergebiet, Tössberge	Fehr, Säntisführer; Churfirstenführer; SLK 1:50 000 Nr. 226, 227, 237

◁◁ Einen besonders informativen Überblick über die östlichen Berner Alpen vermitteln alle am Westrand der Urner Alpen stehenden Gipfel. Hier geht der Blick über den Grimsel-Stausee zu Oberaarhorn und Finsteraarhorn.

◁ Im weiten Schilthorn-Panorama ist das wildzerklüftete und steilwandige Gspaltenhorn der nächste im Süden aufragende Felsgipfel.

▽ Über dem Ormont-Dessus mit dem Ort Les Diablerets erhebt sich im Norden eine lange Bergkette mit den höchsten Gipfeln der Freiburger Alpen.

Freiburger Alpen

Les Pleiades, 1391 m

Höhenzug am westlichen Alpenrand über dem Genfer See mit prachtvoller Rundsicht.
Von Montreux Bergbahn bis wenige Minuten unter dem südlichen Randberg. Aufstieg zum höchsten Punkt 1/2 Std.

Rochers de Naye, 2042 m

Höchster Gipfel eines Bergzugs östlich über Montreux und dem Genfer See mit Europas höchstem Alpenblumengarten.
Zahnradbahn von Montreux; zu Fuß vom Col de Bonandon. 1 1/2 Std./II.

Tour d'Aï, 2331 m

Felsiger Bergstock mit charakteristischer Form im Südteil der Gruppe südöstlich des Genfer Sees.
Von Mayen, 2082 m (Endstation der Bergbahn von Leysin), über Südseite. 1 1/2 Std.

Le Moléson, 2002 m

Zweithöchster Gipfel des Dent-de-Lys-Massivs zwischen Saanetal und Alpenrand, umfassende Fernsicht.
Von Moléson-Village-Seilbahn bis in Gipfelnähe, zu Fuß über die Südflanke. 3 Std.

Mont d'Or, 2175 m

Berg zwischen dem Lac de l'Hongrin und dem Vallée des Ormonts.

Von La Badadse, 1515 m (von La Comballa, Nähe Col des Mosses, 3 km), über Südseite. 2 Std.

Le Chamossaire, 2113 m

Höchster und sehr häufig besuchter Gipfel der Berge westlich des Col de la Croix, großartige Rundschau. Erschlossenes Skigebiet. Bergbahnen von Villars-sur-Ollon.
Von Bretaye, 1898 m (hierher Zahnradbahn von Villars). 1 Std.

Pic Chaussy, 2355 m

Westlicher Eckpfeiler der Chaîne de Chaussy, ausgezeichneter Aussichtspunkt. Die frühere Luftseilbahn verkehrt nicht mehr.
Von D'en Haut, 1575 m, über dem Col des Mosses, über Nordseite. 2 1/4 Std.

Vanil Noir, 2389 m

Höchster Gipfel des Kantons Fribourg und des gleichnamigen Massivs zwischen Château d'Oex und Gruyères.
Von Grandvillard, 762 m (bei Gruyères), über Bonavaux und Westseite. 5 Std.

Le Tarent, 2548 m

Der auch Pic Romand genannte höchste Gipfel der Freiburger Alpen steht im Kamm Châtillon-La-Tornette über dem oberen Vallée des Ormonts. Umfassendes Panorama.
Von Isenau, etwa 1700 m (Bergbahn von Les Diablerets), über Südostflanke. 3 Std./II.

Kaiseregg, 2185 m

Aussichtsreicher und vielbesuchter Alpenrandberg über dem Schwarzsee.
Von der Sessellift-Bergstation, 1495 m (von Gypsera am Schwarzsee), über Riggisalp, Kaisereggpaß und Südostseite. 2 Std.

Hundsrügg, 2047 m

Höchster Punkt eines grasigen Bergrückens zwischen Jaunpaß und Saanen westlich von Zweisimmen. Großartiges Panorama.
Vom Jaunpaß über Hürli und Nordostkamm. 2 Std.

Gantrisch, 2176 m

Formschöner, weithin auffallender und häufig besuchter Felsgipfel des Ochsen-Gantrisch-Massivs mit steilen Nordabstürzen im Norden des Nieder-Simmentals.
Von der Gantrischalphütte, 1507 m (hierher von Schwefelbergbad 3 km), über Obere Gantrischhütte und Nordgrat. 2 1/2 Std.

Stockhorn, 2190 m

Charakteristisch geformter Aussichtsberg über dem Nieder-Simmental, dessen Gipfel nach Norden in einer 300 m hohen Felswand abfällt; deshalb einer der interessantesten Alpenrandberge aus der Gegend um Bern. Seilbahn von Erlenbach.
Zu Fuß von Erlenbach über Südflanke. 4 Std.

Berner Alpen

Grand Dent de Morcles, 2969 m

Markanter, westlichster Eckpfeiler der Gruppe hoch über dem Rhôneknie nördlich von Martigny, berühmte Rundschau. Erstersteiger: F. S. Wild 1788.
Von Riondaz, 2150 m (von Morcles 3 Std.) über die Südwestseite. 2½ Std./I.

Grand Muveran, 3051 m

Breiter Felsgipfel im westlichsten Teil der Gruppe westlich von Sion zwischen Villars-sur-Ollon und Ovronnaz.
Von der Cabane Rambert, 2585 m (hierher von Ovronnaz 4 Std.), über Südseite. 1½ Std.

Sommet des Diablerets, 3210 m

Höchster Punkt des Kantons Waadt (Vaud), vergletscherter Gipfel, der ein Hochplateau bildet, von dem der Glacier Tsanfleuron nach Osten gegen den Sanetschpaß fließt, auch als Sommet d'Anzeindaz bekannt.
Von Sex Rouge des Diablerets, 2841 m (Seilbahn vom Col du Pillon), nach Zwischenabstieg über Glacier de Tsanfleuron. 2 Std. Von der Cabane des Diablerets, 2486 m (Bergbahnstation). 2½ Std.

△ Von der steil gegen Süden abstürzenden Hochfläche des Glacier de Tsanfleuron zeigt sich der Sommet des Diablerets mit steilen Wänden; links hinten ist der Grand Muveran zu sehen.

Oldenhorn, 3123 m

Die französisch Becca d'Audon genannte markante Felspyramide erhebt sich über dem Col du Pillon und dem Glacier des Diablerets.
Von Sex Rouge, 2841 m, Seilbahnstation, 1½ Std./I.
Von der Cabane des Diablerets, 2486 m (Bergbahnstation). 2½ Std./I.

Haut de Cry, 2969 m

Herausragender Felsgipfel westlich von Sion mit steilen Wänden gegen Ovronnaz.
Von Derborence, 1449 m (hierher von Conthey bei Sion etwa 13 km + ½ Std.), über Praz Pourris und Nordseite. 5 Std./I.

Arpelistock, 3035 m

Markanter, westlicher Eckpfeiler der Wildhorngruppe im Berner Hauptkamm über dem Sanetschpaß.
Von der Geltenhütte, 2008 m (von Lauenen 3½ Std.), und vom Sanetschpaß, 2251 m. Je 3 Std./I.

Wildhorn, 3248 m

Höchster Gipfel der Wildhorngruppe zwischen Saanenland und dem Mittelwallis nördlich von Sion, Firngipfel mit Steilabfall nach Nordwesten.
Von der Wildhornhütte, 2301m (von Iffigenalp 2½ Std.), über Kirchli und Dungelgletscher. 5 Std./I.

Hinter Spillgerte, 2476 m

Markanter, von weither auffallender Felsberg östlich des Ober-Simmentals. Erstersteiger: M. Müller, M. von Steinen 1877.
Vom Parkplatz, 1350 m (über Blankenburg im Ober-Simmental), über Fromatthütte, Scheidegg und Nordostgrat (Grimmigrat). 4½ Std./III.

Rohrbachstein, 2950 m

Auffallender Felsgipfel mit steilen Abstürzen nach Süden zum Rhônetal zwischen Rawilpaß und Wildstrubel.
Von der Wildstrubelhütte, 2793 m (hierher von Plaine Morte, 2810 m, Luftseilbahn von Montana-Vermala, 1½ Std.), über Südwestseite. 1 Std./III.

Mont Bonvin, 2995 m

Gegen Süden zum Rhônetal vorgeschobener Felsgipfel über Crans Montana in der Wildstrubel-Gruppe. Berühmter Aussichtspunkt.
Von Plaine Morte, 2810 m (Luftseilbahn von Montana-Vermala), über Nordwestgrat. 1¼ Std./I.

Bella Lui, 2548 m

Gipfel nördlich von Montana zwischen Wildstrubel und Sierre, beliebter Aussichtspunkt, erschlossenes Skigebiet.
Seilbahnen von Crans und Montana. Zu Fuß von Montana 3 Std.

Wildstrubel, 3244 m

Die auch Lenker Strubel genannte höchste Erhebung des Wildstrubelmassivs, ein flacher Gipfel nördlich

von Sierre, fällt nordwärts mauerartig zum Ober-Simmental und Engstligental ab.
Von Plaine Morte, 2810 m (Bergbahn von Montana-Vermala), über Plaine-Morte-Gletscher. 2½ Std.

Niesen, 2362 m

Der wegen seiner weitreichenden Fernsicht berühmte Gipfel mit Gasthaus über Spiez ist aus dem

Frutigtal bzw. Kandertal durch eine Standseilbahn erschlossen.
Von Wimmis im Frutigtal über Ostflanke. 6 Std.

Grosslohner, 3049 m

Mächtiger, aussichtsreicher Felsstock im nördlichen Seitenkamm des Berner Hauptkamms zwischen Engstligen- und Kandertal.
Von der Lohner-Hütte, 2171 m (hierher von Adelboden 3 Std.), über den Nordgrat. 3 Std./II.

Torrenthorn, 2998 m

Gipfel im südlichen Seitenkamm des Berner Hauptkamms zwischen Leukerbad und Lötschental.
Von der Seilbahnstation Rinderhütte, 2459 m (östlich von Leukerbad), über Westgrat. 2 1/2 Std.

△ Die lange Kette von Felsgipfeln, unter denen der Grosslohner dominiert, ist am besten von Osten zu überschauen; hier vom Gällihorn über Kandersteg.

△ Die beiden Hauptgipfel der Wildstrubelgruppe sind Steghorn und Großstrubel, deren Nordflanken hier zu sehen sind.

Balmhorn, 3709 m

Höchster, formschöner und auffallender Gipfel der Wildstrubel-Balmhorn-Gruppe im Berner Hauptkamm nordöstlich von Leukerbad, informative Rundsicht. Erstersteiger: L. F. und H. Walker und M. und J. Anderegg 1864.
Von Schwarenbach, 2061 m (von Stock, Bergbahn von Kandersteg), über den Südwestgrat. 6 Std./I.

Hockenhorn, 3293 m

Felsgipfel im Berner Hauptkamm nördlich über dem Lötschental östlich des Lötschenpasses.
Vom Lötschenpaß, 2690 m (von Ferden 4 Std.), über die Südwestseite. 2 1/2 Std.

Groß Doldenhorn, 3634 m

Formschöner, steiler Firngipfel zwischen Gasterntal und Oeschinensee.
Von der Doldenhornhütte, 1915 m (vom Oeschinensee 2 Std.), über Nordwestseite. 6 Std./I.

Blümlisalphorn, 3664 m

Höchster Gipfel der stark vergletscherten Blümlisalpgruppe östlich von Kandersteg zwischen Kanderfirn und Blümlisalpfirn.
Von der Blümlisalphütte, 2837 m (hierher von der Griesalp 4 Std.), über Nordwestgrat. 4 1/2 Std./III.

Wilde Frau, 3260 m

Östlicher Felsgipfel der Blümlisalp über dem obersten Kiental östlich des Blümlisalphorns.
Von der Blümlisalphütte, 2837 m (von der Griesalp im Kiental 4 Std.), auf dem Westanstieg. 2 1/2 Std./I.

Gspaltenhorn, 3437 m

Eindruckvoller, spitzer Felsriese mit wilden Nordflanken über dem hintersten Kiental über dem Tschingelgletscher.
Von der Gspaltenhornhütte, 2455 m (hierher von der Griesalp im Kiental 3 Std.), über Nordwestgrat. 4 1/2 Std./III.

Morgenberghorn, 2249 m

Berg über dem Suldtal und dem Thuner See südwestlich von Interlaken.
Von Saxeten, 1103 m (10 km von Interlaken), 3 1/2 Std.

Schilthorn, 2960 m

Berühmter Aussichtsgipfel zwischen Lauterbrunnen und Kiental, neuerdings auch Piz Gloria genannt.

Seilbahn von Mürren bzw. von Längwald. Von Mürren zu Fuß. 4 1/2 Std.

Nesthorn, 3824 m

Gletscherumgebener Felsgipfel zwischen Lötschental und Brig östlich von Kippel.
Von der Oberaletschhütte, 2640 m (hierher von Belalp 3 Std.), über den Nordnordostgrat. 9 Std./III.

Bietschhorn, 3934 m

Herausragendes, weithin sichtbares, charakteristisches Felshorn im südlichen Seitenkamm des Berner Hauptkamms zwischen Lötschental und Rhônetal.
Von der Bietschhornhütte, 2565 m (von Wiler 3 Std.), über den Westsüdwestgrat. 8 Std./II.

Lauterbrunner Breithorn, 3782 m

Formschöne, ebenmäßige Felspyramide über dem Talschluß des Lauterbrunnentals.
Von der Mutthornhütte, 2901 m (von Ried/Lötschental 6 Std.), über Wetterlücke und Westgrat. 5 Std./II.

Aletschhorn, 4195 m

Markante, auf allen Seiten von Gletschern eingeschlossene Felspyramide zwischen Konkordiaplatz und Lötschental südlich der Jungfrau. Erstersteiger: F. Tuckett, J. Bennen, P. Bohren und V. Tairraz 1859.
Von der Oberaletschhütte, 2640 m (hierher von Belalp 3 Std.), über Südwestgrat 8 Std./II.

Faulhorn, 2681 m

Berühmter Aussichtsberg in der gleichnamigen Untergruppe zwischen Brienzer See und Grindelwald mit Gipfelhotel.
Von der First, 2167 m (von Grindelwald Gondelbahn), über Bachseen und Südseite. 2 Std.

Jungfrau, 4158 m

Einer der bekanntesten Alpengipfel südlich von Interlaken und Brienzer See mit steilen Nordabstürzen, zusammen mit Mönch und Eiger Wahrzeichen des Berner Oberlands. Erstersteiger: J. Rudolph, H. Meyer, A. Volker und J. Bortis 1811.
Vom Jungfraujoch, 3475 m (Zahnradbahn von Grindelwald), zuerst Zwischenabstieg, dann über Südostgrat. 3 Std./I.

Mönch, 4099 m

Fels- und Eisberg über Lauterbrunnental und Grindelwald, mittlerer Gipfel des berühmtesten Dreige-

△ Kleiner Ausschnitt aus der beeindruckenden Umrahmung des Tals von Grindelwald: Über dem Oberen Grindelwaldgletscher stehen, von vorn nach hinten, Nässihorn, Schreckhorn, Lauteraarhorn.

△ Ausblick von der Alp Käserstatt über dem Hasliberg: Rosenhorn, Mittelhorn, Wetterhorn, Mönch, Eiger (von links).

stirns der Alpen Eiger, Mönch, Jungfrau. Erstersteiger: S. Porges, C. Almer, U. und C. Kaufmann 1857.
Von der Mönchsjochhütte, 3630 m (vom Jungfraujoch, 3475 m, Zahnradbahn von Grindelwald, 1 Std.), über Süd- und Südostgrat. 1½ Std.

Eiger, 3970 m

Berühmte Felspyramide über Grindelwald. Während die berühmte, abschreckende Nordwand fast 2000 m sehr steil gegen das Tal von Grindelwald abfällt, ist die Südflanke weniger geneigt, aber ohne Eisbedekkung. Erstersteiger: C. Barrington, C. Almer und P. Bohren 1858.
Von der Station Eigergletscher der Jungfraujochbahn über Westflanke und Westgrat. 6 Std./III.

Schwarzhorn, 2928 m

Höchster Gipfel der Faulhorngruppe zwischen Brienzer See, Rosenlauital und Grindelwald nordwestlich der Großen Scheidegg.
Von der First, 2167 m (von Grindelwald Gondelbahn), über Südseite und Südgrat. 3 Std.

Eggishorn, 2927 m

Einer der berühmtesten Aussichtsgipfel der ganzen Alpen zwischen dem Großen Aletschgletscher und dem Rotten (Rhône)-Tal.
Luftseilbahn von Fiesch bis in Gipfelnähe, 2893 m; von dort 20 Min. Zu Fuß von Fiesch 6 Std.

Groß Fiescherhorn, 4049 m

Von Gletschern umgebener, höchster Gipfel der Fiescherhörner nördlich des Konkordiaplatzes.
Von der Mönchsjochhütte, 3630 m (vom Jungfraujoch, 3475 m, Zahnradbahn von Grindelwald, 1 Std.), über Ewigschneefeld und Südostseite. 4½ Std.

Groß Grünhorn, 4043 m

Vergletscherter Gipfel westlich des Finsteraarhorns, zwischen Ewigschneefeld und Fieschergletscher.

Von der Mönchsjochhütte, 3630 m (vom Jungfraujoch 1 Std.), Abstieg über das Ewigschneefeld, dann über Südgrat. 5 ½ Std.

Finsteraarhorn, 4274 m

Höchster Gipfel der Region und höchster Schweizer Gipfel außerhalb der Walliser Alpen. Felsberg, sogenannte »Gratschneide«, der fast im Mittelpunkt zwischen Haslital, Goms, Lötschental und den Lütschinentälern steht. Großartige Ansichten von allen Seiten. Erstersteiger: J. Leuthold und J. Währen 1829.
Von der Finsteraarhornhütte, 3050 m (vom Jungfraujoch, Bahn von Grindelwald, 6 Std.), über Südwestflanke und Nordwestgrat. 4 ½ Std./II.

Wetterhorn, 3701 m

Teilweise vergletscherter Felsgipfel, gegen Norden vorgeschobener, nördlicher Eckpunkt der Berner Hochalpen über der Großen Scheidegg, Wahrzeichen von Grindelwald. Großartiges Panorama.
Von der Glecksteinhütte, 2317 m (hierher von Grindelwald 3 ½ Std.), über den Wettersattel und die Südseite. 5 ½ Std./II.

Mettenberg, 3104 m

Der auch Mättenberg geschriebene, wuchtige Nordwest-Eckbau des Schreckhornkamms über Grindelwald zwischen Eiger und Wetterhorn.
Von Grindelwald über Bäregg und Langen Jahn. 7 Std./III.

Schreckhorn, 4078 m

Markanter, besonders von Norden eindrucksvoller Felsgipfel zwischen Unterem Grindelwaldgletscher und Lauteraargletscher oberhalb von Grindelwald.
Von der Schreckhornhütte, 2520 m (von der Pfingstegg, Bahn von Grindelwald, 4 ½ Std.), durch Schreckcouloir und Südostgrat. 7 Std./III.

Lauteraarhorn, 4042 m

Mächtiger, von Gletschern umgebener Felsgipfel südöstlich von Schreckhorn und Grindelwald, Nachbar des Schreckhorns.
Von der Lauteraarhütte, 2392 m (hierher vom Grimsel-Hospiz 4 Std.), über Südwandcouloir und Südostgrat. 8 Std./II.

▽ Oberaarhorn und Walliser Fieschergletscher vom Aufstieg zum Eggishorn über dem Goms (oberes Rotten-/Rhône-Tal).

Oberaarhorn, 3638 m

Formschöner Gipfel zwischen Walliser Fieschergletscher und Oberaargletscher mit sehr steiler Nordwand.
Von der Oberaarjochhütte, 3258 m (von der Staumauer des Oberaarsees, 2338 m, 6 Std.), über Südgrat. 1½ Std./I.

Bächlistock, 3247 m

Felsgrat über dem Unteraargletscher westlich des Grimselpasses, östlichster Dreitausender der Berner Alpen.
Von der Lauteraarhütte, 2392 m (vom Grimsel-Hospiz 4 Std.), über Westnordwestgrat. 4 Std./III.

Emmentaler Alpen

Niederhorn, 1950 m

Südlicher Eckpfeiler des felsigen Güggisgrates nördlich über dem Thuner See mit großartiger Rundsicht. Sessellift von Beatenberg. Zu Fuß von Beatenberg-Schmocken über die Südseite. 1½ Std.

Gemmenalphorn, 2061 m

Höchste Erhebung der Sigriswiler-Rothorn-Gruppe, letzter massiger Gipfel am Nordostende der Güggisgratkette.
Vom Niederhorn (hierher Sesselbahn von Beatenberg). 1½ Std.

Tannhorn, 2221 m

Südwestlichster Gipfel des Brienzergrates westlich des Brienzer Rothorns mit herrlicher Aussicht.
Von Ebligen, 570 m, am Nordufer des Brienzer Sees. 4 Std.

Augstmatthorn, 2137 m

Höchster Punkt des Riedergrates, steiler, grasbedeckter Gipfel mit Felswänden über dem Brienzersee.
Von der Alp Rotenschwand, 1560 m (etwa 16 km von Interlaken), über Südwestgrat. 2 Std.

Hohgant, 2163 m

Nach Norden zum Emmental steil abfallende Wand zwischen Schrattenflue und Sieben Hengsten, auf der weniger steilen Südseite ungewöhnliche Erosionsformen im Schrattenkalk.
Von Bolsiten, 1106 m (von Interlaken 9 km), über die Südseite. 4 Std.

Brienzer Rothorn, 2350 m

Höchster Gipfel der Emmentaler Alpen über dem Brienzer See, Skigipfel, berühmter Aussichtspunkt. Zahnradbahn von Brienz, Luftseilbahn von Schönenboden bei Sörenberg. Gasthaus.
Zu Fuß von Schacht, etwa 1200 m (oberhalb Sörenberg), über Nordseite. 3 Std.

Napf, 1418 m

Teils bewaldete Nagelfluhkuppe in den Emmentaler Vorbergen nördlich von Escholzmatt mit Gipfelhotel.

△ Der Hauptgipfel der Emmentaler Alpen, das Brienzer Rothorn, mit seiner Nordseite, von der Alp Arni über dem Glaubenbergpaß.

Von der Mettlenalp, 1232 m (von Langnau 14 km), über die Südseite. 1 Std.

Pilatus, 2129 m

Bergmassiv mit drei Gipfeln (höchste Spitze ist das Tomlishorn, aussichtsreichste der Esel) über Vierwaldstätter- und Alpnacher See. Großartiger Aussichtsplatz. Zahnradbahn von Alpnachstad, Seilbahn von Kriens. Erschlossenes Skigebiet.
Von der Tomlishornbahn-Bergstation ½ Std., auf den Esel wenige Minuten. Von Alpnachstad, 435 m, über die Südseite. 5½ Std.

Urner Alpen

Hochstollen, 2480 m

Felsgipfel östlich über dem Hasliberg, der gegen Osten steil zum Melchsee abbricht.
Von der Alp Hohgsträß, 2119 m (von Wasserwendi am Hasliberg Sessellift), über Südseite und Südostgrat. 1½ Std.

Stanserhorn, 1897 m

Nördlichster Berg im Kamm zwischen Engelberger Aa und Sarner Aa, südwestlich von Stans und dem Vierwaldstätter See.
Bergbahn von Stans bis kurz unter den Gipfel (dort Hotel), dann ¼ Std.
Zu Fuß von Stans 4¼ Std.

Huetstock, 2676 m

Wuchtiger Felsgipfel, der zwischen den Tälern von Melchaa und Engelberger Aa, westlich von Engel-

◁ Das Gwächtenhorn, der herausstechende Eisriese über dem Sustenpaß, vom Anstieg zur Tierberglihütte.

△ Einer der sehr charakteristisch geformten Berge der Alpen ist der Galenstock über Rhônegletscher und Furkapaß, hier von Südwesten gesehen.

berg aufragt, wird gelegentlich auch als Wild Geißberg bezeichnet.
Vom Arni, 1340 m (von Engelberg etwa 3 km), über Juchlipaß und Nordwestgrat. 4 Std./I.

Graustock, 2661 m

Felspyramide südlich über Engelberg gegenüber von Titlis und Wendenstöcken über dem Trüebsee.
Vom Engstlensee, 1850 m (Mautstraße von Innertkirchen), über Westseite. 3 Std.

Diechterhorn, 3389 m

Mächtiger Gletscherberg über dem Haslital nördlich des Grimselpasses. Erstersteiger: H. Schwarzenbach mit J. von Weissenfluh 1864.
Von der Trifthütte, 2520 m (von der Tierberglihütte, 3½ Std., dorthin von der Sustenstraße 3½ Std.), über Diechterlimmi und Südseite. 3 Std.

Tieralplistock, 3383 m

Südlicher Eckpunkt des vergletscherten Bergkamms zwischen Triftgletscher, Rhônegletscher und Alpligletscher. Erstersteiger: J. Jacot 1864.
Mittel- und Südgipfel von der Gelmerhütte, 2412 m (aus dem Haslital 3½ Std.), über Alpligletscher und Südwestseite. 4 Std.

Vorder Tierberg, 3091 m

Breite, schöngeformte Berggestalt südwestlich des Steinlimmigletschers, bis zum Gipfelgrat vergletschert.
Von der Tierberglihütte, 2797 m (hierher von der Sustenstraße 3½ Std.), über den Sattel Zwischen Tierbergen. 1½ Std.

Hinter Tierberg, 3447 m

Höchster Berg der nach ihm benannten Untergruppe zwischen Gadmental und Göschener-Alp-Tal mit drei Gipfeln nordwestlich über dem Chelengletscher. Erstersteiger: F. Gare und S. Powell 1891.
Von der Trifthütte, 2520 m (3½ Std. von der Tierberglihütte, dorthin von der Sustenstraße 3½ Std.), über Nord-Maasplankjoch und Südgrat. 3 Std/II.

Gwächtenhorn, 3214 m

Hauptblickpunkt von der Sustenstraße über dem Westteil des Triftgletschers, gletscherbedeckter Gipfel mit wilden Nordabstürzen. Erstersteiger: A. Hoffmann 1865.
Von der Trifthütte, 2520 m (3½ Std. von der Tierberglihütte, dorthin von der Sustenstraße 3½ Std.), über Südostgrat. 4½ Std.

Galenstock, 3583 m

Beeindruckender und formschöner Gipfel, zwischen Rhônegletscher, Furkapaß und Urserental aufragende mächtige Berggestalt. Erstersteiger: E. Desor, D. Dollfuss-Ausset und D. Dollfuss mit H. Währen, M. Bannholzer, D. Brigger und H. Jaun 1845.
Vom Hotel Belvédère an der Furka-Paß-Straße, 2274 m, über Rhônegletscher, Westflanke und Südgrat. 5½ Std./I.

Dammastock, 3629 m

Doppelgipfelige, gratartige höchste Erhebung der Urner Alpen, der sich westlich über Dammagletscher und Göschener-Alp-Tal erhebt. Erstersteiger: J. Fischer, A. Hoffmann-Burckhardt und A. von Weissenfluh 1864.
Vom Hotel Belvédère an der Furka-Paß-Straße über Rhônegletscher und Dammapaß. 5½ Std.

Titlis, 3239 m

Weithin auffallender und markanter Gipfel südöstlich von Engelberg,der gegen Süden und Osten mit steilen Wänden abfällt, einer der besuchtesten Aussichtsgipfel der Alpen. Erstersteiger: I. Hess, J.E. Waser und zwei Begleiter 1744.
Vom Klein-Titlis (Bergbahn von Engelberg) über Westkamm. 1 Std./I.

Buochserhorn, 1807 m

Nordöstlicher Eckpfeiler der Berge zwischen Engelberger Tal und Vierwaldstätter See. Ausgezeichnete Umschau.

Von Niederrickenbach, 1152 m (Seilbahn von Dallenwil bei Stans), über Bleikigrat. 2 Std.

Sustenhorn, 3503 m

Eine der beherrschenden Berggestalten der südlichen Urner Alpen zwischen Steingletscher und Brunnenfirn. Erstersteiger: G. Studer, J. und H. von Weissenfluh 1841.
Von der Tierberglihütte, 2297 m (dorthin von der Sustenstraße 3½ Std.), über Steingletscher und Westflanke. 3 Std./I.

Engelberger Rotstock, 2818 m

Gipfel südwestlich über dem oberen Großtal, über Grießenfirn und Schloßfirn.
Von der Rugghubelhütte, 2294 m (von Brunni, Sesselbahn von Engelberg, 2½ Std.), über Engelberger Lücke. 1½ Std./I.

Winterstock 3203 m

Dreigipfeliger, schöner Felsberg südöstlich über dem Dammagletscher und über der Nordseite des Urserentals. Erstersteiger: V. Fynn und P. Gondet 1891.
Von der Albert-Heim-Hütte, 2541 m (von Tiefenbach an der Furkastraße 1½ Std.), über Unter Gletschjoch zum Westgipfel 3½ Std./I.

Fleckistock, 3416 m

Höchster Gipfel der nach ihm benannten Untergruppe zwischen Voralptal und Meiental, auch als Rotstock bekannt. Umfassender Rundblick. Erstersteiger: L. Finninger und A. Raillard mit K. Blatter und A. Zgraggen 1864.
Von der Voralphütte, 2126 m (aus dem Göschener-Alp-Tal 2½ Std.), über Südwestrippe und Südgrat. 4½ Std./II.

Salbitschijen, 2981 m

Berühmter Klettergipfel mit drei ausgeprägten Graten und sehr steilen Wänden nordwestlich von Göschenen. Erstersteiger des Hauptgipfels: J. Gamma und E. Huber 1889, der Gipfelnadel: A. Bryn, I. Forsen, H. Helliesen und D. Lund 1909.
Hauptgipfel von der Salbithütte, 2105 m (aus dem Göschener-Alp-Tal 2 Std.), über Salbitgletscher und Nordflanke. 3½ Std./II.

△ Zu den berühmtesten Aussichtsplätzen der Alpen zählt zweifellos der Titlis. Hier die Schau von ihm gegen Osten: Aus zerrissenen Gletscherfeldern erheben sich Groß und Klein Spannort, und dahinter breitet sich das Gipfelmeer der Glarner Alpen.

Groß Spannort, 3198 m

Höchster Bergstock der Grassen-Spannort-Kette, eindrucksvoller Gipfel mit charakteristischer Gestalt über dem Talschluß des Erstfelder Tals. Erstersteiger: Mansell, Thompson, Spankie, Sowerby Tresch und Zgraggen 1867.
Von der Kröntenhütte, 1903 m (von Erstfeld 3 Std.), über Spannortjoch und Südgrat. 4 1/2 Std./I.

Oberbauenstock, 2117 m

Aussichtsberg über dem Vierwaldstätter See nordwestlich über Isenthal.
Von Niederbauen Kulm, 1432 m (Sesselbahn von Emmetten), über die Nordseite. 2 1/2 Std.

Urirotstock, 2928 m

Vielbesuchte, herausragende Vierkantpyramide zwischen Chlital, Blüemlisalpfirn und Großtal, großartige Aussicht. Erstersteiger: H. Zeller-Horner mit H. Imfanger 1834.
Vom Gasthaus Biwald, 1694 m (von Rüti im Großtal, Straße von Isenthal, 2 Std.), über Westseite und Südkamm. 4 Std.

Brunnistock, 2952 m

Höchster Gipfel der Urirotstockgruppe zwischen Blüemlisalpfirn und dem obersten Gitschital südwestlich von Seedorf.
Vom Gasthaus Biwald, 1694 m (von Rüti im Großtal, Straße von Isenthal, 2 Std.), über Blüemlisalpfirn von Nordwesten. 4 1/2 Std.

Schloß, 3133 m

Langer Felsgrat zwischen dem Surenenpaß und dem Erstfelder Tal, dessen höchste Spitze, der Schloßberg, am Westende steht. Erstersteiger: Cattani mit Imfanger 1863.
Von der Alp Blacken, 1733 m (von Herrenrüti bei Engelberg 2 Std.), über Nordwestflanke. 4 Std.

Schwyzer Alpen

Rigi Kulm, 1798 m

Vielbesuchter, höchster Punkt des gleichnamigen Höhenzuges, der westlichen Untergruppe zwischen Zuger See, Lauerzer See und Vierwaldstätter See, die durch mehrere Bergbahnen zugänglich gemacht ist. Hotels, erschlossenes Skigebiet. Beeindruckende Rundsicht.

Fronalpstock, 1922 m

Begraster Berg östlich über dem Urner See, der mit steilen Wänden zu ihm abbricht. Eindrucksvolle Rundsicht.
Von der Station der Sesselbahn, 1735 m (von Stoos, Seilbahn von Oberschönenbach bei Schwyz), über die Nordseite. 3/4 Std.

Roßstock, 2460 m

Gipfel in der Chaiserstockkette südwestlich des Chaiserstocks und nördlich des Kinzigpasses.
Von der Lidernenhütte, 1727 m (von Riemenstalden 3 Std.), über die Nordflanke. 2 Std.

Chaiserstock, 2515 m

Formschöne Felspyramide über dem hinteren Riemenstaldner Tal südlich des Muotatals.
Von der Lidernenhütte, 1727 m (von Riemenstalden 3 Std.), über Westseite und Nordgrat 3 Std./II.

Mythen, 1898 m

Zwei Felsgipfel über dem Talboden von Schwyz, dessen Wahrzeichen sie sind. Sie unterscheiden sich deutlich vom hügeligen Charakter der Nachbarberge.
Von der Holzegg, 1405 m (von Brunni, 1102 m, 10 km von Einsiedeln), auf den Großen Mythen 1 1/4 Std., auf den Kleinen Mythen, 1811 m. 2 Std./II.

Schächentaler Windgällen, 2763 m

Höchster Gipfel der Schächentaler-Windgällen-Kette, nordwestlich des Klausenpasses über dem Schächen-

◁ Ein Traumblick vom Fronalpstock: Hinten links der Pilatus, rechts der Rigi. Fast der ganze Vierwaldstättersee ist zu überschauen, in den von links die Halbinsel Seelisberg hineinragt.

tal. Großartiges Panorama. Erstersteiger: F. Huber und A. Imholz 1884.
Von Urigen oder Hinter-Rustigen an der Klausenpaßstraße über die Südseite. Je 5 Std./II.

Druesberg, 2281 m

Höchster Gipfelstock der Nördlichen Muotataler Alpen, an ihrem Ostende westlich des Pragelpasses gelegen.
Von der Druesberghütte, 1417 m (von Unteriberg etwa 10 km), über Nordseite und Westgrat. 2 Std.

Schiberg, 2044 m

Gipfel der Oberseegruppe östlich des Wägitaler Sees mit weiter Rundsicht.
Von Innerthal, 930 m, über Schwarzenegg und die Nordostseite. 3 1/2 Std.

Bös Fulen, 2801 m

Höchster, abweisend erscheinender Gipfel der Ortstockgruppe südlich über dem hinteren Klöntal und höchster Punkt des Kantons Schwyz.
Vom Berghaus Gumen, 2042 m (hierher mit Sesselbahn von Braunwald), über Faulenfirn und das Band. 5 Std./II.

Ortstock, 2716 m

Schroffer, von weitem auffallender Felsgipfel der gleichnamigen Untergruppe über dem Urnerboden und westlich über Linthal, berühmtes Panorama.
Von der Glattalphütte, 1898 m (von Sahli, 1149 m, von Schwyz 23 km, 2 1/2 Std. oder Gondelbahn zum Restaurant Glattalp + 1/4 Std), über Ortstockfurkel. 3 1/2 Std.

Rautispitz, 2283 m

Gipfel am Ostrand der Gruppe, der steil ins Linthtal abbricht, westlich von Netstal.
Vom Obersee Stafel, 989 m (von Näfels etwa 7 km), über Rautialp und Südgrat. 3 1/2 Std.

△ Die markanten Felsstöcke über dem Tal von Schwyz sind die beiden Mythen, hier von Süden gesehen.

Bächistock, 2914 m

Höchster Gipfel der mächtigen, das Tal von Glarus beherrschenden Glärnischgruppe, der sich südlich des Klöntaler Sees erhebt. Erstersteiger: B. Heiz, G. Schiesser und Begleiter 1864.
Von der Glärnischhütte, 1919 m (von Vorauen am Klöntaler See 3 Std.), über Bächifirn und Nordostgrat. 3 Std./II.

Glarner Alpen

Rienzenstock, 2957 m

Höchster, gratartiger Südwestpfeiler der Rienzenstockkette am Südwesteck der Gruppe, östlich über Göschenen.
Von der Treschhütte, 1475 m (von Gurtnellen 3 Std.), über Südostgrat. 4 ½ Std.

Bristen, 3072 m

Weithin sichtbare, wuchtige Berggestalt hoch über dem Reußtal, Hauptgipfel der Bristenkette südlich über dem Ort Bristen.
Von der Etzlihütte, 2052 m (von Bristen 4 Std.), über Südostseite und Steingrätli. 6 Std./II.

Groß Windgällen, 3187 m

Eindrucksvoller, herausragender Felsgipfel östlich von Erstfeld zwischen Schächental und Maderanertal, höchster Berg der Windgällenkette, entsprechend gute Aussicht. Erstersteiger: G. Hoffmann mit J. M. und M. Tresch 1848.
Von der Windgällenhütte, 2032 m (von Golzeren, Gondelbahn von Bristen, 2 Std.), über Ostflanke und Ostgrat. 4 Std./II.

Oberalpstock, 3327 m

Der rätoromanisch Piz Tgietschen genannte Gletscherberg erhebt sich zwischen dem hinteren Maderanertal und dem Vorderrheintal, herrliches Panorama. Erstersteiger: P. Placidus a Spescha mit J. Senoner 1799.
Von der Cavardirashütte, 2649 m (von Acletta bei Disentis 4 ½ Std.), über Brunnifirn und Südostseite. 2 Std./II.

Groß Schärhorn, 3294 m

Vergletscherter Gipfel, der zwischen dem hinteren Maderanertal und dem Klausenpaß aufragt. Erstersteiger: G. Hoffmann mit J. Gisler und P. L. Imholz 1842.
Von der Hüfihütte, 2334 m (von Bristen 5 Std.), über Chammlilücke. 4 Std.

Groß Düssi, 3256 m

Der auffallende Gipfel der Düssi-Oberalpstock-Kette steht östlich über dem hintersten Maderanertal. Rätoromanisch wird er auch Piz Git genannt. Hervorragende Aussicht. Erstersteiger: A. Escher von der Linth mit G. Tresch 1841.
Von Hinterbalm, 1817 m (von Bristen 3 Std.), über Südgrat. 3 1/2 Std./II.

Clariden, 3267 m

Höchster Gipfel der Claridengruppe, sehr aussichtsreicher, breiter Gletscherberg südöstlich über dem Klausenpaß, der mit steilen Wänden zum Urnerboden abbricht. Erstersteiger: Rambert mit Streiff und Stüssi 1863.
Von der Planurahütte, 2947 m (von Tierfehd 4 Std.), über Südwestflanke. 2 Std.

Tödi, 3614 m

Wuchtiger, dreigipfeliger Bergstock (höchste Spitze ist der Piz Russein) mit Firnkuppe und charakteristischer Form südwestlich über dem hintersten Linthtal, von weit her sichtbar. Erstersteiger: A. Bisquolm und P. Curschellas 1824.
Von der Grünhornhütte, 2448 m (hierher von Linthal 6 1/2 Std.), über gelbe Wand. 5 Std./II.

Bifertenstock, 3421 m

Breite Berggestalt südwestlich des Limmerensees, zwischen Bifertenfirn und Grießfirn, auch als Piz Durschin bekannt. Erstersteiger: Raillard, Roth und Sand mit Elmer, Stüssi und Vordermann 1863.
Von der Bifertenhütte, 2482 m (von der Alp Rubi über Breil/Brigels, Alpstraße, 4 Std.), durch die Bänder. 6 Std./III.

▽ Mit dieser Aufnahme vom Trinser Horn ist ein bedeutender Teil der Glarner Alpen zu überblicken. Vor allem ihr höchster Gipfel, der Tödi, rechts, ist unverkennbar. Die Gipfel links begleiten das obere Vorderrheintal.

△ Die charakteristische Seite des Tödistocks von Norden, vom Eggstockaufstieg über Braunwald.

▽ Die Kette des Biferstenstocks über dem Val Frisal von der Alp Dado über Breil.

Hausstock, 3158 m

Eindrucksvolle Felspyramide mit vorzüglicher Aussicht, die sternförmig fünf Grate aussendet, südöstlich über dem hinteren Durnageltal. Erstersteiger: Oswald Heer 1832.
Von der Muttseehütte, 2500 m (von Tierfehd bei Linthal 4 1/2 Std.), über Ruchi und Südwestgrat. 4 Std./II.

Vorab, 3028 m

Bergmassiv mit zwei nahe zusammenstehenden Gipfeln südlich von Elm (der höhere heißt Bündner Vorab, der andere Glarner Vorab). Von Süden her erschlossenes Skigebiet. Erstersteiger: A. Escher von der Linth 1842.
Von der Station Vorab, 2570 m (Luftseilbahnen von Laax-Murschetg, 1100 m), über Vorabfirn. 1 1/4 Std. Evtl. Sessellift bis Pign Vorab.

Mürtschenstock, 2441 m

Beherrschender, gezackter Bergzug mit den drei Felsgipfeln Stock, Fulen und Ruchen (höchster), südlich über dem Westteil des Walensees.
Von Vordertal nördlich des Talsees, 1128 m (hierher von Filzbach etwa 4 km), über Spannegg und Südgrat. 5 Std./III.

Piz Segnas, 3098 m

Höchster Gipfel der Sardona-Segnas-Vorab-Gruppe, breiter Bergzug mit flachem Gipfelgrat zwischen Sernftal und Calfeisental. Erstersteiger: G. Sand-Frank mit H. Helmer 1861.
Von der Sardonahütte, 2157 m (hierher von St. Martin bei Vättis 3 1/2 Std.), über Surajoch und Nordgrat. 3 1/2 Std.

Piz Sardona, 3055 m

Langgestreckter Bergzug nordöstlich des Piz Segnas, mit diesem durch das Surajoch verbunden, berühmtes Panorama. Erstersteiger: G. Sand-Frank mit H. Elmer 1861.
Von der Sardonahütte, 2157 m (von St. Martin bei Vättis 3 1/2 Std.), über Ostseite und Sardonagletscher. 3 1/2 Std.

Spitzmeilen, 2501 m

Gipfel, dessen steiler Aufbau von Nordosten gesehen die Form einer Mütze nachbildet, südwestlich über dem oberen Schilstal.
Von der Spitzmeilenhütte, 2087 m (hierher von Flums 2 1/2 Std.), über Nordostgrat. 1 1/4 Std.

Ringelspitz, 3247 m

Höchster Gipfel des Ringelgebirges und des gesamten Ostteils der Glarner Alpen, steiles Felshorn südwestlich des Gigerwaldsees zwischen Calfeisental

und Vorderrheintal. Er heißt rätoromanisch Piz Bargias oder Piz Barghis. Erstersteiger: G. Sand-Frank mit H. und R. Elmer 1865.
Von der Ringelspitzhütte, 2000 m (von Tamins oder Vättis 4 1/2 Std.), über Taminser Gletscher. 4 Std./II.

Pizol, 2844 m

Höchster Gipfel der Grauen Hörner zwischen Weißtannental, Taminatal und Calfeisental, großartige Rundschau. Erstersteiger: E. Frey-Gessner mit M. Hobi 1864.

Von der Pizolhütte, 2227 m (von Wangs Bergbahnen bis 10 Min. vor die Hütte), über Wildseeluggen und Pizolgletscher. 2 1/4 Std.

Haldensteiner Calanda, 2805 m

Höchste, auffallend isoliert stehende Erhebung der Calanda-Kette im Nordwesten von Vättis, zwischen Taminatal und Rheintal über Chur. Großartiges Gipfelpanorama.
Von der Calandahütte, 2073 m (hierher von Haldenstein 4 Std.), über Südgrat. 2 1/2 Std.

△ Der Surenstock/Piz Sardona von Südosten, vom Trinserhorn/Piz Dolf.

Appenzeller Alpen

Speer, 1951 m

Höchster Nagelfluhberg Europas, bedeutendster Gipfel der gleichnamigen Untergruppe westlich der Churfirsten.
Von Stein im Toggenburg, 902 m, über Ostseite und Südostgrat. 3 1/4 Std.

Hinterrugg, 2306 m

Höchster Berg der Gipfelkette der Churfirsten über dem Ostende des Walensees, durch einen kurzen Grat mit dem Chäserrugg verbunden. Großartiges Panorama.
Vom Chäserrugg, 2262 m (Luftseilbahn von Iltios, Standseilbahn von Unterwasser). 1/4 Std.

Lütispitz, 1986 m

Gipfel in der gezackten Nordkette des Alpsteins südwestlich des Säntis.

▽ Sämtiser See und Altmann im Alpstein vom Weg Hoher Kasten–Saxer Lücke.

Von Lutertannen, 1027 m (dorthin an der Straße Neßlau-Schwägalp), über Windenpaß und Westgrat. 3 Std.

Säntis, 2501 m

Höchster Berg der Appenzeller Alpen. Auf dem Gipfel großes Wetterobservatorium, Hotel und Gasthaus. Berühmter Aussichtsgipfel, der bis weit in Süddeutschland zu sehen ist. Seilbahn von der Schwägalp.
Von der Meglisalp, 1517 m (von Wasserauen 3 Std.), über Wagenlücke. 2 1/4 St.

Kronberg, 1663 m

Teils bewaldeter Berg nördlich des Säntis mit Gasthäusern.
Bergbahn von Jakobsbad, 869 m, zwischen Urnäsch und Appenzell. Zu Fuß über Nordseite. 3 Std.

◁ Der westliche Teil der Alpstein-Hauptkette aus dem Lutterental bei Luttertannen mit Silberplatten, Stoss, Gamskopf, Schwarzkopf und Stollen.

Altmann, 2436 m

Zweithöchster Gipfel der Gebirgsgruppe, formschöner Felsturm südwestlich des Säntis. Erstersteiger: C. F. Fröhlich 1825.

Vom Rotsteinpaß-Gasthaus, 2120 m (von Thurwies bei Unterwasser 2 Std.), über Nordflanke. 1¼ Std./I.

Kreuzberge, 2059 m

Achttürmige Gratkette mit zahlreichen Kletterrouten am Südostrand des Alpsteins hoch über dem Rheintal.
Von Bollenwees, 1470 m (von Brülisau 2½ Std.), an den Fuß der Klettertürme. 1½ Std.

Schäfler, 1923 m

Nordöstlichster Gipfel des Alpstein-Nordkamms mit Gasthaus unter dem Gipfel.
Von der Ebenalp, 1640 m (Luftseilbahn von Wasserauen, zu Fuß über Seealpsee 2½ Std.), über Südostseite. 1 Std.

Alvier, 2343 m

Südöstlicher Eckpfeiler der Gruppe über Rhein- und Seeztal mit Alvierhütte, nach Süden steil abfallend. Berühmte Rundschau.
Vom Palfries-Berggasthaus, 1688 m (Kurhaus, Hotel, Straße von Trübbach im Rheintal), über die Südseite. 2 Std.

Hoher Kasten, 1795 m

Gipfel des südöstlichen Alpsteins mit steilen Abstürzen ins Rheintal, mit Gasthaus. Luftseilbahn von Brülisau.
Aufstieg zu Fuß von Brülisau, 922 m, über die Nordseite. 2¼ Std.

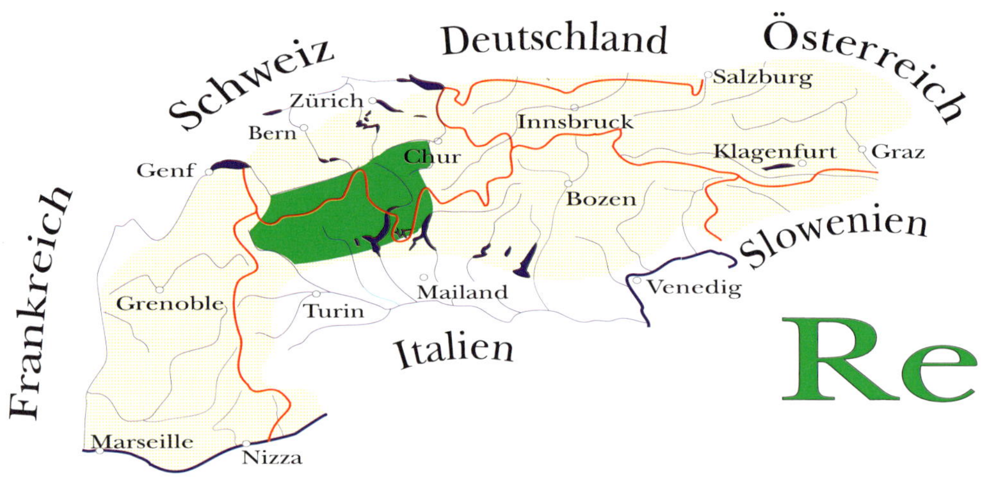

4 Region

Diese Region besitzt die stärkste Massierung hoher, gewaltiger und berühmter Berge, hier konzentriert sich die Mehrzahl der Viertausender, hier stehen die meisten Traumberge der Bergsteiger. Doch fast die gesamte Berühmtheit ist auf relativ kleinem Raum zusammengedrängt, nämlich im Walliser Alpenhauptkamm zwischen Combinstock und Weißmies und in wenigen nördlichen Seitenkämmen. Neben diesem Gebiet führen die übrigen Teile der Walliser Alpen und der ganzen Region beinahe ein Dornröschendasein. Ihre Bekanntheit konnte sich, rein alpinistisch betrachtet, trotz ihrer zahlreichen Höhepunkte in Form hoher und interessanter Berge, nie so recht neben den großartigen Walliser Eisriesen entwickeln. Um so mehr ist in diesen Teilen noch Ursprünglichkeit zu erleben, die, wie so häufig in den Westalpen, auch mit dem teilweisen Fehlen von Wegen und Markierungen zusammenfällt. Außerdem sind für diese Gebiete unerwartet große Höhenunterschiede typisch, die oft zwischen Talort und Gipfel 2000 m weit übersteigen. Das gilt freilich auch für die berühmten Gegenden.

Die Lage in der Nähe des Alpensüdrands bringt zweifellos Vorzüge, was das Wetter betrifft, und allgemein ein weniger feuchtes Klima. Aus der südlichen Lage darf jedoch keinesfalls auf andere Bedingungen des Hochgebirges geschlossen werden, die hier durchaus auch nördlicheren Alpenteilen entsprechen. Alle Gruppen dieser Region besitzen beachtliche Gletscher; natürlich haben die Walliser Alpen die größten Anteile. Die Nordseite wird durch Rhône und Vorderrhein entwässert, auf der Südseite flie-

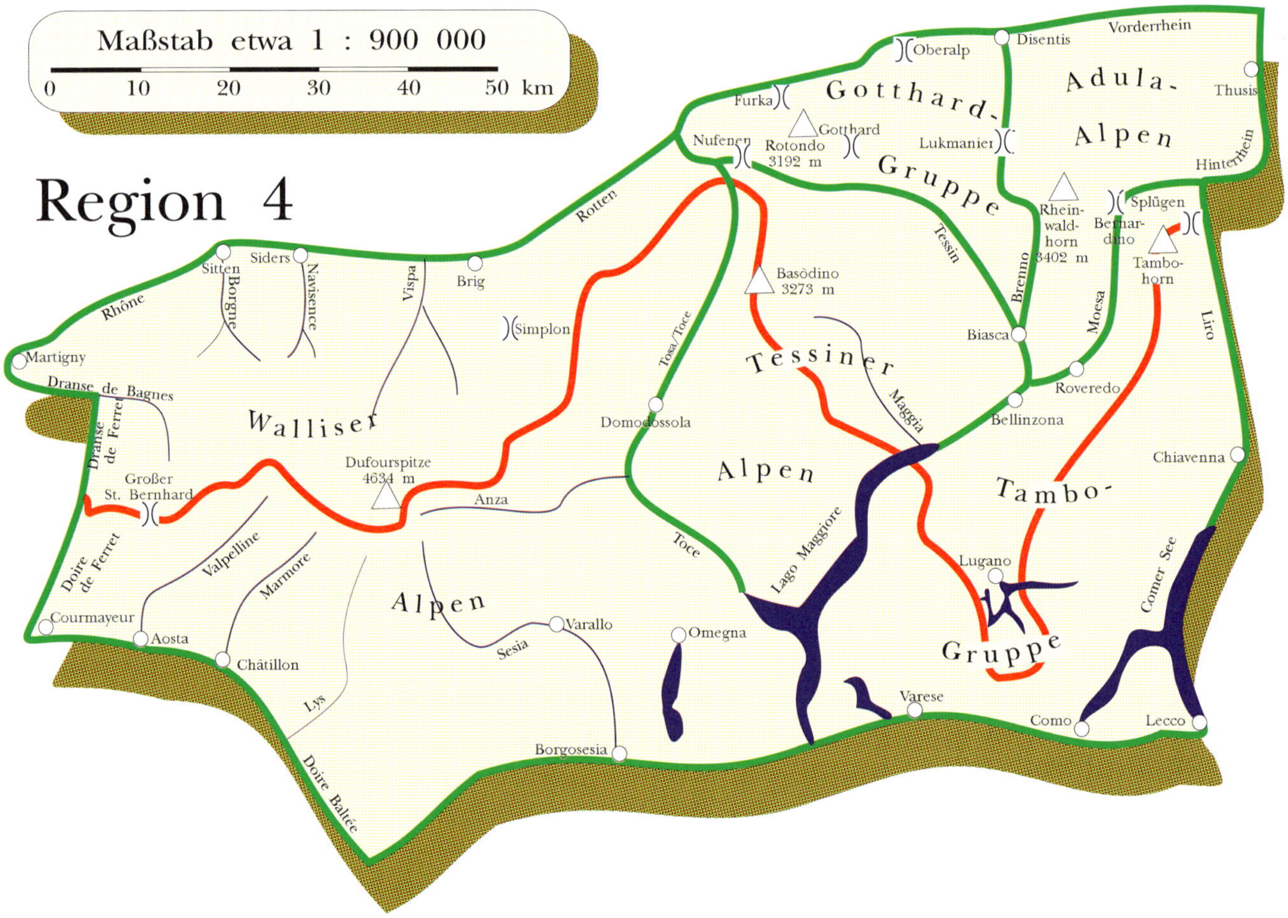

Gebirgsgruppe	Fläche in km^2	Begrenzung	polit. Zugehör.	höchster Gipfel	Untergruppen	Führer/Karten
Walliser Alpen, französisch Alpes Valaisannes, italienisch Alpi Pennine	8300	Ägina – Nufenenpaß – Tessin – Passo-San-Giacomo – Toce – Lago Maggiore – Alpenvorland – Dora Baltea – Col Ferret-Dranse d'Entremont – Rhône/Rotten	I/AO CH/VS I/VC I/NO CH/TI	Dufourspitze, 4634 m	Golliat-, Combin-, Ruinette-, Luseney-Weisshorn-, Matterhorn-, Monte-Rosa-, Weissmies-, Monte-Leone-, Blinnenhorn-, Valsesia-Gruppe	SAC, Alpes Valaisannes, meist auch deutsch; Rother, Walliser Alpen; TCI/CAI, Alpi Pennine; SLK 1:50 000 Nr. 264, 265, 272, 273, 274, 275, 282, 283, 284, 285, 292, 293, 294
Tessiner Alpen, in CH meist auf die pol. Grenzen des Kantons beschränkt	2600	Tessin – Lago Maggiore – Toce – Passo San Giacomo	I/NO CH/TI	Basòdino, 3273 m	Basòdino-, Cristallina-, Campo-Tencia-, Maggia-, Verzascas-, Onsernone-, Pioda-di-Crana-, Gridone-, Monte-Zeda-Gruppe	SAC, Tessiner und Misoxer Alpen; TCI/CAI, Alpi Lepontine; SLK 1:50 000 Nr. 265, 266, 275, 276, 285, 286
Gotthardberge, in CH auf umliegende Gebirgsgruppen verteilt	1100	Oberalpreuß – Oberalppaß – Vorderrhein – Rein da Medel – Lukmanierpaß-Brenno – Tessin/Ticino – Nufenenpaß – Ägina – Rotten/Rhône – Furkapaß	CH/VS CH/UR CH/TI CH/GR	Pizzo Rotondo, 3192 m	Gallina-, Rotondo-, Lucendro-, Chastelhorn-, Pizzo-Centrale-, Maighels-, Curnera-, Sole-Gruppe	SAC, Walliser Alpen V; SAC, Bündner Alpen II; SAC, Tessiner und Misoxer Alpen; SAC, Urner Alpen West; TCI/CAI, Alpi Lepontine; SLK 1:50 000 Nr. 255, 256, 265, 266
Adula-Alpen, in CH Teil der Bündner Alpen	2100	Vorderrhein – Hinterrhein – San-Bernardino-Paß – Moesa – Tessin/Ticino – Brenno – Lukmanierpaß – Rein da Medel	CH/GR CH/TI	Rheinwaldhorn, 3402 m	Medelser-, Piz-Terri-, Rheinwaldhorn-Gruppe, Güferhorn-, Signina-Kette, Splügener Kalkberge, Piz-Beverin-, Torrone-, Pizzo-Muccia-Kette	SAC, Bündner Alpen II; SAC, Tessiner und Misoxer Alpen; TCI/CAI, Alpi Lepontine; TCI/CAI, Alpi Retiche Occidentali; SLK 1:50 000 Nr. 247, 256, 257, 266, 267
Tambo-Gruppe, mehrere verschiedene Namen und Begrenzungen in CH und I	2900	Hinterrhein – Liro – Mera – Comer-See-Ostarm – Alpenvorland – Lago Maggiore – Tessin/Ticino – Moesa – San-Bernardino-Paß	I/VA I/CO I/SO CH/TI CH/GR	Tambohorn, 3279 m	Tambo-Curciusa-Gruppe, Pizzo-Pombi-Kette, Camoghé-Támaro-Gruppe, Vareser Voralpen, Generoso-Intelvo-Gruppe, Alta Brianza	SAC, Tessiner und Misoxer Alpen; SAC, Bündner Alpen I und III; TCI/CAI, Alpi Lepontine, Gabbiano, Prealpi Comasche; SLK 1:50 000 Nr. 267, 276, 277, 286, 287, 290, 297

ßen mehrere große Flüsse etwa parallel gegen Süden: Dora Baltea/Doire Baltée, Sesia, Toce/Tosa, Tessin/Ticino, Adda. Sie münden nach Verlassen der Alpen alle in den Po.

Die Besiedlung der höheren Alpentäler dürfte aus dem Süden später erfolgt sein als auf der Nordseite. Interessanterweise sind einige obere Täler zuerst von der Alpennordseite her besiedelt worden, denn einmal waren diese Täler von Süden her schwierig zu erreichen, andererseits herrschte im Norden ein stärkerer Auswanderungsdruck. So zogen die Walser über heute teils vergletscherte Pässe (Theodulpaß) in die Täler Ayas, Gressoney, Sesia, Macugnaga und Pomat. Die touristische Erschließung beschränkt sich in dieser Region schwerpunktmäßig auf wenige Stellen. Ein umfangreicher Anteil der Berglandschaft ist jedenfalls sehr einsam und unbekannt geblieben, was auf den Schweizer Anteil viel weniger zutrifft. Obwohl das ausgesprochene Hochgebirge mit stellenweise viel unzugänglichem Gelände und Gletschern überwiegt, bleibt noch sehr viel Raum für Bergfreunde, die keine Leistungen vollbringen oder sich in Gefahren begeben wollen. Wohl das beste Beispiel ist das Tal von Zermatt, in dessen Umgebung jeder das findet, was ihm gefällt.

Die Möglichkeiten der Stromgewinnung sind in dieser Region an vielen Stellen genutzt worden, wofür die große Anzahl von Stauseen spricht. Die verkehrsmäßige Erschließung ist in den meisten Gegenden erfolgt; allerdings sind die Übergänge über den Alpenhauptkamm nicht so häufig, wie man es für die etwa 230 Kilometer Länge des Alpenhauptkamms in dieser Region erwarten könnte. Großer St. Bernhard-, Simplon, Nufenenpaß, St. Gotthard-, Lukmanier- und Splügenpaß sind die autobefahrbaren Pässe, die teils schon untertunnelt sind. Dazu kommen zwei Eisenbahntunnelstrecken, nämlich Simplon- und Gotthardtunnel.

Die Region gehört zu etwa sieben Zehnteln zur Schweiz und zu drei Zehnteln zu Italien. Im Westteil überwiegt die französische Sprache, was auch für die Autonome Region Aosta für die Einheimischen gilt; im übrigen Schweizer Anteil spricht man deutsch und am südlichen und östlichen Rand rätoromanisch. Im Kanton Tessin und im Misox herrscht dagegen das Italienische vor; das letzte Überbleibsel der deutschen Sprache hält sich hier noch in Bosco-Gurin. Im italienischen Anteil gibt es neben Französisch im Aostatal auch Reste der deutschen Sprache vor allem in Gressoney, Valsesia, Pomat und wenigen anderen Tälern.

◁ Der Piz de Mucia im östlichen Kamm der Adula-Alpen zwischen Calanca und Misox/Val Mesolcina aus der Gegend des St.-Bernhardin-/San Bernardino-Passes.

▷ Der Grand Golliat ist der mächtige westliche Eckpfeiler der Walliser Alpen. Hier sind seine Nordabstürze von Nordosten, von einem der Lacs de Fenêtre zu sehen.

▷▷ Aus der Gegend von Riffelsee und Gornergrat sind der Gornergletscher und Grenzgletscher, der Monte-Rosa-Stock mit Nordend und Dufourspitze und rechts der Liskamm gut zu überschauen, einer der eindrucksvollsten Anblicke der Alpen.

Walliser Alpen

Grande Rochère, 3326 m

Höchster Gipfel der gleichnamigen Untergruppe südlich des Alpenhauptkamms und östlich des italienischen Val Ferret gegenüber den Grandes Jorasses in einzigartiger Aussichtslage.
Vom Rifugio Pianavalle, 1750 m (von Morge, von La Salle im Aostatal 6 km, ½ Std.), über Capanna Grand Plan und Südwestflanke. 5 Std./II.

Grand Golliat, 3238 m

Westlichster Dreitausender des Walliser Hauptkammes, mächtiges Felsmassiv südöstlich über dem Grand Col Ferret mit prachtvollem Panorama.
Von der Kehre, 2079 m, der Südauffahrt zum Großen St.Bernhard, über Col de Saint-Rhémy und Comba la Tula. 3½ Std./I.

Pierreavoi, 2473 m

Spitzes, aus dem Rhônetal auffallendes Felshorn zwischen Rhônetal und Val de Bagnes, vielbesuchter Aussichtspunkt.
Vom Pas du Lin (hierher Straße von Martigny, Saxon und Sembrancher), über West- und zuletzt Südseite 2½ Std.

Mont Fallère, 3060 m

Hauptgipfel der Gruppe, italienisch auch Paletta genannt, zwischen Valle del San Bernardo und Aostatal gegenüber der Paradisogruppe. Vorzüglicher Aussichtspunkt.
Von Étroubles, 1264 m (an der Straße zum Großen St. Bernhard), über La Chaz d'Arzy und den Ostgrat. 7 Std./II.

Mont Velan, 3731 m

Höchster Gipfel mit charakteristischer Gipfelkalotte mit Schneehaube zwischen Mont-Blanc-Gruppe und Grand Combin nordöstlich des Großen St. Bernhard. Erstersteiger: L. J. Murith mit zwei Jägern 1779.
Von der Cabane du Velan – 1992 nicht benutzbar wegen Brand –, 2569 m (von Bourg-Saint-Pierre 3½ Std.), über Glacier de Tseudet und Nordnordostgrat. 4½ Std.

Grand Combin, 4314 m

Höchster Gipfel des freistehenden, stark vergletscherten Combinstocks, eines weißen, von weither sichtbaren Bergmassivs, vollständig Grand Combin de Grafeneire genannt, in einem nördlichen Seitenkamm des Hauptkamms. Erstersteiger: B. und M. Felley und J. Bruchez 1857.
Von der Cabane de Valsorey, 3030 m (von Bourg-Saint-Pierre 4½ Std.), über Combin de Valsorey und Westgrat. 6 Std./II

Combin de Corbassière, 3715 m

Gipfel in der westlichen Einrahmung des Glacier de Corbassière nördlich des Grand Combin.
Von der Cabane de Pannosière, 2669 m (von Fionnay

▷ Der umfangreiche Bergstock des Grand Combin von Norden, vom Pierreavoi. Die drei Gipfel sind (von links): Combin de Tsesette, Combin de Grafeneire (Hauptgipfel) und Combin de Valsorey.

4 Std.), über Glacier de Corbassière und Mur de la Côte. 4 Std.

Mont Fort, 3329 m

Gipfel zwischen Val de Nendaz und Val de Bagnes nordwestlich der Rosablanche. Großartiges Panorama. Erstersteiger: E. Hoffmann mit J. Felley und S. Bessard 1866.
Seilbahn von Tortin (Val de Nendaz). Von der Cabane du Montfort, 2457 m (von Les Ruinettes, Bahn von Verbier, 2 Std.), über Col des Gentianes und Glacier de Tortin. 2½ Std.

Rosablanche, 3336 m

Herausstechender Felsgipfel der Ruinette-Aiguilles-Rouges-Gruppe zwischen Lac des Dix und Val de Bagnes. Erstersteiger: J. J. Weilenmann mit J. Felley 1865.
Von der Cabane du Mont Fort, 2457 m (von Les Ruinettes, Bergbahn von Verbier, 2 Std.), über Glacier de la Claux und Südgrat. 4 Std.

Le Pleureur, 3703 m

Spitzer Felsberg zwischen Lac des Dix und Lac de Mauvoisin in der Ruinette-Aiguilles-Rouges-Gruppe, auch Mont Pleureur genannt. Erstersteiger: E. Hoffmann-Burkhard mit J. Felley, S. Bessard und J. Gillioz 1866.
Von der Staumauer des Lac de Mauvoisin, 1951 m (von Martigny 33 km) über Nordwestgrat. 5½ Std.

Ruinette, 3879 m

Felsiger, von Gletschern umgebener Hauptgipfel über Gletschern der gleichnamigen Untergruppe östlich des Lac de Mauvoisin. Erstersteiger: E. Whymper mit Chr. Almer und F. Biner 1865.
Vom Refuge de Chanrion, 2465 m (von der Staumauer Mauvoisin 3 Std.), über Südwestgrat. 5 Std.

Aiguille Centrale, 3646 m

Höchster Gipfel der Aiguilles Rouges d'Arolla oder Pointes de Darbonneire, der Kette zwischen Val d'Heremence und Val d'Hérens bzw. Val d'Arolla.
Von der Cabane des Aiguilles Rouges, 2810 m (von Arolla 2½ Std.), über Col Sud und Südgrat. 3 Std./I.

Mont Collon, 3637 m

Freistehender, vom Hauptkamm gegen Norden vorgeschobener Gipfel mit typischer Form von Norden. Wahrzeichen von Arolla. Erstersteiger: G. E. Forster mit H. Baumann und J. Kronig 1867.
Von der Cabane des Vignettes, 3157 m (von Arolla 3½ Std.), über Glacier du Mont Collon und den Südgrat. 4 Std./II.

Becca de Luseney, 3504 m

Höchster Gipfel der gleichnamigen Untergruppe südlich des Alpenhauptkamms zwischen Valpelline und Aostatal.
Von der Alpe Luseney, 2585 m (von Issologne im Val de Saint-Barthelémy 3 Std.), über Ostflanke und Ostgrat. 5½ Std./II.

△ Eine der auffallendsten Bergformen hat der Mont Collon über dem Tal von Arolla; im Vordergrund die Alpe Pra Gra.

Dent Blanche, 4357 m

Herausragendes, höchstes Felshorn mit vier Graten in einem nördlichen Seitenkamm des Alpenhauptkamms zwischen Val d'Hérens und Val d'Anniviers. Erstersteiger: T. S. Kennedy und W. Wigram mit J. B. Croz und J. Kronig.
Von der Schönbielhütte, 2694 m (vom Schwarzsee, Bergbahn von Zermatt, zuerst Abstieg 3 Std.), über den Wandfluhgrat. 8 Std./II.

Dent d'Hérens, 4171 m

Eindrucksvoller Gratberg im Hauptkamm westlich des Matterhorns mit mächtigen Nordabstürzen zum Tiefmattengletscher, von Westen ein spitzes Riesenhorn. Erstersteiger: W. E. Hall, I. Crawford Crove, R. S. Macdonalds und M. Woodmass mit M. Anderegg, P. Perren und J. P. Cachat 1863.
Vom Rifugio Aosta, 2781 m (von Prarayer im Valpelline 3 Std.), über Glacier des Grandes Murailles und Westgrat. 4½ Std./II.

Bella Tola, 3025 m

Letzter, nördlichster Dreitausender des Kamms zwischen Val d'Anniviers und Turtmanntal. Berühmter und vielbegangener Aussichtsberg.
Von Tignousa (Lift von Saint-Luc östlich über dem unteren Val d'Anniviers), über die Westseite. 3 Std.

Obergabelhorn, 4063 m

Gratberg westlich von Zermatt und über dem Talschluß des Zinaltals, der auf der Nordseite bis zum Gipfelgrat vergletschert ist und gegen Süden felsig

abstürzt. Typischer Anblick durch den Vorgipfel »Wellenkuppe«. Erstersteiger: A. W. Moore und H. Walker mit J. Anderegg 1865.
Von der Rothornhütte, 3200 m (von Zermatt 5 Std.), über die Wellenkuppe. 4 Std./II.

Zinalrothorn, 4221 m

Spitzer, von Gletschern umgebener Gipfel im Weisshornkamm nordwestlich von Zermatt. Erstersteiger: L. Stephen und F. C. Craufurd mit M. und J. Anderegg 1864.
Von der Cabane du Mountet, 2886 m (hierher von Zinal 5 Std.), über Glacier du Mountet und Nordgrat. 5 Std./III.

Mettelhorn, 3406 m

Vom Zinalrothorn weit gegen das Mattertal vorgeschobener Gipfel, berühmter und häufig besuchter Aussichtsberg.
Vom Hotel Trift, 2337 m (von Zermatt 2 ½ Std.), über Südseite und Westgrat. 3 ½ Std.

Weißhorn, 4505 m

Ebenmäßiger Gipfel, einer der formschönsten der Alpen, mit drei Graten mit steilen Flanken zwischen Mattertal und oberstem Zinaltal, von weither gut zu erkennen. Zur Unterscheidung von anderen Weißhörnern meist Walliser Weißhorn genannt. Erstersteiger: J. Tyndall mit J. J. Bennen und U. Wenger 1861.

▽ Vom Bishorn erlebt man Einblicke in die mächtigen Weißhorn-Ostabstürze; links der Gipfel, rechts der Gendarm.

Von der Weißhornhütte, 2932 m (hierher von Randa 4 ½ Std.), über Ostgrat. 7 Std./II

Matterhorn, 4477 m

Wegen seiner außergewöhnlich beeindruckenden Form mit den vier Graten und der freien Lage »Berg der Berge« genannt. Seine beiden Gipfel sind durch einen 80 m langen Grat verbunden. Der italienische Gipfel ist einen Meter niedriger. Oft bestiegen, häufig aber nicht erreicht und meistens sehr unterschätzt, was viele Gefahren bringt. Erstersteiger: E. Whymper, C. Hudson, D. R. Hadow und F. Douglas mit M. A. Croz und P. Taugwalder Vater und Sohn 1865.

◁ Im ersten Morgenlicht stehen die gewaltige Dent d'Hérens und rechts die Tête de Valpelline; tief unten liegt noch im Schatten der Tiefmattengletscher, gesehen vom Aufstieg zur Dent Blanche.

Von der Hörnlihütte, 3260 m (vom Schwarzsee, Seilbahn von Zermatt, 2 Std.), über Hörnligrat. 6 Std./II.

Breithorn, Westgipfel, 4165 m

Allseitig vergletscherter Grat aus vier Erhebungen im Alpenhauptkamm zwischen Matterhorn und Liskamm. Berühmte Aussicht. Erstersteiger: H. Meynard mit J. M. Coutet, J. Gras und Brüdern Erin 1813. Vom Kleinen Matterhorn, 3883 m (Luftseilbahn von Zermatt), über Breithornpaß und Südflanke. 1½ Std.

Alphubel, 4206 m

Charakteristisch geformter Gipfel zwischen Mattertal und Saastal mit vergletschertem, fast ebenem Gipfelplateau. Erstersteiger: H. Dübi und K. Munzinger mit A. Supersaxo 1882.

Von der Längfluh, 2870 m (Luftseilbahn von Saas Fee), über Feegletscher und Ostseite. 4 Std.

Rimpfischhorn, 4199 m

Spitziges Felsriff mit fast senkrechten Ostwänden zwischen Zermatter Tal und Saastal, das einen langen Grat gegen Zermatt entsendet. Erstersteiger: L. Stephen und R. Livenig mit M. Anderegg und J. Zumtaugwald 1859.
Vom Hotel Fluhalp, 2607 m (vom Blauherd, Bahn von Zermatt, 1 Std.), über Längfluhgletscher und Südgrat. 5 Std./II

Täschhorn, 4491 m

Steile Felspyramide mit drei Flanken und Graten, zweithöchster Gipfel der Mischabelkette, südlicher Nachbar des Doms. Erstersteiger: L. L. Davies und J. W. Hayward mit J. und S. Zumtaugwald und J. Summermatter 1862.
Von der Längfluh, 2870 m (hierher Luftseilbahn von Saas-Fee), über Mischabeljoch (Biwak) und Südostgrat. 8 Std./III.

Dom, 4545 m

Höchster und eindrucksvoller, weithin auffallender Gipfel der Mischabelkette mit riesiger Eisflanke gegen Norden. Erstersteiger: J. L. Davies mit J. Zumtaugwald, J. Kronig und H. Brantschen 1858.
Von der Domhütte, 2940 m (von Randa 5 Std.), über Festijoch und Nordflanke. 6 Std./I.

Balfrin, 3796 m

Gipfel der nördlichen Mischabel-Gruppe über dem Riedgletscher und Saastal.
Erstersteiger: R. S. Watson und Frau mit J. J. Imseng, F. Andermatten und J. M. Claret 1863.
Von der Mischabelhütte, 3340 m (hierher von Saas Fee 4 Std.), über Riedpaß. 3½ Std.

Grand Tournalin, 3379 m

Höchster Gipfel der vom Alpenhauptkamm nach Süden abzweigenden Kette zwischen Valtournanche und Val d'Ayas.
Von Cheneil, 2105 m (Sträßchen vom Ort Valtournenche), über die Westflanke. 4 Std./I.

Testa Grigia, 3315 m

Höchster Gipfel in der Kette zwischen Val d'Ayas und Val Gressoney. Alter deutscher Name: Grauhaupt. Großartige Aussicht.
Von Gressoney-la-Trinité, 1624 m, über Ostseite und Südgrat. 5½ Std./I.

Corno Bianco, 3320 m

Höchster Gipfel der Valsesiagruppe, der zwischen Gressoney-la-Trinité und Alagna steht. Alter deutscher Name: Weißhorn.
Vom Rifugio Ospizio Sottile, 2480 m (von Ca di Janzo, über Riva Valdobbia im Valsesia, 3½ Std.), über Lago Nero und Südwestflanke. 4 Std./I.

Strahlhorn, 4190 m

Mächtiges Gletschermassiv, südlichster Gipfel der Allalingruppe zwischen Mattertal und Saastal. Erst-

△ Die 4 km lange viergipfelige Mauer des Breithorns vom Allalinhorn. Die Gipfel von links: Schwarzfluh, Ostgipfel, Mittelgipfel, West (Haupt)-gipfel.

◁ Der zu Recht berühmteste Alpenberg, das Matterhorn, mit seiner Ostwand, die links vom Furgg-Grat und rechts vom Hörnli-Grat begrenzt wird; unter ihr der Furgg-Gletscher, rechts Teile des Matterhorngletschers. Vorne ruht der Riffelsee.

ersteiger: E. J. Grenville und C. Smyth mit F. J. Andermatten und U. Lauener 1854.
Von der Britanniahütte, 3029 m (von Felskinn, Luftseilbahn von Saas Fee, ½ Std.), über Allalingletscher und Adlerpaß. 4 Std.

Liskamm, Ostgipfel, 4527 m

Westöstlich verlaufender, eindrucksvoller zweigipfeliger Gletscherberg im Hauptkamm, der auf beiden Seiten hoch hinauf eisbedeckt ist, wegen der zahlreichen Unglücke »Menschenfresser« genannt. Alte Schreibung: Lyskamm. Erstersteiger O-Gipfel: J. F. Hardy, A. C. Ramsay, F. Sibson, T. Remison, J. A. Hudson, W. E. Hall, C. H. Pilkington mit J. B. Cachat, F. Lochmatter, K. Herr, F. Zumtaugwald, P. und J. Perren 1861.
Vom Rifugio Gnifetti, 3611 m (von Punta Indren, 3260 m, Luftseilbahn von Alagna, 1¼ Std.), über Südgrat. 5 Std./II.

Nordend, 4609 m

Nördlicher Eckpfeiler des Monte-Rosa-Stocks nördlich des »wirklichen« Grenzgipfels und des Silbersattels, mächtiger Gletscherrücken mit Felsabstürzen gegen Norden. Erstersteiger: T. und E. Buxton und J. J. Cowell mit M. Payot 1861.
Von der Monte-Rosa-Hütte, 2795 m (vom Rotenboden, Bergbahn von Zermatt, 2 Std.), über Oberes Plattje und Silbersattel. 6 Std./I.

Dufourspitze, 4634 m

Höchster Gipfel der Schweiz und der ganzen Gebirgsgruppe, zweithöchster der Alpen, im Monte-Rosa-Stock in einem Grat etwas westlich des Alpenhauptkamms, schmaler Felsgrat. Erstersteiger: Gebrüder James-Grenville, C. Smyth, C. Hudson, J. Birkbeck und E. J. Stephenson mit U. Lauener, J. und M. Zumtaugwald 1855.
Von der Monte-Rosa-Hütte, 2795 m (von Station Rotenboden, von Zermatt Gornergratbahn, 2 Std.), über Monte-Rosa-Gletscher und Westgrat. 7 Std./II.

Signalkuppe, 4556 m

Südöstlicher Eckpfeiler des Monte-Rosa-Stocks, an einer Verzweigung des Alpenhauptkamms, gewaltige Kammerhebung über Val Anzasca, Valsesia und Grenzgletscher, die nach Süden tief abbricht. Italienischer Name: Punta Gnifetti. Auf dem Gipfel die Ca-

▽ Die Umgebung der Hoh-Saas-Hütte erlaubt die prachtvollsten Übersichten der Mischabelgruppe und ihrer Nachbarn. Von links: Alphubel, Täschhorn, Dom, Lenzspitze, Nadelhorn, Hohberghorn und Dürrenhorn.

△ Vom Kilchhorn über dem Nufenenpaß geht der Blick über den Stausee Corno-Gries und den langen Griesgletscher zu den Gipfeln Bettelmatthorn, Rothorn und Blinnenhorn.

panna Margherita. Erstersteiger: G. Gnifetti, E. Farinetti, C. Ferraris, C. Grober, J. und F. Giordani und zwei Träger.
Von der Capanna Gnifetti, 3611 m (von der Punta Indren, 3260 m, Luftseilbahn von Alagna, 1¼ Std.), über Lisgletscher, Grenzgletscher und Westflanke. 3½ Std.

Monte Tagliaferro, 2964 m

Auffallende Felsspitze zwischen Alagna und Rima, walserisch Isamberg = Eisenberg genannt.
Vom Rifugio Ferioli, 2204 m (von Alagna 2½ Std.), über Nordwestseite. 2½ Std./I.

Weißmies, 4023 m

Höchster Gipfel der Weißmies-Antrona-Gruppe zwischen dem Saastal und dem Laggintal bzw. dem Zwischenbergental, mächtiger Eisbuckel mit einzigartiger Rundsicht. Erstersteiger: J. C. Häusser und P. J. Zurbriggen 1855.
Von Hoh Saas, 3098 m (von Saas Grund Gondelbahn), über Triftgletscher und Westgrat. 3½ Std.

Fletschhorn, 3996 m

Allseitig vergletscherter Felsberg der Weißmiesgruppe südlich des Simplonpasses, eindrucksvolles Bild besonders von Norden. Erstersteiger: wahrscheinlich J. D. James mit A. Supersaxo 1889.
Von der Weißmieshütte, 2726 m (von Hoh Saas, Gondelbahn von Saas Grund, ½ Std. Abstieg), über Tälligletscher und Südwestgrat. 4 St./I.

Portjengrat, 3654 m

Langer Grat von Westen, spitzes Horn von Osten südlich der Weißmiesgruppe, an dem ein langer Grat vom Hauptkamm nach Osten abzweigt. Italienischer Name: Pizzo d'Andolla.
Von der Almageller Hütte, 2860 m (von Saas Almagell 4 Std.), über Westseitengrat. 4½ Std./III.

Cima Capezzone, 2421 m

Höchster Gipfel des östlichen Teils der bei der Signalkuppe abzweigenden Bergkette über Valstrona und Rimella. Alter walserischer Name: Rig.
Von Campello Monti, 1305 m, über Alp Capezzone und Südgrat. 3½ Std.

Monte Leone, 3553 m

Höchster Gipfel der Monte-Leone-Blinnenhorn-Gruppe nahe ihrem Westrand und dem Simplonpaß. Um ihn gruppieren sich fünf Gletscher. Erstersteiger: J. J. Weilenmann 1859.
Vom Simplonhospiz, 1997 m (an der Simplonstraße), über Breithornpaß und Westsüdwestgrat. 5 Std./I.

Ofenhorn, 3235 m

Gipfel im Alpenhauptkamm über dem Talschluß des Binntals, dem es seine felsige Seite zuwendet. Italienischer Name: Punta d'Arbola.
Von der Binntalhütte, 2275 m (hierher von Imfeld im Binntal 3 Std.), über Tälligletscher und Nordwestflanke. 3 Std./I.

Monte Barone, 2044 m

Höchster Gipfel des Südostteils der Valsesiagruppe westlich von Borgosesia.
Vom Rifugio Monte Barone, 1610 m (hierher von der Alpe Piani di Rivò, Straße von Rivò nahe Borgosesia, 2 Std.), über Südflanke. 1½ Std.

Blinnenhorn, 3374 m

Höchster Gipfel des östlichen Teils der Walliser Alpen über dem langen Griesgletscher. Italienischer Name: Corno Cieco. Erstersteiger: A. Cust 1881.

Vom Rifugio Claudio e Bruno, 2650 m (von Kehrbächi/Riale, im obersten Pomat, 3 Std.), über Blinnenjoch und Südwestgrat. 3 Std.

Tessiner Alpen

Pioda di Crana, 2430 m

Höchster, spitzer Felsgipfel der gleichnamigen Untergruppe nördlich des Val Vigezzo mit drei Graten.
Von Aruogno, 1247 m (Straße von Toceno im Val Vigezzo), über Südgrat. 4 Std.

Wandfluhhorn, 2863 m

Gipfel im Hauptkamm der Basòdinogruppe südlich des Basòdino, der steil ins Pomat stürzt. Italienische Bezeichnung: Pizzo Biella.
Von der Großalp, 1896 m (von Bosco-Gurin 1 Std.), über Südostrinne. 3 1/2 Std./I.

Basòdino, 3274 m

Höchster Gipfel der Tessiner Alpen mit starker Vergletscherung auf der Ostseite, auffallende, breite, weithin sichtbare weiße Berggestalt im Grenzkamm. Ursprünglicher deutscher Name: Bersaldiner Horn. Erstersteiger: P. Jossi, Zanini, Gaudenzio, G. Padovani und F. Scuella 1863.

▽ Der Cristallina, dessen Ostflanke hier vom Lago Naret zu erkennen ist, gehört zu den bedeutendsten Gipfeln der Tessiner Alpen.

Von der Alpe Ghigel, etwa 2300 m (südlich des Kastelsees), über Ostflanke. 3 1/2 Std.

Pizzo di Brünesc, 2429 m

Südöstlicher Eckpfeiler des Kamms zwischen Val Bavona und Val Lavizzara über Bignasco mit großartigem Panorama.
Von Peccia, 839 m, über Monti dell'Ovi, Alpe di Brünesc, Piatto und Nordostgrat. 4 1/2 Std.

Monte Zeda, 2156 m

Gipfel der östlichen Monte-Zeda-Gruppe südwestlich über Falmenta im Valle Cannobina.
Vom Passo Folungo, 1369 m (Straße von Verbania und Cannero, evtl. weiter), über Ostkamm. 2 1/2 Std.

Cristallina, 2911 m

Höchster Gipfel der gleichnamigen Untergruppe mit zwei kleinen Gletschern nordöstlich des Basòdino und südlich des Val Bedretto.
Von der Capanna Cristallina, 2349 m (von Osasco im Val Bedretto 3 Std.), über Forcola di Cristallina und Nordwestgrat. 2 Std.

Pizzo Cramalina, 2312 m

Herausragender Felsgipfel mit drei Graten zwischen Val Vergeletto und Val Maggia.
Von Vergeletto, 905 m, über Alpe Remiasco und Südgrat. 4 1/2 Std.

Gridone, 2188 m

Der auch Monte Limidario genannte, gratartige Felsberg zwischen Lago Maggiore und Centovalli in der gleichnamigen Untergruppe vermittelt eine großartige Rundschau.
Von Mergugno, 1037 m (Straße von Brissago), über Südseite und Südostgrat. 3 1/2 Std.

Poncione di Vespero, 2717 m

Nördlicher Eckpfeiler der Tessiner Alpen über Val Bedretto und Valle Leventina.
Vom Sasso della Boggia, 2057 m (Luftseilbahn von Airolo), über Ostflanke. 3 Std./I.

Corona di Redorta, 2804 m

Gipfel über dem Talschluß des Val Redorta, einem Ursprungstal des Val Verzasca.
Von Monti di San Carlo, 1003 m, im Val di Prato, über Bocchetta di Lareccio und Nordgrat. 6 Std./I.

Pizzo Campo Tencia, 3071 m

Höchster Gipfel der gleichnamigen Untergruppe im Tessiner Hauptkamm zwischen Valle Leventina und Valle Maggia. Erstersteiger: G. Studer, Dr. W. Lindt, Aebi mit P. Sulzer und Caveng 1867.
Von der Capanna Campo Tencia, 2140 m (von Dalpe 3 1/2 Std.), über Größeren Ghiacciaio di Crozlina und Nordgrat. 3 1/2 Std.

Pizzo Forno, 2907 m

Gegen das Valle Leventina vorgeschobener, formschöner und mineralienreicher Gipfel.

◁ Zu den aussichtsreichsten, aber auch einsamsten Gipfeln über den oberen Maggiatälern wird der Pizzo di Brünesc gerechnet; hier seine Nordseite.

Vom Rifugio Alpe Sponda, 1932 m (hierher von Chironico 4 Std.), über Südflanke. 3 Std.

Cima dell'Uomo, 2390 m

Felsgipfel der Verzascagruppe im Teil südlich des Tessiner Hauptkamms.
Vom Rifugio Albagno, 1900 m (von Monti Mornera, Seilbahn von Monte Carasso, 1½ Std.), über Bocchetta d'Albagno und Sentiero dei Frati. 2 Std./I.

Gotthardberge

Pizzo Gallina, 3060 m

Gipfel nördlich des Nufenenpasses, westlicher Eckpfeiler der Gotthardberge, großartiges Panorama. Erstersteiger: A. Carones mit B. Jori 1885.
Vom Nufenenpaß, 2478 m, über Chilchhorn, Mittaglücke und Westnordwestgrat. 2½ Std./I.

Pizzo Rotondo, 3192 m

Eindrucksvoller, doppelgipfeliger, höchster Berg der Gruppe mit steilem Gipfelaufbau nordwestlich von Bedretto über drei Gletschern, der eine großartige Aussicht bietet. Erstersteiger: A. Beffa, V. Haller und J. M. Tresch 1869.
Vom Rifugio Piansecco, 1980 m (dorthin 1 Std. von All'Aqua), über den Passo di Rotondo und die Westseite. 4½ Std./I.

Witenwasserenstock, 3082 m

Doppelgipfeliger Berg mit hervorragender Aussicht nordwestlich von Bedretto an der Grenze der Kantone Uri, Tessin und Wallis. Erstersteiger: W. A. B. Coolidge mit C. Almer jun. 1892.
Von der Rotondohütte, 2571 m (von Realp 4½ Std.), über Nordostgrat zum Ostgipfel 1½ Std., zum Hauptgipfel 2¼ Std./III.

Pizzo Lucendro, 2962 m

Von Norden gesehen eine gleichmäßig gebaute Felspyramide, westlich über dem Gotthardpaß und nördlich von Bedretto.
Vom Gotthardhospiz, 2091 m, über Passo di Lucendro und Ostgrat. 3½ Std.

Fibbia, 2738 m

Beliebter Aussichtsberg über dem Val Bedretto im Südwesten des St.-Gotthard-Passes. Erstersteiger: B. Hugi und G. Studer mit Trägern 1831.
Vom St.-Gotthard-Paß, 2091 m, durch Valletta di San Gottardo und über Nordflanke. 2 Std.

△ Die Kette der Rotondogruppe von Osten, vom Sasso della Boggia, mit den Gipfeln Chüebodenhorn, Pizzo Rotondo und Witenwasserenstock.

▷ Die Südwestflanke des Piz Terri, rechts der Piz Scharboda, vom Luzzone-Stausee in den Adula-Alpen nördlich des Rheinwaldhorns.

Pizzo Centrale, 3001 m

Herausragender Hauptgipfel der gleichnamigen Untergruppe zwischen Gotthard und Andermatt, dessen Gletscher bis zum Gipfel reicht.
Vom St.Gotthard-Paß, 2091 m, über Lago Sella und Südseite. 4 Std.

Badus, 2928 m

Mächtiger Gratberg nördlich der Vermigelhütte über dem Tal der Unteralpreuß, auch als Six Madun bekannt. Nördlich des Gipfels der Lai da Tuma, Ursprung des Vorderrheins. Erstersteiger: Placidus a Spescha 1785.
Von der Camona da Maighels, 2310 m (vom Oberalppaß 2 Std.), über Lolenpaß und Südgrat. 2½ Std.

Piz Ravetsch, 3007 m

Höchster Gipfel in dem vom Piz Borel nach Norden zum Val Platta ziehenden Kamm, zwischen oberstem Val Maighels und oberstem Val Curnera, im Westen bis unter den Gipfelaufbau vergletschert.
Von der Cadlimohütte, 2570 m (vom Lukmanierpaß 3½ Std.), über Piz Borel und Südgrat. 2½ Std./II.

Piz Rondadura, 3015 m

Zweigipfeliger Berg des Alpenhauptkamms bei der Abzweigung des Gannaretschkamms westlich des Lai da Sontga Maria, hoch hinauf vergletschert. Bekannter Aussichtsberg.
Vom Lukmanierpaß, 1914 m, über Pass Nalps und Südwestgrat. 3½ Std.

Piz Gannaretsch, 3039 m

Dominierender dreigipfeliger Berg mit herrlichem Panorama zwischen Val Nalps und Val Medel, südöstlich über dem Lai da Nalps. Erstersteiger: E. Amberg und A. Züblin 1895.
Hauptgipfel von Sogn Gagl, etwa 1750 m, an der Lukmanierstraße, über Sogn Gagl Su und Nordostgrat. 4½ Std./I.

Pizzo del Sole, 2773 m

Gipfel nordöstlich über der Leventina, der mit steiler Wand gegen das Val Piora abfällt, nordwestlich von Faido.
Von Somprei, 1848 m, nordwestlich von Faido, über Alpe Chiera und Südgrat. 2½ Std.

Pizzo Molare, 2585 m

Gipfel der Solegruppe mit mächtiger Flanke östlich über Faido zwischen Leventina und Val Blenio. Hervorragende Aussicht.
Von der Capanna Pian Daioss, 1867 m (Straße von Leontica), über Ostflanke. 1 Std.

Adula-Alpen

Scopí, 3189 m

Auffallender Riesenfelsbuckel östlich über dem Lukmanierpaß, westlichster der Gebirgsgruppe. Auf dem Gipfel befinden sich Militäranlagen. Erstersteiger: Placidus a Spescha und J. Bagliel 1782
Aufstieg vom Lukmanierpaß, 1914 m, über die Südflanke in 3 ½ Std.

Piz Cristallina, 3128 m

Formschöner, westlicher Eckpfeiler des Medelser Massivs mit zwei Gipfeln. Anderer Name: Piz Pozata. Erstersteiger: Placidus a Spescha 1782.
Von der Camona da Medel, 2524 m (hierher von Curaglia 3 ½ Std.), über Glatscher da Medel und Fuorcla Cristallina. 3 ¼ Std.

Piz Medel, 3210 m

Höchster Gipfel der Medelser Gruppe im Alpenhauptkamm, von großen Gletschern umgeben, weithin auffallender Gletscherkamm.
Von der Camona da Medel, 2524 m (hierher von Curaglia 3 ½ Std.), über Glatscher de Plattas und Nordkante. 2 ½ Std.

Piz Vial, 3168 m

Höchster Gipfel im östlichen Teil der Medelser Gruppe über Plaun la Greina.
Von der Camona da Terri, 2240 m (vom Stausee Runcahez, Straße aus dem Vorderrheintal, 4 Std.), über Südflanke und Piz la Greina. 4 Std.

Piz Terri, 3149 m

Überaus formschöner Gipfel mit drei Graten über Plaun la Greina und Luzzonesee. Lohnende und sehr beliebte Aussichtswarte. Erstersteiger: Placidus a Spescha 1801.

▽ Vom Aufstieg zum Rheinwaldhorn über den Nordgrat schaut man an den Felstürmen des Grauhorns vorbei zum Tödi, jenseits des Vorderrheintals.

Von der Camona da Terri, 2240 m (hierher vom Stausee Runcahez, Straße aus dem Vorderrheintal), über Glatscher dil Terri und Westgrat. 3½ Std./I.

Rheinwaldhorn, 3402 m

Höchster Gipfel der Gebirgsgruppe, wird auch Piz Adula oder Piz Valrein genannt, großartige Aussicht; eine vierseitige Felspyramide mit 700 m hoher Südwand zwischen Val Blenio und Rheinwald. Im Westen, Norden und Osten ist das Rheinwaldhorn von großen Gletschern umgeben. Erstersteiger: Placidus a Spescha 1789.
Von der Capanna Adula UTOE, 2393 m (vom Passo Muaz, Straße vom Luzzonesee, 2½ Std.), über Brescianagletscher und Nordgrat. 3½ Std.

Kirchalphorn, 3040 m

Ebenmäßiger, formschöner Gipfel westlich über Hinterrhein, der das Rheinwaldtal beherrscht und mit steilen Eisflanken nach Norden zum Fanellagletscher abstürzt.
Von Hinterrhein, 1620 m, über Kirchalplücke und Ostflanke. 4 Std.

Piz de Mucia, 2967 m

Schroffer Doppelgipfel südwestlich über dem San-Bernardino-Paß und oberstem Val Calanca, der nur gegen Osten sanfter abfällt, auch Pizzo de Muccia geschrieben. Lohnender Aussichtsberg.
Vom San-Bernardino-Paß, 2095 m, über Alpe Mucia, Nordostflanke und Ostgrat. 3 Std.

Piz Ault, 3121 m

Freistehender, weithin sichtbarer Hauptgipfel im Kamm zwischen Lumnezia und Valser Tal mit besonders informativer Rundschau.
Von Surein, 1290 m (Lumnezia), durch Val Serenastga und Nordostgrat. 5½ Std./I.

Piz Beverin, 2997 m

Östlichster Hochgipfel der Adula-Alpen zwischen Safiental und Domleschg bzw. Schams, vierkantige Felspyramide, die das Domleschg beherrscht. Berühmter Aussichtsplatz.
Vom Glaspaß, 1846 m (Straße von Thusis), über Krähenköpfe und Südwestgrat. 3½ Std.

Piz Mundaun, 2064 m

Berühmter Aussichtsplatz, deshalb auch als »Bündner Rigi« bezeichnet, Kammgipfel im Osten des Mundaungrats zwischen Vorderrhein und Lumnezia in erschlossenem Skigebiet.
Vom Hotel östlich des Gipfels (Straße von Morissen und Surcuolm), über Nordhänge. 1½ Std.

Torron Alt, 2950 m

Eindrucksvoller Felsriese in der Torronegruppe, der Teile des Tessin-Tals beherrscht, zwischen Biasca und Val Calanca aufragend. Italianisierte Bezeichnung: Torrente Alto.
Von Cauco, 981 m, im Val Calanca, über Alpe Piöv di dentro und Bocchetta Alta. 7 Std./I.

△ Das Zervreilerhorn ist eine der imposantesten Felsturmgestalten der Adula-Alpen; es sieht allerdings von anderen Seiten wie ein zerrissener Grat aus.

Pizzo di Claro, 2727 m

Der auch Visagno genannte südlichste Gipfel des langen, östlich des Rheinquellhorns abzweigenden Grates, der sich, nahe Bellinzona, fast 2500 m über die Riviera (mittleres Tessintal) erhebt.
Von Fontana im Val Calanca, 667 m, über Alpe di Mem und Südgrat. 6 Std./I.

Zervreilerhorn, 2898 m

Zerrissener Grat westlich des Lentatals mit zwei Gipfeln, dessen niedrigerer vom Zervreilasee wie ein mächtiger schlanker Turm erscheint.
Höchste Spitze von der Lentahütte, 2089 m (vom Zervreilasee 2½ Std.), über Südwestkante. 3 Std./II.

Zapporthorn, 3152 m

Zwischen oberstem Rheinwald und Val Calanca im langen, zerklüfteten Zapportkamm stehender, allseitig vergletscherter Gipfel.
Vom San-Bernardino-Paß, 2065 m, über Muciagletscher und Ostkante. 3½ Std.

Alperschellihorn, 3039 m

Höchster, steiler Felsgipfel der Splügener Kalkberge zwischen oberem Safiental und Rheinwald, der mit mächtigen Wänden gegen Splügen abstürzt.
Von der Cufercalhütte, 2385 m (von Sufers 2½ Std.), über Alperschellilücke. 4 Std./II.

Piz Fess, 2880 m

Doppelgipfel aus dem höheren Kleinen Fess und dem nadelartigen Südgipfel Böser Fess in der Cadeina dil Signina zwischen Valser Tal und Safiental. Deutscher Name: Scheerihorn

Nordgipfel von Tenna im Safiental, 1642 m, über Schneeboden. 4 ½ Std.

Tambogruppe

Campo dei Fiori, 1226 m

Höhenzug der Vareser Voralpen am Alpenrand nordwestlich über Varese und dem Alpenvorland, zu dem von Varese eine Straße führt. Militärgebiet, Observatorium, Sendeanlagen.
Zum höchsten Punkt in wenigen Minuten von der Straße.

Monte Támaro, 1961 m

Auffallender und höchster Gipfel zwischen Lago Maggiore und Monte Ceneri bzw. dem Vedeggio mit umfassender Umschau.
Vom Rifugio Támaro, 1926 m (von Corte di Sopra, Luftseilbahn von Caslaccio/Monte Ceneri, 1 Std.), über Ostgrat. ¼ Std.

Sasso Grande, 1491 m

Höchste Spitze der Denti della Vecchia, einer Reihe von Dolomit-Türmen und Zacken nordöstlich über Lugano im Grenzkamm gegen Italien.
Von Monte Creda, 800 m (Sträßchen von Villa Luganese), über Alpe Bolla, Grenzkamm und Grenzstein 7M. 2 Std./I.

Marmontana, 2316 m

Gipfel in der Tambo-Hauptkette zwischen Misox und dem Comer See über dem Passo San Jorio, höchster der Camoghè-Támaro-Gruppe.
Von der Alpe di Gésero, 1774 m (Straße von Roveredo im Misox), über Passo San Jorio. 2 ½ Std.

Piz Ucello, 2724 m

Ansehnlicher, gratartiger Gipfel zwischen Rheinwald und Misox mit zwei Spitzen, der gegen den San-Bernardino-Paß mit steilen Wänden abstürzt.
Vom Ort San Bernardino, 1608 m, über das Ostplateau. 3 ½ Std./I.

Monte Berlinghera, 1930 m

Östlichster Gipfel der Gruppe zwischen Piano di Chavenna und Comer See über dem Lago di Mezzola. Umfassendes Panorama.
Von Porcido, 1260 m (Straße von Gera Lario), über Alpe Pescedo und Südwestflanke. 2 ½ Std.

Pizzo Paglia, 2593 m

Von der Tambo-Hauptkette gegen Norden vorgeschobener Felsgipfel über dem Lago di Cama und dem unteren Misox.
Von der Alpe Agnon, 1905 m (hierher von Cama im Misox 5 Std.), über Südostgrat. 2 ½ Std.

Cima Pian Guarnei, 3015 m

Zusammen mit dem Piz Corbet mächtiger Bergstock östlich über dem Ort Misox (Mesocco). Anderer Name: Piz Quadro.

△ Südabstürze des Sasso Grande, Hauptgipfel der Denti della Vecchia, etwa nördlich von Lugano.

Vom Rifugio Carlo Emilio, 2140 m (von Olmo bei San Giacomo 4 Std.), über Südgrat. 3 ½ Std./II.

Guggernüll, 2886 m

Großartiger, formschöner Aussichtsgipfel zwischen Tambohorn, Areuatal und Rheinwald, der sehr steil in das Rheinwaldtal abfällt.
Von der Tamboalp, 2032 m (von der Splügenstraße 1 ½ Std.), über Gemsschlucht und Südgrat. 2 ½ Std.

Pizzo Ferré, 3103 m

Formschöne Felspyramide mit mehreren Zacken südlich des Tambohorns in der Tambo-Hauptkette über den beiden größten Gletschern der Gruppe an der Abzweigung eines östlichen Seitenkamms.
Vom Ort San Bernardino, 1608 m, über die Bocchetta de Curciusa, Curciusagletscher und Nordwestgrat. 6 ½ Std./I.

Tambohorn, 3279 m

Formschöner, von vier kleinen Gletschern umgebener, höchster Gipfel der Gruppe an ihrem Nordrand südlich über Splügen, überragender Blickanziehungspunkt von allen Seiten. Andere Namen: Piz oder Pizzo Tambo, Erstersteiger: Lehmann 1791.
Vom Splügenpaß, 2113 m, über Lattenhorn und Ostgrat. 4 Std./I.

◁ Blick von der Gegend des Lai da Vons über das Rheinwaldtal, Tal des oberen Hinterrheins, zum Tambohorn und zum Guggernüll.

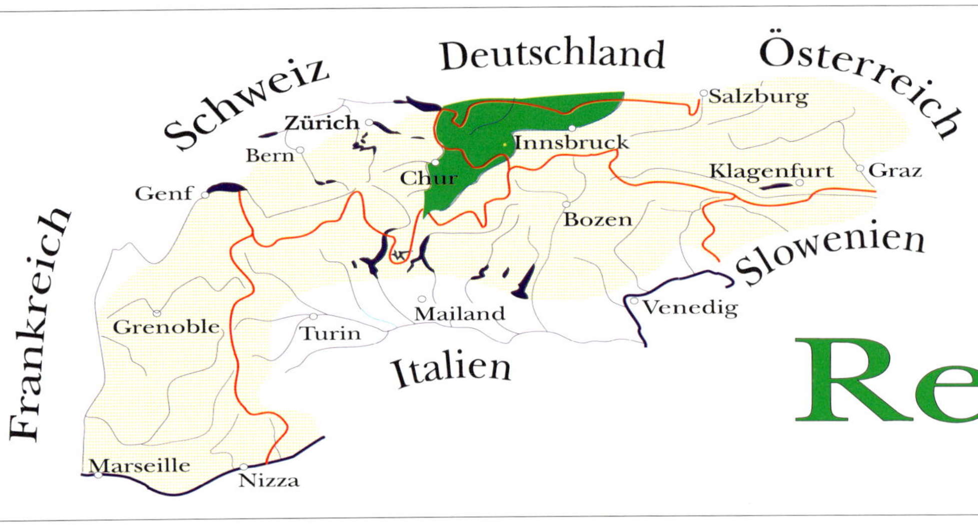

5 Region

Hier haben die geographischen Gegebenheiten, vor allem die tiefe, alpenspaltende Furche Mera–Inn, zu einer beinahe diagonalen Grenzlinie im Südosten und einer Dreiecksform der Region geführt. Obwohl sie nur wenig über den Alpenhauptkamm nach Süden greift, erreicht die Spannweite der Vielfalt ein hohes Maß.

Auf der Nordseite sind die Eckpunkte Bregenz und Kufstein, auf der südlichen Chiavenna. So zeigen sich hier Extreme der Landschaftseigenarten. Während der Hauptanteil – aus der Sicht der meisten deutschsprachigen Bergfreunde – zu den bekannteren, ja sogar teils berühmten Alpengegenden gezählt werden kann, gilt für das südwestliche Eck beinahe das Gegenteil, obwohl dort die höchsten Berge massiert sind. Nur in der Plattagruppe, die Anteil am Alpenhauptkamm besitzt, den Albula-Alpen und der Silvretta übersteigen die Gipfel 3300 m. Gegen Norden zu erreichen die anderen Gruppen die 3000-m-Grenze nur selten oder überhaupt nicht mehr. Die Spannweite der Vielfalt aus der Sicht von Bergsteigern und Bergfreunden ist riesig und gewährt jeder Abstufung der alpinen Wünsche volle Erfüllung, was für Sommer wie Winter gilt.

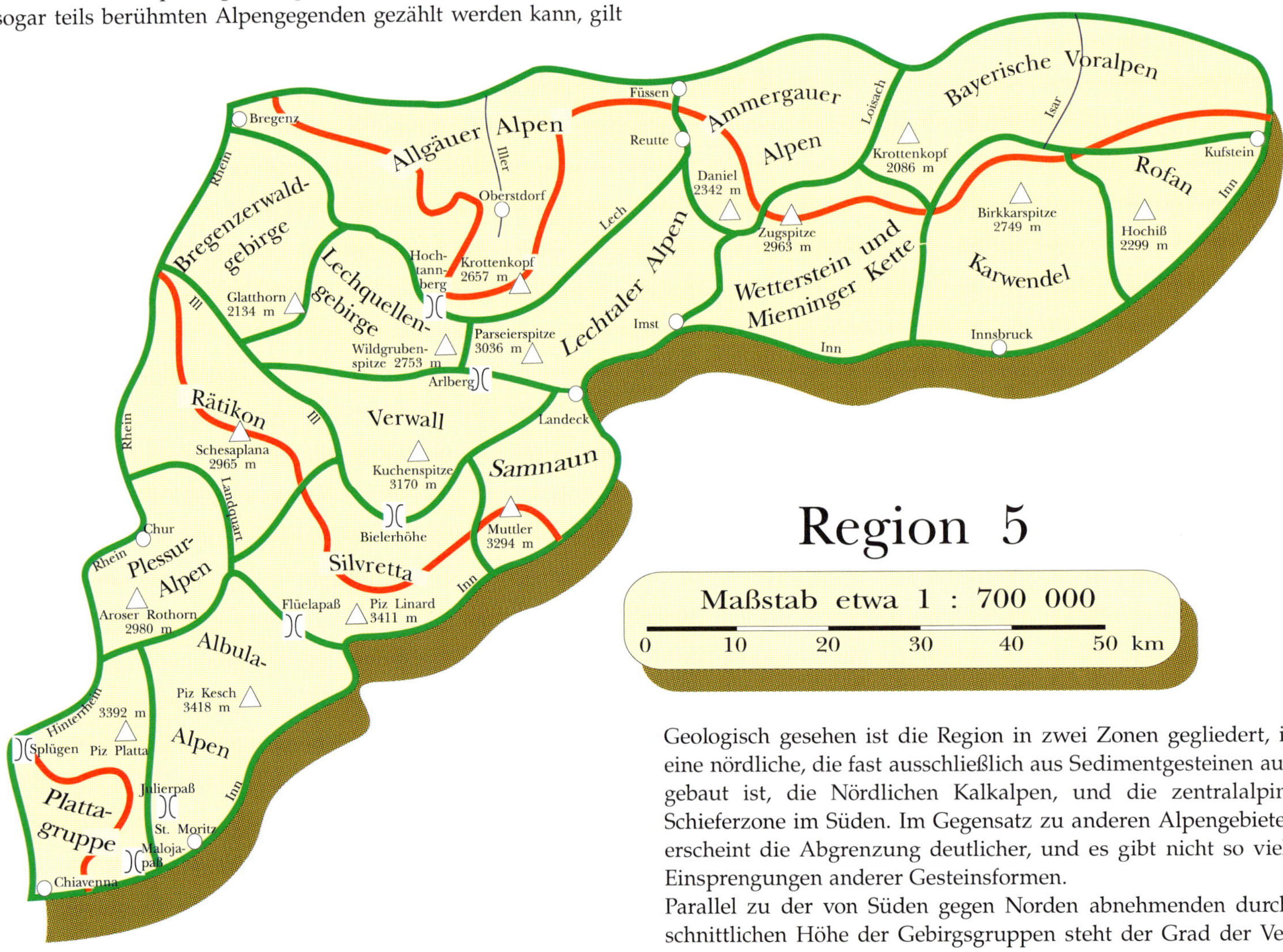

Geologisch gesehen ist die Region in zwei Zonen gegliedert, in eine nördliche, die fast ausschließlich aus Sedimentgesteinen aufgebaut ist, die Nördlichen Kalkalpen, und die zentralalpine Schieferzone im Süden. Im Gegensatz zu anderen Alpengebieten erscheint die Abgrenzung deutlicher, und es gibt nicht so viele Einsprengungen anderer Gesteinsformen.

Parallel zu der von Süden gegen Norden abnehmenden durchschnittlichen Höhe der Gebirgsgruppen steht der Grad der Ver-

gletscherung, der im Süden beachtliche Ausmaße erreicht, im Norden nur aus kleinen Resten besteht. Die klimatischen Unterschiede sind sehr groß: Allmählich verändert sich das Klima von eher kühl-feucht und niederschlagsreich am Alpennordrand zu überwiegend trocken. Davos und das Engadin sind bekannt dafür. Die Entwässerung erfolgt im Norden neben Rhein und Inn durch einige direkt nach Norden strebende Flüsse: Iller, Lech, Ammer, Loisach, Isar und Mangfall. Gegen Süden dagegen fließt aus dieser Region vergleichsweise nur wenig Wasser mit Mera und Liro zur Adda und ins Mittelmeer.

Die menschliche Besiedlung hat vor Jahrtausenden begonnen, dürfte sich aber in rätoromanischer Zeit und vorher auf die Sonnenseiten der Täler und Hänge beschränkt haben. Die rauheren Schattenseiten und höheren Lagen wurden im allgemeinen erst seit der Ausbreitung der Germanen etwa seit dem 5. Jahrhundert bewohnbar gemacht. Wie in den meisten Alpengebieten, waren die mit den Paßübergängen verbundenen Erwerbsmöglichkeiten der Anfang neuer Berufe, zu denen, teils schon seit vorrömischer Zeit, auch der Bergbau trat. Heute hat der Fremdenverkehr die bedeutendste Rolle eingenommen; zu den schon seit langem

△ Vom Weißensee über dem Talkessel von Ehrwald zeigt sich das Zugspitzmassiv mit steilen Westwänden.

Gebirgsgruppe	Fläche in km^2	Begrenzung	polit. Zugehör.	höchster Gipfel	Untergruppen	Führer / Karten
Plattagruppe	700	Albula – Julierpaß – Septimerpaß – Mera – Liro – Splügenpaß – Hinterrhein	I/SO CH/GR	Piz Platta, 3392 m	Suretta-, Timun-, Stella-, Gallegione-, Märc-, Duan-, Gletscherhorn-, Fòrbesch-, Grisch-Gruppe, Plattamassiv	SAC, Bündner Alpen III; TCI/CAI, Alpi Retiche Occidentali; SLK 1:50 000 Nr. 257, 258, 267, 268
Plessur-Alpen	900	Rhein – Landquart – Wolfgangpaß – Landwasser – Albula – Hinterrhein	CH/GR	Aroser Rothorn, 2980 m	Stätzerhorn-, Hochwang-, Weißfluh-, Strela-Kette, Lenzerhorngruppe, Rothorn-Weißhorn-Gruppe	SAC, Bündner Alpen I; SLK 1:50 000 Nr. 247, 248, 257, 258
Rätikon	900	Ill – Suggadinbach – Valzifenzbach – Schlappiner Joch – Schlappinbach – Landquart – Rhein	A/FK A/BZ FL CH/GR	Schesaplana, 2965 m	Naafkopf-, Galina-, Fundelkopf-, Schesaplana-Gruppe, Zalimkamm, Girenspitzgrat, Zimba-, Drusenfluh-, Sulzfluh-, Madrisa-Gruppe, Sarotlakamm	Rother, AV-Führer, Rätikon; SAC, Bündner Alpen VII; Kompaßkarten 1:50 000 Nr. 21, 32
Albula-Alpen	1600	Landwasser – Flüelapaß – Inn – Julierpaß – Julia	CH/GR	Piz Kesch, 3418 m	Lagrev-, Piz-Julier-, Piz-Ot-, Err-, Blais-Marscha-, Bergüner-Stöcke-, Kesch-, Ducan-Monstein-, Chüealphorn-, Schwarzhorn-, Grialetsch-Gruppe	SAC, Bündner Alpen VI; SLK 1:50 000 Nr. 247, 256, 257, 266, 267
Bregenzerwaldgebirge	700	Rhein – Bregenzer Ache – Subersach – Schönenbach – Osterguntenbach – Stogger Sattel – Bregenzer Ache – Argenbach – Faschinajoch – Lutz – Ill	A/B A/DO A/FE	Glatthorn, 2134 m	Mittagfluh-, Hintereggergrat-, Hochälpelekopf-Gruppe, Lorenaberge, Dornbirner First, Schuttanner Berge, Kugelkamm, Freschengruppe, Walserkamm, Damülser Berge, Glatthorngruppe	Rother, AV-Führer Bregenzerwaldgebirge; Kompaßkarten 1:50 000 Nr. 2, 32
Allgäuer Alpen	2800	Alpenvorland – Lech – Hochtannberg – Seebach – Bregenzer Ache – Rehmer Bach – Stogger Sattel – Osterguntenbach – Schönenbach – Subersach – Bregenzer Ache	D/LI A/B A/DO A/FK A/BZ D/OA D/OAL A/RE	Großer Krottenkopf, 2657 m	Rappenalpen-, Hochlicht-, Mädelegabel-, Krottenspitz-, Wilden-, Hochvogel-, Höfats-, Daumen-, Roßzahn-, Vilsalpsee- Gruppe, Hornbachkette, Tannheimer Berge, Allg. Vorberge	Rother, AV-Führer Allgäuer Alpen; AV-Führer Tannheimer Berge; Kompaßkarten 1:50 000 Nr. 2, 3, 4
Lechquellengebirge, früher meist Klostertaler Alpen	800	Au – Bregenzer Ache – Hochtannberg – Lech – Zürser Bach – Flexenpaß – Alfenz – Ill – Lutz – Faschinajoch – Argenbach	A/DO A/BZ	Große Wildgrubenspitze, 2753 m	Frassen-Gemsfreiheit-, Zitterklapfen-Hochkünzel-, Rote-Wand- , Wildgrunenspitz-Erzberg-, Braunarlspitz-Karhorn-Gruppe	Rother, AV-Führer Bregenzerwaldgebirge und Lechquellengebirge; Kompaßkarten 1:50 000 Nr. 32, 33
Silvretta	900	Schlappiner Joch – Gargellental – Ill – Bieler Höhe – Trisanna – Fimberbach – Fimberpaß – Aua Chöglias – Brancla – Inn – Susascabach – Flüelapaß – Flüelabach – Wolfgangpaß – Stützbach – Landquart – Schlappiner Bach	CH/GR A/BZ A/LA	Piz Linard, 3410 m	Heimspitze-Valisera-, Rotbühlspitz-, Garnera-Gruppe, Valgragges-kamm, Hochmaderer-, Litzner-Seehörner-, Fergen-Silvrettahorn-Gruppe, Buin-Gruppe und Flianakamm, Dreiländerspitz-, Augstenberg-Gruppe, Vermuntkamm, Flucht-horn-Gruppe, Jamtalkamm, Larainkamm, Tasnagruppe, Vallülagruppe, Verstanklagruppe und Vereinakamm, Vernelakamm, Fless-Gruppe, Flüela-Gruppe	Rother, AV-Führer Silvretta; SAC, Bündner Alpen VIII; Kompaßkarte 1:50 000 Nr. 41; SLK 1:50 000 Nr. 248, 249

Verwall	900	Klostertal – Arlbergpaß – Rosanna – Trisanna – Bieler Höhe – Ill	A/BZ A/LA	Hoher Riffler, 3168 m	Itonskof-, Eisentaler-, Kaltenberg-, Droßberg-Gruppe, Hochjochstock, Maderer-, Valschaviel-Kamm, Fluhgruppe, Fasul-Kamm, Karkopf-, Kuchenspitz-, Faselfad-, Kartell-, Seßlad-, Lendl-, Welskogel-, Riffler-Gruppe	Rother, AV-Führer Verwall; Kompaßkarte 1:50000 Nr. 41
Samnaungruppe	550	Trisanna – Sanna – Inn – Brancla – Aua Chöglias – Fimberpaß – Fimberbach	CH/GR A/LA	Muttler, 3294 m	Westlicher und Östlicher Hauptkamm, Muttlergruppe	Rother, AV-Führer Samnaungruppe; SAC, Bündner Alpen VIII; SLK 1:50 000 Nr. 239
Lechtaler Alpen	1100	Lech – Porta Claudia – Zwischentoren – Grundbach – Fernpaß – Gurglbach – Inn – Sanna – Rosanna – Arlbergpaß – Rauzbach – Flexenpaß – Zürser Bach	A/DO A/BZ ALA A/RE A/IM	Parseierspitze, 3036 m	Valluga-, Stanskogel-, Feuerspitz-, Freispitz-, Parseierspitz-, Torspitz-, Parzinn-, Lichtspitz-, Muttekopf-, Heiterwand- , Fallerschein-, Rudiger-, Liegfeist-, Thaneller-Gruppe, Medriol	Rother, AV-Führer Lechtaler Alpen; Kompaßkarten 1:50 000 Nr. 24, 33, 35
Ammergauer Alpen	1000	Loisach – Grundbach – Zwischentoren – Porta Claudia – Lech	D/OAL A/RE D/GAP	Daniel, 2342 m	Hörnle-, Schergen-, Hochplatte-Säuling-, Kreuzspitz-, Kramer-, Daniel-,Trauchberg-Gruppe	Rother, AV-Führer Ammergauer Alpen; Kompaßkarte 1:50 000 Nr. 4
Wetterstein-Mieminger	700	Kankerbach – Kranzbach – Isar – Drahnbach – Seefelder Sattel – Niederbach – Inn – Gurglbach – Fernpaß – Loisach	A/IM A/RE A/IL D/GAP	Zugspitze, 2963 m	Zugspitz-Platt-Umrahmung, Riffelwand-, Waxenstein-, Blassen-, Wetterstein-Kamm, Arnstock, Mieminger Kette	Rother, AV-Führer Wettersteingebirge und Mieminger Kette; AV-Führer Mieminger Kette; Kompaßkarten 1:50 000 Nr. 5, 35
Bayerische Voralpen	1550	Inn – Klausbach – Glemmbach – Ellbach – Kaiserhaus – Brandenberger Ache – Sattelsbach – Ampelsbach – Achen/Walchen – Isar – Kranzbach – Kankerbach – Loisach	D/GAP D/TÖL D/MB D/RD A/KU	Krottenkopf, 2086 m	Estergebirge, Benediktenwandgruppe, Tegernseer Berge, Schlierseer Berge	Rother, AV-Führer Bayerische Voralpen-Ost; mehrere örtliche Führer; Kompaßkarten 1:50 000 Nr. 6, 7, 8, 9
Karwendel	1150	Isar – Achen/Walchen – Achensee – Inn – Seefelder Sattel – Drahnsbach	A/IL D/GAP D/TÖL A/I A/IL A/SZ	Birkkarspitze, 2749 m	Erlspitzgruppe, Inntalkette, Gleiersch-Halltal-Kette, Hinterau-Vomper-Kette, Nördl. Karwendelkette, Falkengruppe, Sonnjochkamm, Soierngruppe, Vorkarwendel	Rother, AV-Führer Karwendelgebirge; Kompaßkarte 1:50 000 Nr. 26
Rofangebirge	350	Ampelsbach – Filzmoosbach – Sattelbach – Baierache – Brandenberger Ache – Ellbach – Glemmbach – Klausbach – Thierseer Ache – Inn – Kasbach – Achensee – Achen/Walchen	A/SZ A/KU	Hochiß, 2299 m	Rofanstock, Heubergkette	Rother, AV-Führer Rofan, Brandenberger Alpen; Kompaßkarten 1:50 000 Nr. 9, 27

kommenden Sommergästen sind im Lauf der letzten Jahrzehnte die Skifahrer getreten, was mit einem rasanten Ausbau nicht allein der Skianlagen in zahlreichen Gebieten zu einer Erschließung geführt hat, die man heute in Zaum zu halten versucht. Die Schäden an der Bergnatur zeigen sich in allen Alpenländern in den berühmten Skigebieten.

Ein anderer, ebenfalls beachtlicher Schadensfaktor liegt in der gestiegenen Elektrizitätserzeugung sowie im Neubau von Verkehrswegen. Andererseits nehmen sie – ebenso wie die Skierschließung – wichtige wirtschaftliche Bedeutung ein. Die Landwirtschaft hat in dieser Region schon immer eine nur untergeordnete Rolle gespielt; die Viehzucht und die Milchwirtschaft dagegen sind heute noch von Bedeutung, wenn auch laufend im Rückgang.

Die Region gehört zu etwa 50 Prozent zu den österreichischen Bundesländern Vorarlberg und Tirol, zu 25 Prozent zu den Schweizer Kantonen St. Gallen und Graubünden und zu Liechtenstein, zu 20 Prozent zu Deutschland und zu rund 5 Prozent zur italienischen Provinz Sondrio. Die Umgangssprache ist größtenteils deutsch; in Graubünden haben sich rätoromanische Sprachzweige erhalten, während diese im italienischen Staatsgebiet überwiegend im Italienischen aufgegangen sind.

◁ Rotspitze, Rote Platte und die eindrucksvolle Freispitze zwischen Alperschon- und Parseiertal vom Unteren Seewisee in der Nähe der Memminger Hütte.

Plattagruppe

Surettahorn, 3027 m

Westlicher Eckpfeiler im Alpenhauptkamm, Doppelgipfel (Hauptgipfel Punta Nera) östlich über dem Splügenpaß mit umfassender Rundschau.
Von der Splügenpaßhöhe, 2113 m, über Bergsee und Surettasattel. 3 ½ Std./II.

Piz Timun, 3208 m

Der italienisch Pizzo Emet genannte formschöne Felsberg ist der höchste Gipfel des langen Grats zwischen Valle San Giácomo bzw. Val Niemet und Valle di Lei. Berühmtes Panorama.
Vom Rifugio Giovanni Bertacchi, 2194 m (von Madésimo 2 Std.), über Südwestgrat. 3 ½ Std.

Pizzo Stella, 3162 m

Formschöner Gipfel mit eindrucksvollem Gletschermantel über dem Valle di Lei, berühmtes Panorama.
Vom Rifugio Chiavenna, 2044 m (bei Angeloga, von Campodolcino 2 ½ Std.), über West- und Südgrat. 3 ½ Std./I.

Piz Grisch, 3060 m

Auch Piz Fianell genanntes Kalkbergmassiv östlich über dem Ferreratal, früher Abbauort von Eisenerzen. Erstersteiger: C. Hössli 1861
Von Außer-Ferrera über Alp Sut Fuina und Westgrat. 5 Std./II.

Piz Curvèr, 2971 m

Mächtiger, isolierter gratartiger Bergstock im Nordteil der Gruppe über Hinterrheintal und Albulatal. Seine bedeutendsten Nebengipfel sind Curvèr Pintg da Neaza und Curvèr Taspegn. Berühmter Aussichtsberg.
Von Zillis oder Andeer im Schams (Teil des Hinterrheintals), über Neazasattel und Westkamm. 5 Std.

Piz Platta, 3392 m

Höchster Gipfel der Gruppe zwischen Averser Tal und Oberhalbstein/Sursés, formschöne Pyramide, die sogar mit dem Matterhorn verglichen wird. Infolge der isolierten Stellung sehr weitreichende Fernsicht.
Von Cresta im Averser Tal, 1959 m, über Täli und Südwestfuß der Gipfelmauer. 4 ½ Std./I.

Piz Fòrbesch Grand, 3261 m

Mächtiges Felshorn zwischen Val Nandro und Oberhalbstein/Sursés, das durch eine tiefe Scharte vom Piz Fòrbesch Pintg getrennt ist, der lang für unbesteigbar gehalten wurde.
Von Tga Alpe Fàller, 1927 m (Alpstraße von Mulegns im oberen Oberhalbstein/Sursés), über Arnoz und Nordostgrat. 5 Std./II.

▽ Aus der Plattagruppe sticht ihr höchster Gipfel, der Piz Platta, mit interessanter Form heraus; gesehen etwa von Südosten, vom Piz Lunghin über dem Silser See.

Piz Duan, 3131 m

Doppelgipfeliger Riesenfelsbuckel mit Gletscherkranz und Steilabstürzen ins Bergell in einem südlichen Seitenkamm des Alpenhauptkamms.
Vom Podestatschhaus, 2005 m, in Juppa im Averser Tal über Pass Duan. 5½ Std./I.

Plessur-Alpen

Stätzerhorn, 2574 m

Hauptgipfel der gleichnamigen Kette zwischen Domleschg und Churwalden bzw. der Lenzerheide; schönster Aussichtsgipfel der Gegend, Skigebiet.
Von Parpan, 1493 m, über Sartons und die Alp Stätz. 3 Std.

Aroser Rothorn, 2980 m

Höchster Gipfel der Gruppe über der Lenzerheide mit gerühmter Fernsicht. Häufig besucht.
Vom Parpaner Rothorn, 2775 m (Luftseilbahn von Valbella), über Nordwestgrat. Leichte Kletterei. 1 Std.

Amselfluh, 2781 m

Formschöner Doppelgipfel der Strelakette westlich über dem Landwassertal.
Von Frauenkirch, 1512 m, über Maienfelder-Furka-Weg und Südostseite. 4 Std.

Hochwang, 2533 m

Höchster Gipfel der gleichnamigen Kette über dem Rheintal mit großartigem Panorama.
Von Castiel im Schanfigg, 1174 m, über Lafet und Westkante. 4 Std.

Weißfluh, 2844 m

Berühmter und vielbesuchter doppelgipfeliger Ski- und Aussichtsberg nordwestlich über Davos und Parsenn.
Vom Weißfluhjoch, 2693 m (Bergbahn von Davos). Auf Fußweg über Ostflanke. ½ Std.

Rätikon

Drei Schwestern, 2123 m

Nordwestlichste Kette des Rätikons (höchster Punkt: Kuhgrat) über Rheintal und Walgau, mit großartiger Rundschau. Erstersteiger: J. S. Douglas 1870.
Vom Feldkircher Haus, 1200 m (hierher von Feldkirch 2 Std.), über Drei-Schwestern-Steig. 3½ Std.

Falknis, 2560 m

Westlicher, gratartiger Eckpfeiler der Rätikon-Hauptkette über der großen Rheintalbiegung bei Sargans.
Von der Fläscher Alp, 1809 m (von Jenins 11 km), über Fläscher Fürggli und Südflanke. 2½ Std.

Vilan, 2375 m

Ebenmäßige, leicht abgerundete Pyramide, südlichster Gipfel der Falknisgruppe über Rheintal und Prättigau.

△ Der südlichste Hochgipfel der Plessur-Alpen, das Lenzerhorn, von Norden, vom Parpaner Rothorn gegen die Albula-Alpen.

Von der Älplibahn-Bergstation, 1802 m (Gondelbahn von Malans im Rheintal), über Westseite. 2 Std.

Schesaplana, 2965 m

Höchster Gipfel des Rätikons mit typischer Form, gewaltigen Südabstürzen, im Norden vergletschert, sehr häufig besucht. Berühmte Rundsicht. Erstersteiger: Wahrscheinlich David Pappus 1610.
Von der Mannheimer Hütte, 2679 m (hierher von Brand 5 Std.), über Brandner Gletscher und Schesaplanasattel. 2 Std.

Dritte Kirchlispitze, 2552 m

Höchster Gipfel des langgezogenen Grates der sieben Kirchlispitzen, die den Lüner See beherrschen. Erstersteiger: Ludwig 1891.
Von der Douglashütte, 1980 m (Luftseilbahn von Schattenlagant bei Brand), am Lüner See entlang über Verajöchle und Nordosthang. 3 Std./I.

Zimba, 2643 m

Von weither auffallend kühnes Felshorn, Wahrzeichen des Montafons, auch »Matterhorn Vorarlbergs« genannt. Erstersteiger: A. Neyer 1848.
Von der Sarotlahütte, 1645 m (hierher von Tschappina 2½ Std.), über Westgrat. 3 Std./II.

Drusenfluh, 2827 m

Gewaltiges, langgezogenes, eindrucksvolles Bergmassiv mit mehreren Türmen und steilen Wänden. Erstersteiger: Christian Zudrell 1870.
Von der Lindauer Hütte, 1764 m (hierher von der

▷ Lünersee und Kirchlispitzen, rechts die Aufschwünge der Schesaplana, gegen Plessur- und Glarner Alpen, vom Aufstieg zum Schafgafall.

Bergstation Grüneck-Golm, 1890 m, Schrägaufzug von Latschau bei Schruns, 2 Std.), durch die Schweizermulde. 4 ½ Std./II.

Sulzfluh, 2818 m

Kalkfelsstock, der mit mächtigen Wänden gegen Westen und Süden abbricht und zahlreiche Höhlen besitzt. Erstersteiger: Catani, Pool 1783.
Von der Tilisunahütte, 2211 m (hierher von Tschagguns 3 Std.), über das Karrenfeld. 2 Std.

Madrisahorn, 2826 m

Östlicher Eckpfeiler des Rätikons zwischen Gargellental und Prättigau, eine dreikantige Pyramide mit vorzüglichem Panorama, auch Klosterser Madrisa genannt.
Von der Schafbergbahn, 2130 m (von Gargellen), über Gafier Platten und Nordflanke. 4 Std.

Albula-Alpen

Piz Calderas, 3397 m

Teils vergletscherter, höchster Gipfel der Piz-d'Err-Untergruppe zwischen Oberhalbstein/Sursés und Val Bever. Interessante Aussicht. Erstersteiger: J. Coaz und L. Rimathe 1857.
Von der Chamanna Jürg Jenatsch, 2652 m (vom

Julier-Hospiz 3 Std.), über Vadret Calderas und Südgrat. 2½ Std./I.

Piz d'Err, 3378 m

Formschöne Felspyramide zwischen Oberhalbstein/Sursés und Val Bever mit umfassender Rundschau. Erstersteiger: C. Diener 1887.
Von der Chamanna Jürg Jenatsch, 2652 m (vom Julier-Hospiz 3 Std.), über Südostseite und Vadret d'Err. 2½ Std./I.

Piz Julier, 3380 m

Weithin sichtbarer Bergkoloß, der aus dem Oberengadin gesehen ein unverwechselbares Profil zeigt; besonders gute Bernina-Übersicht, rätoromanisch Piz Güglia.
Von der Julierstraße, etwa 2100 m, über Fuorcla Albana, Ostgrat und Südwand. 4½ Std./I.

Piz Lagrev, 3164 m

Höchster Gipfel der gleichnamigen Gruppe mit mächtigen Abstürzen und gerühmter Rundschau. Erstersteiger: R. Held und M. Arpagaus 1875.
Von Plaun da Lej, 1805 m (an der Silser-See-Straße), über Südostflanke und Nordostgrat. 4½ Std.

Piz Ela, 3338 m

Bedeutender, formschöner, von allen Seiten auffallender, aus Dolomit aufgebauter Hauptgipfel der gleichnamigen Untergruppe mit gerühmter Fernsicht. Erstersteiger: P. Gröbli mit P. Mettier 1880.
Von der Elahütte, 2252 m (von Bergün 3½ Std.), über Elascharte und Westgrat. 5 Std./III.

Piz Kesch, 3418 m

Höchster Gipfel der Albula-Alpen, stark vergletschert, mit grandioser Rundsicht. Der Gipfel ist durch einen langen Grat mit der Keschnadel (Aguoglia digl Kesch) verbunden. Erstersteiger: J. Coaz und J. Rascher mit den Führern Chr. Kasper und J. R. Tscharner 1846.
Von der Keschhütte, 2632 m (von Chants bei Bergün, 1822 m, 2½ Std.), über Vadret da Porchabella und Ostwand. 2½ Std./I.

▽ Das Felshorn der Zimba nordöstlich der Schesaplana wird wegen seiner kühnen Form auch Matterhorn des Rätikons genannt.

△ Der Piz Ela von Osten, eine der auffallendsten Gipfelgestalten der Albula-Alpen, aus dem obersten Albulatal.

Hoch Ducan, 3063 m

Mächtige und formschöne Berggestalt nördlich des Piz Kesch über dem Sertigtalschluß, wegen der Aussicht häufig besucht. Erstersteiger: J. Coaz 1845.
Von Sertig-Grossalp bei Davos, etwa 1900 m, über Bergüner Furgga und Nordostgrat. 4 ½ Std./II.

Jatzhorn, 2681 m

Von Wanderwegen erschlossener Aussichtspunkt und Skigipfel zwischen dem Dischma- und dem Sertigtal.
Vom Jakobshorn, 2950 m (Luftseilbahn von Davos), ½ Std.

Piz Vadret, 3229 m

Höchster Gipfel der Grialetsch-Gruppe, ein dunkler Gneisberg mit steilen Wänden. Erstersteiger: Hartmann und Fitch mit den Führern P. Jenny und Stiffler 1867.
Von der Grialetschhütte, 2542 m (von Dürrboden im Dischmatal bei Davos, 2002 m, 2 Std.), über östlichen Eisweg. 2 ½ Std.

Piz dal Ras, 3025 m

Nordöstlicher Eckpfeiler der Albula-Alpen, über dem Val Susasca und 1500 m über dem Unterengadin gegenüber dem Piz Linard. Erstersteiger A. Ludwig 1891.
Von der Crastatscha, etwa 1450 m (über der Straße Süs-Zernez), über Alp Sarsura Dadaint und Südgrat. 5 ½ Std.

Bregenzerwaldgebirge

Hohe Kugel, 1645 m

Berühmter Aussichtsberg zwischen Rheintal bei Götzis und Ebniter Tal, höchster Punkt eines 5 km langen Rückens.
Von Ebnit im gleichnamigen Tal, 1075 m, über Fluhereck. 2 ½ Std.

Hoher Freschen, 2004 m

Aussichtsgipfel mit umfassendem Panorama, breites Bergmassiv mit ausgeprägten Graten hoch über dem Rheintal bei Götzis und Hohenems.
Vom Freschenhaus, 1840 m (hierher von Innerlaterns 2 ½ Std.), über Südosthang. ¾ Std.

Damülser Mittagsspitze, 2095 m

Gerundeter Bergrücken mit felsigen Flanken, Aussichtsgipfel über dem Damülser Tal.

Von der Vorderen Uga-Alpe (Sessellift von Damüls), über Ostseite. 1 Std.

Glatthorn, 2134 m

Höchster Gipfel des Bregenzerwaldgebirges und beliebter Aussichtsberg zwischen Großem Walsertal und Damülser Tal.
Vom Faschinajoch, 1492 m (Straße aus dem Großen Walsertal), über Staffelalp. 2½ Std.

Kanisfluh, 2044 m

Formschöne, drei Kilometer lange Felsmauer mit vier Gipfeln, die mit steilen Kalkwänden ins Tal der Bregenzer Ache abfallen; die höchste Spitze heißt Holenke. Das felsige Massiv, weithin sichtbares Wahrzeichen des Tals der Bregenzer Ache, ist als Aussichtspunkt geschätzt.
Von der Roßstellenalp, etwa 1250 m (Bahn von Mellau), über Alp Öberle, 2½ Std./I.

Winterstaude, 1877 m

Aussichtsreicher, höchster Punkt eines 15 km langen Kamms aus 15 Gipfeln zwischen Bregenzer Ache und Subersach.
Von Baumgarten, 1631 m (Bahn von Oberbezau), über Niedere und Stongger Höhe. 2 Std.

Allgäuer Alpen

Didamskopf, 2092 m

Gerundeter Bergkopf, westlicher Eckpfeiler der Allgäuer Alpen über dem Tal der Bregenzer Ache.
Von der Bergstation der Didamskopfbahn (hierher von Schoppernau). Wenige Minuten.

Hochgrat, 1833 m

Höchster Gipfel der Allgäuer Nagelfluhkette zwischen Weißachtal und Gunzesrieder Tal. Seilbahn bis unter den Gipfel.
Vom Staufner Haus, 1640 m (von Lanzenbach 2 Std.), über Südwestgrat. ¾ Std.

Hoher Ifen, 2230 m

Spitze eines von weither auffallenden Gebirgsstocks, der in drei Stufen nach Norden abbricht. Zwischen ihm und den Oberen Gottesackerwänden breitet sich der Gottesacker aus, eine Karsthochfläche.
Von der Ifenhütte, 1592 m (hierher Sessellift aus dem Schwarzwassertal), durch Ifenmulde. 1½ Std.

Großer Widderstein, 2533 m

Mächtiger, formschöner und berühmter Bergstock über dem Hochtannbergpaß, häufig bestiegen. Schon

△ Der Felskoloß des Großen Widdersteins, im Südwesten der Allgäuer Alpen, von Süden, vom Hochtannbergpaß.

1059 als Grenzpunkt erwähnt. Erstersteiger: Pfarrer Bickel 1669.
Von der Oberen Widdersteinalpe, 2010 m (vom Hochtannbergpaß 1¼ Std.), durch Südschlucht und Südwestgrat. 2 Std.

Biberkopf, 2599 m

Südwestlicher Eckpfeiler der Allgäuer Alpen, südlichster Punkt Bayerns, spitze, charakteristische Felspyramide mit plattigen Flanken über dem oberen Lechtal, dessen Wahrzeichen dieser Berg ist; er wird auch Hundskopf genannt. Erstersteigung durch Vermesser 1853.
Von der Rappenseehütte, 2091 m (von Einödsbach 3½ Std.), über Sattel zwischen Rappenseekopf und Hochrappenkopf, Nordflanke und am Westgrat entlang. 2½ Std.

Mädelegabel, 2645 m

Bekanntester Allgäuer Aussichtsberg im Allgäuer Hauptkamm über dem Heilbronner Weg südlich von Oberstdorf.
Vom Waltenberger Haus, 2084 m (3 Std. von Einödsbach), über Bockkarscharte und Ostgrat. 2¼ Std.

Grünten, 1738 m

Alpenrandberg am Eingang ins obere Illertal nördlich von Sonthofen. Auf dem Gipfel wurde ein Gebirgsjägerdenkmal errichtet, auf dem Vorberg befinden sich Sendeanlagen.
Kabinenseilbahn von Rettenberg. Von Rettenberg über Nordseite und Nordostkamm. 2½ Std.

Großer Krottenkopf, 2657 m

Höchster Gipfel der Allgäuer Alpen im westlichen Teil der Hornbachkette, die vom Hauptkamm gegen Osten abzweigt.
Von der Kemptner Hütte, 1844 m (von Spielmannsau bei Oberstdorf 2½ Std.), über Krottenkopfscharte und an der Eisrinne vorbei. 2½ Std.

Höfats, 2269 m

Herausragender und charakteristisch geformter, viergipfeliger Gratberg, Wahrzeichen der Allgäuer Berge mit steilen, gefährlichen Grasflanken. Erstersteiger: O. Sentner 1848.
Westgipfel, 2257 m, von Gerstruben bei Oberstdorf. 4 Std. Übergang zum Ostgipfel. 1 Std./III.

Hochvogel, 2593 m

Ausgeprägte, weithin sichtbare spitze Gipfelgestalt im Allgäuer Hauptkamm zwischen Bärgündeletal und Hornbachtal mit zahlreichen Bändern und Stufen. Erstersteiger: Trobitius 1832.
Vom Prinz-Luitpold-Haus, 1846 m (vom Giebelhaus bei Hinterstein 2½ Std.), über Balkenscharte und Nordnordwestgrat. 2½ Std.

Urbeleskarspitze, 2636 m

Trapezförmiger Gipfel der östlichen Hornbachkette, zwischen Hornbachtal und Lechtal. Prachtvoller Aussichtsberg.

△ Der Biberkopf mit auffallenden Plattenwänden hoch über dem oberen Lechtal, in der Nähe von Warth, ist der südlichste Punkt Bayerns.

Von der Kaufbeurer Hütte, 2007 m (hierher von Hinterhornbach 2½ Std.), über Urbeleskar und Westflanke. 1 Std./I+.

Kellespitze, 2247 m

Formschöner, höchster Gipfel der Tannheimer Berge zwischen Reintal und Tannheimer Tal.
Von der Tannheimer Hütte, 1760 m (von Nesselwängle 2 Std.), über Nesselwängler Scharte und Westgratrinne. 2 Std./I.

Lechquellengebirge

Hoher Frassen, 1979 m

Westlichster Berg der Gebirgsgruppe über Bludenz und dem Großen Walsertal mit berühmtem Rundblick.
Von Muttersberg, 1402 m (Luftseilbahn von Bludenz), über Frassenweg und Westseite. 2 Std.

Roggelskopf, 2284 m

Wuchtiges, beeindruckendes Felshorn, Wahrzeichen des Walgaues um Bludenz. Erstersteiger: J. Gaßner 1875.
Von der Freiburger Hütte, 1918 m (vom Parkplatz Freiburger Hütte über dem Formarinsee ½ Std.), über Friedhöfle und Nordflanke. 2 Std./II.

Zitterklapfen, 2403 m

Trapezförmiger Grat mit drei Erhebungen über dem Großen Walsertal mit umfassendem Überblick über das Lechquellengebirge, höchste Spitze Glattecker. Erstersteiger: C. Buder und F. Arnold 1879.
Von der Biberacher Hütte, 1840 m (von der Metzgertobelalpe, 1205 m, Straße von Buchboden, 2½ Std.), über Nägelfluhkopf und Ostgrat. 4 Std./I.

◁ Das berühmte Allgäuer Dreigestirn Trettachspitze, Mädelegabel und Hochfrottspitze vom Griesgundkopf über dem Rappenalpental.

△ Im Kamm zwischen Hochtannberg und oberstem Lechtal ist die Braunarlspitze der beherrschende Gipfel. Das Bild zeigt seine Nordseite, vom Körbersee gesehen.

▷ Der Silvretta-Stausee, die beiden Buine und die Gruppe der Schattenspitzen vom Aufstieg zur Vallüla.

Rote Wand, 2704 m

Formschöner und eindrucksvoller Bergstock zwischen Großem Walsertal und oberstem Lechtal (Formarin). Erstersteiger: D. Pappus 1610.
Von der Freiburger Hütte, 1918 m (vom Parkplatz Freiburger Hütte über dem Formarinsee ½ Std.), über Schwarze Furka und Nordgrat. 4 Std./I.

Braunarlspitze, 2649 m

Bedeutendes Bergmassiv mit drei Gipfelgraten an der Wasserscheide Rhein-Donau über dem obersten Lechtal. Erstersteiger: M. Wüstner 1877.
Von der Göppinger Hütte, 2245 m (vom Zuger Älpele, 1562 m, Straße von Lech, 2 Std.), über Südflanke. 3 Std./I.

Große Wildgrubenspitze, 2753 m

Höchster Gipfel des Lechquellengebirges im Wildgrubengrat, Verzweigungspunkt mit drei Graten. Erstersteiger: vermutlich A. Madlener 1877.
Von der Ravensburger Hütte, 1947 m (hierher vom Spullersee ½ Std.), über Nordwestwandrinne und Nordgrat. 4 Std./III.

Karhorn, 2416 m

Nordöstlicher Eckpfeiler der Gebirgsgruppe zwischen dem Hochtannbergpaß, dem oberem Lechtal und dem Ort Lech in freier Lage und mit berühmtem Rundblick.
Vom Auenfelder Sattel, 1709 m (vom Hochtannberg oder Lech je 1½ Std.), über Südflanke. 2¼ Std./I.

Silvretta

Valiseraspitze, 2716 m

Formschöner, höchster Gipfel der gleichnamigen westlichen Silvretta-Untergruppe zwischen Gargellental und Garneratal.
Von Vergalden, 1550 m, über Vergaldner Alp und Ostgrat. 5½ Std.

Groß Seehorn, 3121 m

Eindrucksvolles Felshorn mit drei Graten im Silvretta-Hauptkamm über Groß Vermunt, Nachbar des Groß Litzners.
Von der Saarbrücker Hütte, 2538 m (vom Vermunt-

Stausee 2 ½ Std.), über Westflanke und oberen Nordwestgrat. 3 Std./II.

Verstanclahorn, 3298 m

Dunkelgefärbter Gipfel mit zerrissenen Graten über Verstancla- und Vernelagletscher mit schroffen Nordabstürzen, auch Verstanklahorn geschrieben. Erstersteiger: Jacot und Brosi mit den Führern Jann und Jegen 1866.
Von der Alp Sardasca, 1648 m, über Wintertälifurka, Vernelasattel und Südgrat. 6 Std./III.

Piz Linard, 3410 m

Höchster und formschönster Gipfel der Silvretta, weit nach Süden über das Unterengadin vorgeschoben, das er um 2000 m überragt. Vierkantige Felspyramide. Erstersteiger: O. Heer mit J. Maduz 1835.
Von der Linardhütte, 2327 m (von Lavin 3 Std.), über Weilenmannrinne. 4 Std./II.

Großer Piz Buin, 3312 m

Berühmter und häufig bestiegender Felsberg im Silvretta-Hauptkamm und Grenzkamm, der rätoromanisch Piz Buin Grand heißt. Dritthöchster Silvrettaberg und höchster von Vorarlberg. Erstersteiger: I. A. Specht und J. J. Weilenmann mit Pröll und Pfitscher 1865.
Von der Wiesbadener Hütte, 2443 m (von der Bielerhöhe 2 ½ Std.), über Vermuntpaß, Westflanke und Nordwestgrat. 4 Std./I.

Große Vallüla, 2813 m

Höchster Gipfel der gleichnamigen, nördlichen Untergruppe zwischen Zeinisjoch und Bielerhöhe über dem Sivretta-Stausee, berühmter Aussichtsberg. Erstersteiger: F. J. Baylog 1866.

▽ Die bedeutendsten Gipfel der Ostsilvretta sind die Fluchthörner, die hier von Nordwesten aufgenommen wurden.

Von der Bielerhöhe, 2032 m, über Südflanke und Firnrinne. 3 Std./II.

Silvrettahorn, 3244 m

Bedeutender Gipfel des Silvretta-Hauptkamms und höchster Punkt der gleichnamigen Untergruppe. Hervorragende Aussichtswarte. Erstersteiger: Jacot mit Jegen und Schlegel 1865.
Von der Silvrettahütte, 2341 m (von der Alp Sardasca 2 Std.), über Silvrettagletscher, Silvrettalücke und Nordwestgrat. 3 ½ Std./I.

Piz Tasna, 3179 m

Höchster Gipfel der gleichnamigen Untergruppe südlich des Hauptkamms über dem Val Urschai. Großartige Rundsicht. Erstersteiger: J. Coaz 1849.
Von der Heidelberger Hütte, 2264 m, (vom Bodenhaus, Straße von Ischgl, ½ Std.), über Fuorcla Tasna und Nordwestflanke. 3 ½ Std./I.

Augstenberg, 3228 m

Bergmassiv im Silvretta-Hauptkamm aus sieben Gipfeln, höchste Spitze ist die Nördliche Augstenspitze.
Von der Jamtalhütte, 2165 m (hierher ab Wassersilo bei Galtür 3 Std.), über Fuorcla Chalaus und Westflanke. 4 Std.

Hohes Rad, 2934 m

Langer, auffallender Gratberg südöstlich des Silvretta-Stausees, ausgezeichnete Aussichtswarte. Erstersteiger: Battlogg, Dr. Tschamun 1867.
Von der Wiesbadener Hütte, 2443 m (von der Bielerhöhe 2 ½ Std.), über Radschulter und Ostwandrippe. 3 ½ Std.

Fluchthörner, 3399 m

Von Gletschern umgebenes Bergmassiv zwischen Jamtal und Fimbertal, das aus drei Gipfeln besteht mit charakteristischer und von weither erkennbarer Form, höchste Spitze ist der Südgipfel. Erstersteiger: J. J. Weilenmann und Pöll 1861.
Von der Heidelberger Hütte, 2264 m, oder Jamtalhütte, 2165 m, über Zahnjoch, Weilenmannrinne und Südflanke. Je 5 Std./II.

Verwall

Dawenna, 1884 m

Westlicher Eckpfeiler des Verwalls über Bludenz, Walgau und Montafon mit informativer Umschau.
Von Stallehr, 600 m, teils Straße und Nordwestkamm. 4 ½ Std.

Hochjoch, 2522 m

Schroffer Felsaufbau mit steilen Westabstürzen, höchster Gipfel des gleichnamigen Bergstocks zwischen Montafon und Silbertal.
Von der Wormser Hütte, 2303 m (vom Sennigrat, Seilbahn und Sessellift von Schruns, ¼ Std.), über Braune Rinne und Südwestgrat. 1 ½ Std./II.

◁ Küchelspitze und Kuchenspitze, die Verwall-Hauptgipfel, von Süden aus den Samnauner Bergen über das Paznaun hinweg gesehen.

Kaltenberg, 2896 m

Hauptgipfel der ausgedehnten, gleichnamigen Untergruppe zwischen Klostertal und Gaflunatal mit nordseitigem Gletscher gleichen Namens, auch Maroi Schneeberg genannt.
Von der Kaltenberghütte, 2031 m (hierher von Langen 2½ Std.), über Krachel und Satteinserspitze. 3 Std./I.

Patteriol, 3059 m

Weithin sichtbares, gewaltiges Felshorn und formschönster Verwallgipfel mit drei Spitzen zwischen Schönverwalltal und Fasultal mit umfassender Rundsicht, auch als Platriol bekannt. Erstersteiger: Vermesser nach 1860.
Von der Konstanzer Hütte, 1768 m (hierher von St. Anton 3 Std.), über Südwand. 4½ Std./II.

Fädner, 2788 m

Berühmter Aussichtsberg am Südrand des Verwalls über dem Stausee Kops und Galtür.
Vom Zeinisjochhaus, 1822 m (Straße von Galtür), über Westflanke. 3 Std.

Kuchenspitze, 3148 m

Fünfzackige Felsmauer mit umfassendem Panorama, von der die zweite Spitze die aussichtsreichste ist. Erstersteiger der höchsten Spitze: W. Strauß mit G. Lorenz und J. Ladner 1884.
Von der Konstanzer Hütte, 1768 m (hierher von St. Anton 3 Std.), über Kleinen Kuchenferner und Südwestwand. 5 Std./II.

Madaunspitze, 2960 m

Breiter Doppelgipfel zwischen Moostal, Seßlad und Paznaun mit herausragender Rundschau.
Von der Niederelbehütte, 2300 m (von Dial, Lift von Kappl, 1½ Std.), über Nordostgrat. 2 Std./I.

Hoher Riffler, 3168 m

Höchster Gipfel der Gruppe. Breite, vergletscherte Pyramide im Osteck des Verwalls zwischen Stanzer Tal und Paznaun, auch Pettneuer Riffler genannt. Blickfang aus den Stanzer Tal und Oberinntal. Erstersteiger: J. A. Specht mit Führer Pöll 1864.
Von der Edmund-Graf-Hütte, 2408 m (von Pettneu im Stanzer Tal 3 Std.), über Firnscharte, Ebenen Firn und Westgipfel. 2½ Std./II.

Samnaun

Vesilspitze, 3097 m

Zusammen mit der Sulnerspitze ansehnlicher Doppelgipfel über dem Talschluß südwestlich des Ortes Samnaun, rätoromanisch Piz Rots. Erstersteiger: J. Coaz 1849.
Vom Ort Samnaun, 1835 m, über Zeblasjoch und Westgrat. 4 Std.

Stammerspitze, 3254 m

Massige Turmgestalt mit steilen Abbrüchen gegen Norden und Süden, Kalkberg auf Schiefersockel zwischen Samnaun und Val Sinestra; sein rätoromani-

scher Name lautet Piz Tschütta. Erstersteiger: G. Gröger 1879.
Von Hof Zuort, 1711 m, im Val Sinestra über Alp Pradgiant und mittleres Couloir. 4 Std./II.

Muttler, 3294 m

Weithin auffallender Hauptgipfel der Samnaungruppe mit charakteristischer, oben sanft gerundeter Form. Erstersteiger: J. J. Weilenmann 1858.
Vom Ort Samnaun, 1835 m, über Roßböden und Nordwestflanke. 4 Std.

Vesulspitze, 3089 m

Höchster Gipfel des Samnaun-Nordkamms, Aussichtsberg südöstlich von Ischgl über dem Paznaun.
Von Ischgl, 1376 m, über Vellilalp und Südwestflanke. 5 Std./I.

Piz Mundin, 3146 m

Turmartiger Gipfel im langen, gezackten Mundingrat zwischen Samnaun und Unterengadin, auch Spi da Mundin. Erstersteiger: L. Friedmann und Dr. Th. Christomannos mit Führer Kuntner 1893.
Von der Schleinser Alp/Alp Tea, 2042 m (Sträßchen von Tschlin), über Gondas da Pradatsch und Südostseite. 3 Std./II.

Großer Furgler, 3004 m

Vielbesuchter Gipfel im östlichen Teil des Hauptkamms zwischen Paznaun und Serfaus.
Von der Ascher Hütte, 2256 m (von Liftbergstation Langersberg, von See im Paznaun, 1½ Std.), über Furglerjoch. 3½ Std.

Hexenkopf, 3035 m

Herausragender Felsberg im Kamm zwischen Paznaun und Oberinntal.
Von der Hexenseehütte, 2585 m (hierher vom Kölner Haus 3 Std.), über Masner Joch. 2 Std./I.

Dialkopf, auch Thial, 2398 m

Nördlicher Ausläufer der Samnaungruppe zwischen Oberinntal und Paznaun mit großartiger Aussicht.
Von der Thialliftbergstation, 1349 m (Lift von Landeck), über Zirmegg. 2½ Std.

Lechtaler Alpen

Válluga, 2808 m

Durch Bergbahnen und Steiganlagen erschlossener Berg mit vier Graten über Arlbergpaß und St. Anton. Der Gipfel mit Aussichtsplattform und Sendeanlagen ist mittels einer Gondelbahn erreichbar. Erstersteiger: A. Madlener 1877.
Von der Ulmer Hütte, 2279 m (von St. Anton zu Fuß 2½ Std.), über Südgrat. 2 Std.

Holzgauer Wetterspitze, 2898 m

Von weither auffallende Turmgestalt aus Riffkalk im Feuerspitzkamm über dem Lechtal mit informativem Panorama. Erstersteiger: Falger und Knittel 1832.

△ Der lange Grat des Piz Mundin am Südostrand der Samnaungruppe zwischen Samnaun und Oberinntal.

Von der Simmshütte, 2004 m (von Stockach oder Holzgau-Schönau 3 Std.), über Südrinne. 3 Std./II+.

Freispitze, 2887 m

Mächtiger und formschöner Felsberg mit steilen Grashängen und scharfen Graten zwischen Alperschontal und Parseier Tal. Erstersteiger: Klotz vor 1878.
Von der Ansbacher Hütte, 2376 m (hierher von Schnann 3½ Std.), über Freispitzscharte. 6 Std./II+.

Parseier Spitze, 3036 m

Höchster Gipfel der Lechtaler Alpen und der Nördlichen Kalkalpen mit umfassender Rundsicht zwischen Stanzer Tal und Zammer Loch, mächtiges Felstrapez von Norden. Erstersteiger: Specht und Sieß 1869.
Von der Augsburger Hütte, 2289 m (hierher von Grins 4 Std.), über Grinner Ferner und Südostflanke. 2½ Std./II–.

Silberspitze, 2463 m

Steil über das Inntal aufragende, feine Spitze mit nahem Brudergipfel, höchster Punkt eines kleinen Bergstocks über Oberinntal und Zammer Loch. Erstersteiger: Spiehler, Frech 1886.
Von Zams, 775 m, über Zammer Loch, Schafgötsche, Götschenkopf und Südostflanke. 5 Std./II.

Große Schlenkerspitze, 2831 m

Mächtiger, auffallender und formschöner Gipfel mit hervorragender Aussicht zwischen Bschlaber Tal und Larsenntal, höchster des östlichen Gebirgsteils mit gezackten Graten. Erstersteiger: Ampferer und Hammer 1896.

◁ Die höchsten Gipfel der Samnaungruppe, Muttler und Stammerspitze, von Südosten, vom Gipfel des Piz Malmurainza.

Von der Hanauer Hütte, 1920 m (von Boden 2 Std.), über Westrinne und Südwestgrat. 6 Std./III.

Muttekopf, 2777 m

Hauptgipfel der gleichnamigen Untergruppe im Hauptkamm südlich des Hahntennjochs, herausragend schöner Aussichtsberg.
Von der Muttekopfhütte, 1934 m (von der Obermarkter Alp, Sessellift und Straße von Imst, 1½ Std.), über Muttekopfscharte. 2½ Std.

Knittelkarspitze, 2378 m

Südlichster Gipfel der Liegfeistgruppe zwischen Lechtal und Zwischentoren.
Von Kelmen, 1330 m, über Steinkar und Südkamm. 3½ Std./I.

Heiterwand, Hauptgipfel, 2642 m

Über sieben Kilometer lange Felsmauer aus zwölf aneinandergereihten Gipfeln über dem Salvesental, längste Wandreihe der nördlichen Kalkalpen. Erstersteiger des Hauptgipfels: Kolb 1890.
Von Obtarrenz, 1029 m, über Tarrenzer Grubigjöchle und Südflanke. 5 Std./II. Die Gesamtüberschreitung aller Gipfel erfordert 8–16 Std./III.

Thaneller, 2340 m

Formschöne, regelmäßig gebaute Felspyramide mit starker Bänderung zwischen Rotlechtal und Zwischentoren südlich von Heiterwang.
Von Berwang, 1342 m, über Südkamm. 2½ Std.

Ruitelspitzen, 2574 m

Auffallender fünfgipfeliger Felsgrat zwischen Lechtal, Madautal und Griestal.
Hauptgipfel von der Grießbachalp, 1485 m, über Dreisattel und Westgipfel. 4 Std./II.

Loreakopf, 2471 m

Höchster Gipfel der gleichnamigen Gruppe westlich des Fernpasses, auch Loreaspitze genannt.
Von der Loreahütte, 2018 m (von Fernstein 3 Std.), über Loreascharte. 1¼ Std./I.

Ammergauer Alpen

Säuling, 2048 m

Westlicher Eckpfeiler der Ammergauer Alpen über Reutte, Füssen und dem Forggensee, mächtiger Felsbuckel mit prachtvoller Aussicht.
Von Hohenschwangau, über Säulingsattel. 4 Std.

Hochplatte, 2082 m

Höchste Erhebung eines Bergstocks südlich des Lobentals und nördlich des Ammerwalds.
Von der Kenzenhütte, 1294 m (von Halblech 3 Std.), über Beinlandl und Wilden Freithof. 2 Std.

Daniel, 2342 m

Höchster Gipfel der Ammergauer Alpen an ihrem Südrand über Lermoos und Ehrwald.
Vom Bahnhof Ehrwald, 964 m, über Duftelalm und Upsspitze. 4½ Std.

Große Klammspitze, 1925 m

Hauptgipfel der nördlichen Kette der Ammergauer Alpen nordwestlich über Linderhof.
Von den Brunnenkopfhäusern, 1602 m (von Linderhof 2 Std.), über Wintertal und Ostseite. 1½ Std./I.

Kreuzspitze, 2185 m

Viergipfeliger Bergzug südlich des obersten Ammertals und nordöstlich des Plansees. Erstersteiger: Diener, Neumann, Salzmann, Schneider, Stoll 1885.
Von der Grenze Bayern-Tirol, »Bei den sieben Quellen«, etwa 1100 m, über Hochgrieskar und Westnordwestgrat. 3½ Std./I.

Kramer, 1982 m

Südöstlicher Ausläufer der Ammergauer Alpen über Garmisch und direkt gegenüber dem Wettersteinmassiv. Oft als Kramerspitz bezeichnet.
Von Garmisch, 708 m, über Stepbergalm und Westkamm. 4½ Std.

Wetterstein-Mieminger

Tschirgant, 2372 m

Westliches Ende des gleichnamigen Kamms der Mieminger Kette über Imst, das von Westen wie ein spitzes Horn erscheint. Prachtvolles Panorama.
Von Karrösten, 921 m, über Karreser Alm und Nordostgrat. 3½ Std.

Hochplattig, 2768 m

Dreigipfeliger Hauptberg der Mieminger Kette, steilwandiger Felskoloß zwischen Gaistal und Inntal.
Von Obermieming, 875 m, über Henneberg und Gachen Blick. 5 Std./I.

Hohe Munde, 2662 m

Charakteristisch geformter, massiger Felsklotz, östlicher Abschluß der Mieminger Kette nördlich von Telfs. Wahrzeichen des Oberinntals um Telfs und des Leutaschtals.
Von der Rauthhütte, 1605 m (Lift von Leutasch-Moos), über Jöchl und Ostgipfel. 3 Std./I.

Zugspitze, 2963 m

Höchster Berg Deutschlands, der nach allen Seiten steil abfällt und mit Bahn- und Sendeanlagen, Restaurants und Wetterstation völlig zugebaut ist. Drei Luftseilbahnen führen zum Gipfel, eine Zahnradbahn bis zum Schneefernerhaus. Erstersteiger: Naus mit Maier und Deuschel 1820.
Von der Wiener-Neustädter-Hütte, 2209 m (von der Mittelstation der Tiroler Zugspitzbahn ½ Std.), über Schneekar und Stopselzieher. 2½ Std./I.

Alpspitze, 2629 m

Charakteristisch geformte Felspyramide mit auffallenden, scharfen Graten, Wahrzeichen des mittleren

◁ Ein spitzer Gipfel reckt sich über das Nebelmeer über dem Oberinntal in die Höhe: die Silberspitze nördlich von Landeck, gesehen vom Seekopf-Anstieg.

△ Der Säuling steht direkt über dem Alpenrand und ist deshalb aus dem Alpenvorland um Füssen und den Forggensee in seiner ganzen Größe sichtbar.

Loisachtals um Garmisch. Erstersteiger: Schilcher, Grasegger 1858.
Von der Bergstation Osterfelder, 2050 m (Luftseilbahn von Nähe Garmisch), über Schöngänge und Ostgrat. 3 Std.

Hochwanner, 2746 m

Hauptgipfel des westlichen Wettersteinkamms zwischen Reintal und Gaistal.
Von der Tillfußalm, 1382 m (vom Parkplatz bei Leutasch 1 Std.), über Steinerne Hütteln und Mitterjöchl. 4½ Std./I.

Leutascher Dreitorspitze, 2673 m

Eindrucksvolles Felshorn, höchster Gipfel des Wettersteinhauptkamms an einem Knick des Kamms nördlich von Leutasch.
Von der Meilerhütte, 2380 m (von Elmau 3½ Std.), über Signalkuppe und Partenkirchner Dreitorspitze. 2½ Std./II.

Obere Wettersteinspitze, 2296 m

Gratberg am Ostrand der Wettersteinwand, die steil zur Unteren Wettersteinspitze und ins Leutaschtal abstürzt.
Vom Ferchensee, 1065 m, über Gamsanger und Nordseite. 4 Std./I.

Bayerische Voralpen

Krottenkopf, 2086 m

Höchster, trapezförmiger Gipfel des Estergebirges zwischen Loisachtal und Isartal bzw. Walchensee.
Von der Weilheimer Hütte, 1955 m (hierher von Oberau 4 Std.), über Nordkamm. ½ Std.

Herzogstand, 1731 m

Vielbesuchter Aussichtsberg am Alpenrand über Walchen- und Kochelsee.
Vom Fahrenbergkopf, 1627 m (Sesselbahn von Urfeld), über Südseite. ½ Std.

Benediktenwand, 1803 m

Höchster Punkt des charakteristischen, gleichnamigen langen Gratzuges am Alpenrand bei Bad Tölz und Benediktbeuren, der weit nach Norden auffällt und eine schöne Aussicht bietet.
Von der Tutzinger Hütte, 1327 m (von Benediktbeuern 3 Std.), über Westkamm. 1½ Std.

Hirschberg, 1670 m

Doppelgipfeliger Kammberg zwischen Isartal und Tegernseer Tal mit Hütte unter dem Gipfel.
Von Kreuth, 786 m, über Rauheckalm. 3 Std.

△ Vom Höllentörl präsentiert sich die Zugspitze als breites, steilwandiges Massiv über dem Höllental und dem kleinen Höllentalferner.

Wallberg, 1722 m

Breite Berggestalt südöstlich über dem Tegernsee mit prachtvollem Panorama, berühmtes Wahrzeichen des Tegernseer Tals.
Vom Wallberghotel (Gondelbahn von Nähe Rottach-Egern), über Südkamm. ½ Std.

Schinder, 1806 m

Doppelgipfeliger, gezackter Berg, durch die Scharte Schindertor unterbrochen.
Von der Schadalm, etwa 1000 m (Mautstraße von Enterrottach), über Schindertor. 3 Std.

Risserkogel, 1826 m

Höchster Gipfel der Tegernseer Berge zwischen Kreuther Tal und Valepptal südlich des Wallbergs; beliebter Aussichtsberg.
Von der Bergstation der Wallbergbahn über Setzberg. 1½ Std.

Rotwand, 1885 m

Hauptgipfel der Schlierseer Berge östlich über dem Spitzingsee, von Süden Grashänge, gegen Norden steile Abstürze.
Vom Rotwandhaus, 1765 m (von der Taubensteinbahn 1 Std.), über Südhang. ½ Std.

Wendelstein, 1838 m

Markanter Berg über dem Alpenrand, der weit in die Ebene zu sehen ist. In Gipfelnähe: Berghotel, Kapelle, Sender, Wetterwarte, Sonnenobservatorium. Seilbahn von Osterhofen, Zahnradbahn von Brannenburg.
Von Bayrischzell über Südseite. 3 Std.

Karwendel

Reither Spitze, 2373 m

Westlichster bedeutender Karwendelgipfel der südlichen Kette über Seefeld und dem Inntal.
Von der Nördlinger Hütte, 2238 m (von der Härmelekopfbahn 1 Std.), über Südflanke. ½ Std.

Soiernspitze, 2259 m

Gebänderter Hauptgipfel der gleichnamigen, nach Norden zum Isartal vorgeschobenen Untergruppe.
Vom Soiernhaus, 1613 m (von Krün 2½ Std.), über Nordflanke und Westgrat. 2 Std.

Wörner, 2476 m

Gegen Norden vorspringender, steilwandiger Eckpunkt der nördlichen Karwendelkette von auffallender Gestalt.

Von der Hochlandhütte, 1630 m (hierher von Mittenwald 2½ Std.), über Steinkarlgrat und Westflanke. 2½ Std./I.

Birkkarspitze, 2749 m

Höchster Karwendelgipfel im Karwendel-Hauptkamm über dem Kleinen Ahornboden mit Pyramidenform und steilen Felswänden gegen Norden und Osten. Unterstandshütte im Schlauchkarsattel. Erstersteiger: H. v. Barth 1870.
Vom Karwendelhaus, 1765 m (von Hinterriß 4 Std.), über Schlauchkarsattel. 3 Std.

Großer Bettelwurf, 2725 m

Trapezförmiger Gipfel der Gleiersch-Halltal-Kette, formschöner Felsriese, der sich 2000 m über dem Inntal erhebt. Erstersteiger: L. v. Barth 1855.
Von der Bettelwurfhütte, 2077 m (von Hall 4½ Std.), über Eisengattergrat. 2 Std.

Lamsenspitze, 2501 m

Gegen Osten mit sehr steilen Wänden abstürzender, östlichster herausragender Gipfel des Karwendel-Hauptkamms. Erstersteiger: V. Lipold 1843.
Von der Lamsenjochhütte, 1953 m (hierher von Pertisau 4 Std.), über Turner-Bergsteiger-Rinne und Südflanke. 2 Std./II.

Sonnjoch, 2458 m

Vom Achensee auffallender, formschöner Gipfel im gleichnamigen Kamm zwischen Engtal und Falzthurntal. Erstersteiger: M. Lipold 1843.
Von Pertisau, 950 m, über Falzthurntal, Gramai-Hochleger und Nordwest- bzw. Westgrat. 5 Std./I.

Scharfreiter, 2100 m

Höchster Punkt eines langen Kammes im Vorkarwendel über dem oberen Isartal; auch Schafreuter.
Von der Tölzer Hütte, 1830 m (von Hinterriß 3 Std.), über Südgratrücken. 1 Std.

Juifen, 1987 m

Steile, formschöne Felspyramide am Nordrand des Vorkarwendels, die bis weit in die Ebene zu sehen ist. Berühmte Rundschau.
Von Hagen im Wald im Achental, 818 m, über Brettersbergalm und Südseite. 4 Std.

Seebergspitze, 2085 m

Höchster Gipfel des den Achensee im Westen begrenzenden Felsgrates; großartige Rundsicht.
Von Pertisau, 950 m, über die Roßalm und den Südgrat. 3½ Std./I.

Rofan

Guffert, 2196 m

Höchster Punkt einer mit steilen Felswänden gegen Norden abstürzenden Felsmauer am Nordrand des Rofangebirges über Steinberg. Bis weit über München hinaus aufallend und gut erkennbar.

△ Im Zireinsee am Ostrand des Rofangebirges spiegelt sich die gegen Norden mit steilen Wänden abfallende Rofanspitze.

Von Steinberg-Obing, etwa 1050 m, über Südflanke und Ostgrat. 4 Std.

Hochiß, 2299 m

Höchster Rofangipfel mit senkrechten Abstürzen gegen Norden, steiles Felshorn im Rofankamm.
Von der Erfurter Hütte, 1834 m (Seilbahn von Maurach), über Südseite. 1½ Std.

Rofanspitze, 2259 m

Östlicher Abschluß des felsigen Rofankamms mit steilen Felsabstürzen gegen Norden und Osten.
Vom Sonnwendjochhaus, 1800 m (Sesselbahn von Kramsach), über Zireinsee und Ostflanke. 2 Std./I.

Heuberg, 1747 m

Gegen Süden vorgeschobener Gipfel einer kleinen Berggruppe östlich der Brandenberger Ache und nördlich des Inntals.
Vom Gasthaus Kink, etwa 1000 m, über Jocheralm und Südseite. 2½ Std.

Pendling, 1563 m

Endpunkt eines langen Kamms, der von Osten einem pyramidenförmigen Turm ähnelt, ausgezeichneter Aussichtspunkt mit Hütte knapp unter dem Gipfel.
Von Thiersee-Altmoosau, etwa 950 m, über Nordwestseite und Südwestkamm. 2 Std.

◁ Über dem Kleinen Ahornboden erheben sich die steilen Nordwände des höchsten Karwendelgipfels, der Birkkarspitze, die nur von dieser Seite wie eine feine Spitze erscheint.

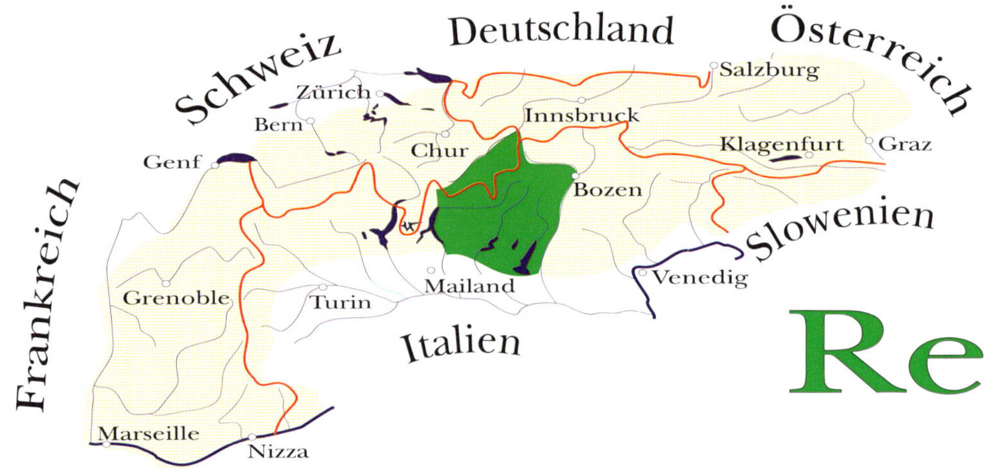

6 Region

Wenn man von einem relativ kleinen Gebiet südöstlich des Engadins absieht, liegt die Region 6 nahezu vollständig auf der Südseite des Alpenhauptkamms. Doch man darf dem gesamten Gebiet die klimatischen Vorzüge der Alpensüdseite ganz zusprechen.

Seine bedeutendsten Täler sind in dieser Hinsicht bekannt genug: Engadin (oberstes Inntal), Vinschgau (oberes Etschtal), Veltlin (oberes Addatal), Nonsberg (Tal von Non und Novella). Nebelarm, sonnenreich und mit wenig Niederschlägen, das weiß der aus dem Norden Kommende sehr zu schätzen. Alpin gesehen kommt noch ein bedeutender Vorzug dazu: Hier sind wesentlich höhere Berge konzentriert als weiter nördlich. Da ist nicht allein der einzige Viertausender der Ostalpen, der Piz Bernina, auch die Ortler-Alpen kommen der Viertausendergrenze sehr nah. Die übrigen Gebirgsgruppen übersteigen – bis auf die Gardaseeberge – alle 3000 m. Für Bergsteiger bedeutet das zahlreiche große und zum Teil auch sehr berühmte Anziehungspunkte, also ein sehr attraktives und reichhaltiges Angebot. Doch es gibt riesenhafte Unterschiede in der Bekanntheit und damit in den Besucherzahlen. Während zentrale Bernina-Alpen und Ortler-Alpen sowie der Kern der Brentagruppe tatsächlich oft überlaufen sind, gilt für die meisten anderen Gegenden eher das Gegenteil. Wie in den anderen Regionen wirkt sich das im touristischen, vor allem aber im Ski-Erschließungsgrad aus mit teils betrüblichen Auswirkungen für berühmte Landschaften.

Neben verkehrs- und fremdenverkehrsmäßig stark erschlossenen Gegenden überwiegen die zum Teil noch unverändert gebliebenen. Das bedeutet für den Bergfreund eine noch sehr große Auswahl an weniger bekannten und begangenen Berglandschaften. Diese besitzen erfreulicherweise alle Voraussetzungen für die Erfüllung verschiedener bergsteigerischer Ansprüche.

Die geologische Zusammensetzung dieser Gebirgsgruppen ist sehr uneinheitlich, wenn auch die Zweiteilung in Schiefergestein im überwiegenden Teil und Sedimentgestein vor allem am südlichen Rand (Grigne, Bergamasker Voralpen, Gardaseeberge, Brenta) deutlich erkennbar ist. Doch Sedimentgesteine kommen auch inmitten der großen Schieferzone der Zentralalpen vor. Die größte Massierung liegt in der Sesvennagruppe, die deshalb – großenteils aus geologischer Sicht nicht ganz unberechtigt – auch Engadiner Dolomiten genannt wird. Eine Besonderheit dieser Region stellt das sogenannte Bergellfenster dar, eine Zone, in der in erdgeschichtlich jüngerer Vergangenheit Magmamassen in die Höhe gedrungen sind. Aus ihnen sind die weithin bekannten, plattigen Granitriesen des Bergeller Hauptkamms entstanden. Eine ähnliche Zone enthält auch die Adamello-Presanella-Gruppe.

Fast alle Gebirgsgruppen besitzen teils sogar sehr ausgedehnte Vergletscherung. Die Entwässerung erfolgt fast ausschließlich durch die bedeutenden Randflüsse Inn, Etsch und Adda. Lediglich an der Südseite streben Brembo, Serio, Oglio, Chiese und Mincio direkt zum Po. Eine große Zahl von Stauseen und Wasserkraftwerken verleiht dieser Gegend Bedeutung für die Energieversorgung. Aller-

Region 6

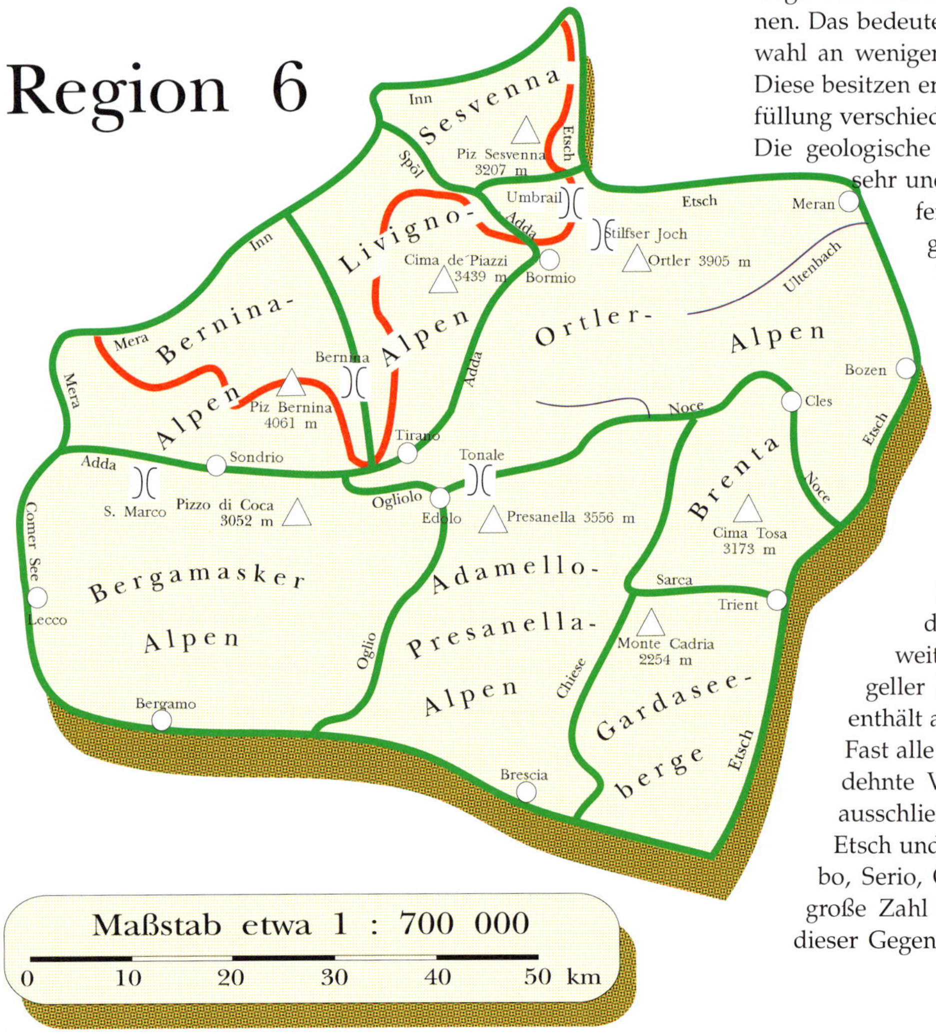

Gebirgsgruppe	Fläche in km²	Begrenzung	polit. Zugehör.	höchster Gipfel	Untergruppen	Führer/Karten
Bergamasker Alpen, in I Alpi Orobie, südlicher Teil Prealpi Bergamasche	3500	Adda – Passo dell'Aprica – Ogliolo – Oglio – Lago d'Iseo – Alpenvorland – Adda – Comer See	I/CO I/SO I/BG I/BS	Pizzo di Coca, 3052 m	Diavolo-di-Tenda-, Scais-, Redorta-, Barbellino-Telenek-, Grigne-, Capelli-Resegone-, Arera-Iben-, Presolana-, Bagozza-, Poris-, Corno-Sella-, Legnone-, Tre-Signori-Gruppe	Berg, Bergamasker Alpen; CAI Bologna, Orobie; CAI Bologna, Grigne; TCI/CAI, Alpi Orobie e Prealpi Bergamasche; Kompaßkarten 1:50 000 Nr. 50, 104, 105; CAI 1:50 000 zwei Teile
Bernina-Alpen	1500	Flaz – Berninapaß – Poschiavino – Adda-Mera – Malojapaß – Inn	I/SO CH/GR	Piz Bernina, 4049 m	Südliche Bergeller Berge, Disgrazia-, Margna-Tremoggia-, Corvatsch-Sella-, Piz-Bernina-, Palü-Gruppe, Südl. Vorberge	SAC, Bündner Führer IV, V; Rother, Berninagruppe; Rother, Bergell; SLK 1:50 000 Nr. 268, 269, 277, 278, 279
Adamello-Presanella-Alpen	2000	Tonale – Vermiglio – Campo Carlomagno – Sarca – Chiese – Alpenvorland – Lago d'Iseo – Oglio	I/BS I/TN	Presanella, 3556 m	Brescianer Voralpen, Cornone-di-Blumone-, Adamello-, Baitone-, Presanella-Gruppe	Rother, Adamello-, Presanella- und Baitone-Gruppe; TCI/CAI, Ortles, Adamello usw.; Kompaßkarte 1:50 000 Nr. 71, 73, 103
Livigno-Alpen, zahlreiche verschiedene Bezeichnungen	1100	Punt dal Gall – Val dal Gallo – Val di Fraele – Adda – Poschiavino – Berninapaß – Flaz – Inn – Spöl	CH/GR I/SO	Cima de' Piazzi, 3439 m	Quattervals-, Languard-, Ferro-, Alv-, Paradisin-, Piazzi-, Viola-, Sassalb-Gruppe	SAC, Bündner Alpen X; TCI/CAI, Alpi Retiche Occidentali; SLK 1:50 000 259, 269, 279
Ortler-Alpen, it. meist Gruppo del Cevedale, dt. Zentralteil Ortlergruppe	3000	Ofenpaß – Rambach – Etsch – Noce – Vermiglio – Tonalepaß – Oglio – Ogliolo – Adda – Passo di Fraële – Spöl – Ova dal Fuorn	CH/GR II/SO I/BS I/BZ I/TNI	Ortler, 3905 m	Murtaröl-, Umbrail-Gruppe, Fallasch-, Kristall-Kamm, Ortler-Haupt-, Marteller-Haupt-Kamm, Sobretta-Gavia-, Cevedale-Vioz-Gruppe, Ultner Berge, Nonsberg-Gruppe	Rother, AV-Führer Ortleralpen; TCI/CAI, Ortles, Adamello usw.; Kompaßkarten 1:50 000 Nr. 52, 53, 72, 74, 96
Sesvennagruppe, teils auch Engadiner Dolomiten	600	Nauderer Bach – Reschenpaß – Etsch – Rambach – Ofenpaß – Ova dal Fuorn – Spöl	CH/GR I/SO I/BZ	Piz Sesvenna, 3207 m	Laschadurellakette, Uina-, Plavan-, Pisoc-, Tavrü-, Lischana-Gruppe, Sesvennamassiv, Terza-Starlex-, S-chalambert-Gruppe	SAC, Bündner Alpen X; SLK 1:50 000 Nr. 249, 258, 259, 259bis
Gardaseeberge	2400	Trient – Etsch – Berner Klause – Alpenvorland – Chiese (Valli Giudicarie) – Sarca – Vezzano – Buco di Vela	I/BS I/TN I/VR	Monte Cadria, 2254 m	Cornisello-, Cadria-, Caplone-, Monte-Baldo-Gruppe	SAT, Bergtouren und Wanderungen im Trentino; Kompaßkarte 1:50 000 Nr. 71, 73, 75, 101, 102
Brentagruppe, it. Dolomiti di Brenta	700	Noce – Etsch – Buco di Vela – Sarca – Campo Carlomagno – Meledrio	I/TN	Cima Tosa, 3173 m	Tosa-, Ghez-Massiv, Ambiezkette, Westliche Ausläufer, Sfulminikette, Grostè-Massiv, Nördliche Kette, Paganellastock	Rother, AV-Führer Brentagruppe; TCI/CAI, Ortles, Adamello, Brenta usw.; Kompaßkarte 1:50 000 Nr. 73

dings vergrößern sich fast überall die Widerstände gegen den weiteren Ausbau auf diesem Gebiet.

Eine menschliche Besiedlung ist in den südlichen Tälern mit Sicherheit schon viele Jahrtausende vorhanden, wovon vor allem die berühmten Steinzeichnungen im Val Camonica, aber auch solche in anderen Tälern berichten. An mehreren Orten wurden Reste von Pfahlbausiedlungen mit Beweisen einer hochentwickelten Kultur entdeckt, die mit anderen südlich der Alpen, aber auch nördlich von ihnen (Bodensee), in Verbindung gebracht werden. Über die Art und Herkunft der Menschen, die hier als erste gewohnt haben, besteht noch keine Klarheit. Verschiedene Zeichen aus späterer Zeit sprechen für Etrusker, Illyrer, Räter und schließlich auch Kelten und Germanen. Interessant ist, daß viele noch zum Teil erhaltene Dialektformen, besonders im Gebiet der Bergamasker Alpen, ausgesprochen unitalienisch anmuten und vieles enthalten, was kaum an romanische Sprachen erinnert.

Ungefähr 80 Prozent der Region liegt auf italienischem Gebiet in den Provinzen Como, Sondrio, Bergamo, Brescia, Verona, Trient und Bozen, die restlichen 20 Prozent im Schweizer Kanton Graubünden. Die Sprache ist im italienischen Staatsanteil italienisch mit kleinen rätoromanischen Resten, in Südtirol überwiegend deutsch und in Graubünden rätoromanisch und deutsch; in den teils zu Graubünden gehörenden Tälern Bergell/Val Bregaglia und Puschlav/Valle Poschiavina wird überwiegend italienisch gesprochen.

△ Der Lago d'Iseo inmitten der Bergamasker Alpen von Süden; im Norden ist die Felsmauer der mächtigen Presolana zu erkennen.

◁ Auf dem Gipfel des Piz d'Arpiglias in der Sesvennagruppe gegen die Berninagruppe, deren höchste Gipfel mit dem unverkennbaren Piz Palü beginnen und über Bellavista, Piz d'Argient, Piz Zupò, Piz Bernina zum Piz Roseg ziehen.

Bergamasker Alpen

Grigna Settentrionale, 2410 m

Der auch Grignone genannte Hauptgipfel der Grigne-Kette über dem Comer See mit drei ausgeprägten Graten und dem Rifugio Brioschi und einer Kapelle unterhalb des Gipfels.
Vom Rifugio Bietti, 1719 m (vom Rifugio Cainello, 1241 m, Straße von Varenna, 2 Std.), über Via Guzzi und Via Ganda. 2 ½ Std.

Monte Legnone, 2609 m

Weithin sichtbarer, nordwestlicher Eckpfeiler der Bergamasker Alpen hoch über Comer See und Veltlin. Berühmter Aussichtspunkt.
Vom Rifugio Roccoli Lorla, 1463 m (vom Rifugio Bellano, 1280 m, Zufahrt von Dervio, 1 Std.), über Ca' de Legn' und Westkamm. 3 ½ Std.

Pizzo dei Tre Signori, 2554 m

Höchste Spitze eines ausgedehnten Bergstocks zwischen Veltlin, Valle Brembana und Valsássina. Guter Aussichtspunkt.
Vom Rifugio Benigni, 2222 m (hierher von Cusio-Curva 2 Std.), über Bocchetta dell'Inferno. 2 ½ Std.

Punta Cermenati, 1875 m

Der auch Monte Serrada genannte Felsgipfel ist der höchste Punkt des langen Gratkamms des Monte Resegone über dem Alpenrand bei Lecco. Unter dem Gipfel steht das Rifugio Azzoni.
Vom Rifugio Monzesi, 1173 m (von Erve 1 ½ Std.), über Val Negra. 2 Std.

Monte Arera, 2512 m

Höchster Gipfel eines verzweigten Bergmassivs zwischen Valle Brembana und Valle Seriana. Berühmte Rundsicht.
Von Zambla Alta, 1269 m, über Rifugio Capanna 2000 und Südflanke. 4 Std.

Pizzo di Coca, 3052 m

Hauptgipfel der Bergamasker Alpen im Nordkamm zwischen Veltlin und Valbondione (Valle Seriana), von weitem auffallender, spitzer Felsberg mit kleinen Gletschern.
Vom Rifugio Curò, 1915 m (von Valbondione, 935 m, 3 Std.), über Valmorta und Bocchetta del Camoscio. 3 ½ Std./I.

Pizzo della Presolana Occidentale, 2521 m

Höchster Gipfel der mächtigen, 2 ½ km langen, nach Süden abstürzenden Kalkfelsmauer über Clusone.
Vom Bivacco Clusone, 2085 m (vom Passo della Presolana, 1297 m, 2 ½ Std.), über Grotta dei Pagani und Westgrat. 1 ½ Std./II.

Piz Tri, 2308 m

Nordöstlichster Eckpfeiler der Bergamasker Alpen über Édolo (Mündung des Val Córteno in das Valcamonica).
Von Santícolo (Val di Córteno), 900 m, über Alpe Plinaz und Malga Barec. 4 Std.

Monte Bronzone, 1334 m

Südlicher Endpunkt eines langen Kamms über dem Südende des Lago d'Iseo mit prachtvollen Fern- und Tiefblicken.

Von Fonteno, 517 m, über Il Colletto, 1281 m, und Punta Piagnole. 3 1/2 Std.

Adamello-Presanella-Alpen

Monte Guglielmo, 1949 m

Bedeutender Gipfel zwischen Lago d'Iseo und Valtrompia mit Hütte in Gipfelnähe, wegen seiner Umschau »Rigi der Lombardei«, lombardisch Gölem genannt.
Vom Rifugio Valtrompia, 1280 m (hierher von Pezzoro bei Tavernole Bergbahn), über Ostseite und Nordostgrat. 2 Std.

Monte Colombine, 2214 m

Einer der höchsten Panorama-Gipfel der Brescianer Voralpen zwischen Iseosee und Idrosee.
Von der großen Kehre, etwa 1950 m (ca. 5 km nordwestlich des Passo della Maniva in Richtung Giogo di Bala, Croce Domini), über Stabul Marzo und Südflanke. 1 1/2 Std.

Cornone di Blumone, 2830 m

Höchste Spitze eines eindrucksvollen Felsmassivs nördlich des Val di Cáffaro und des Passes Croce Domini.
Vom Rifugio Rosa, 2355 m (vom Rifugio Nikolajewka, Straße von Cáffaro, 2 1/2 Std.), über Westseite und Westgrat. 1 1/2 Std./I

Corno Baitone, 3331 m

Hauptgipfel der nördlichen Untergruppe östlich über Édolo und etwa westlich des Adamello mit prachtvollem Panorama.
Vom Rifugio Tonolini, 2437 m (hierher vom Rifugio Ponte del Guat, Straße von Malonno, 3 Std.), über Malga Baitone, Bocchetta dei Laghi Gelati und Südostgrat. 5 Std./II–.

Adamello, 3554 m

Zweithöchster und berühmtester Gipfel der Gruppe mit steilen Nordabstürzen, der auf fast allen Seiten von Gletschern umgeben ist. Berühmter Aussichtspunkt. Erstersteiger: J. von Payer mit Caturani 1864.
Vom Rifugio Lobbia Alta, 3040 m (von Bédole 4 Std.), über Pian di Neve und Südflanke. 5 Std.

Cop di Breguzzo, 2997 m

Gipfel im Adamello-Hauptkamm an der Abzweigung eines Seitengrats zwischen Lago di Val Bissina und Val Breguzzo.
Von der Malga Stablei, etwa 1350 m, über Weg zum Passo di Breguzzo und Ostflanke. 6 Std./II.

Carè Alto, 3462 m

Formschöner Gletschergipfel im Adamello-Hauptkamm zwischen Val di Fumo und Val Borzaga.
Vom Rifugio Carè Alto, 2559 m (vom Straßenende im Val Borzago 3 1/2 Std.), durch Rinne zwischen Süd- und Hauptgipfel der Ostseite. 4 Std.

Busazza, 3325 m

Auffallendes Felsmassiv im Presanellakamm mit sehr steilen Nordabstürzen über dem oberen Val Vermiglio.
Vom Rifugio Mandrone, 2449 m (hierher von Bédole 2 1/2 Std.), über Canale Busazza und östlichen Vorgipfel. 7 Std./III.

Presanella, 3556 m

Spitze Felspyramide über mehreren Gletschern des Presanellakamms, Hauptgipfel der Adamello-Presanella-Alpen zwischen Val Vermiglio und Val di Ge-

◁ Die Presanella von Osten, vom Abstieg vom Grostèpaß in der Brentagruppe.

▷ Das Wahrzeichen des Oberengadins, der Piz da la Margna über dem Silser See, von Norden.

nova. Erstersteiger: Beachcroft, Freshfield und Walker mit Devouassoud 1864.
Vom Rifugio d'Amola (Segantini), 2371 m (von der Kehre 1950 m der Werksstraße von S. Antonio bei Pinzolo 1½ Std.), über Passo Nero, Nardisgletscher und Südostgrat. 5 Std./I.

Cima Artuic, 2614 m

Nordöstlicher Eckpfeiler des Presanellakamms nordwestlich des Passo Campo Carlomagno mit informativer Rundschau.
Vom Rifugio Malghette, 1890 m (Straße vom Passo Campo Carlomagno + ½ Std.), über l'Ometto und Nordostseite. 2½ Std.

Bernina-Alpen

Monte Gruf, 2936 m

Hauptgipfel im westlichen Bergeller Hauptkamm zwischen Bergell und Val Codera, beherrscht den Talkessel von Chiavenna.
Vom Rifugio Brasca, 1304 m (hierher von Novate Mezzola 3 Std.), über Val Piana und Bocchetta di Val Piana und Nordostgrat. 5½ Std.

Monte Brusada, 2143 m

Panorama-Gipfel am Südwestrand der Südlichen Bergeller Berge über Veltlin und Comer See.
Von Cino, 487 m (bei Delebio), über Prati Brusada, Passo Culmine und Südwestkamm. 5½ Std.

Pizzo Ligoncio, 3032 m

Der auch Lis d'Arnasca genannte, formschöne Felsberg ist der höchste in der Umrahmung des Valle dei Bagni westlich des Val Màsino und höchster der südwestlichen Untergruppe.
Vom Rifugio Omio, 2100 m (von Bagni del Màsino 3 Std.), über Ostseite und Nordgrat. 3 Std./II.

Piz Badile, 3308 m

Charakteristisch geformter, schaufelartiger Felsberg über dem Bergell zwischen dem Val Bondasca und dem Valle Porcellizzo, berühmteste Felsgestalt über dem Bergell.
Vom Rifugio Gianetti-Badile, 2536 m (von Bagni del Màsino 4 Std.), über die Rinnenführe der Südwand. 3 Std./II.

Piz Cengalo, 3370 m

Mächtiger Felsgipfel im Bergeller Hauptkamm mit gewaltigen Nordabstürzen in das Val Bondasca.
Vom Rifugio Gianetti-Badile, 2536 m (von Bagni del Màsino 4 Std.), über Südwestgrat. 3½ Std./III–.

Cima Castello, 3388 m

Höchster Gipfel der Südlichen Bergeller Berge über dem Albigna-Stausee und an der Abzweigung eines

▽ Piz Palü und Bellavista über dem Zusammenfluß von Pers- und Morteratschgletscher im Morteratschtal unterhalb der Bovalhütte.

sich teilenden Kammes vom Bergeller Hauptkamm gegen Norden
Von der Capanna da l'Albigna, 2336 m (hierher von der Bergstation der Seilbahn von Pranzeira im Bergell, 3/4 Std.), über Vadret del Castel-Nord. 5 Std.

Monte Sissone, 3330 m

Mächtiger, nordseitig vergletscherter Berg an der Verzweigung des Bergeller Hauptkamms über dem Valle di Mello und dem oberen Valmalenco.
Von der Capanna Forno, 2574 m (von Maloja 4 Std.), über Fornogletscher und Nordostseite. 5 Std./I.

Monte Disgrazia, 3678 m

Formschöner Gletscherberg, deshalb auch der andere Name »Pizzo Bello«, höchste Spitze im Westteil der Bernina-Alpen, zwischen vier Tälern (Valle di Mello, Valmalenco, Veltlin, Val Másino) gelegen. Erstersteiger: E. Stephen, E. Kennedy mit M. Anderegg und T. Cox 1862.
Vom Rifugio Cesare Ponti, 2585 m (von Preda Rossa, Privatstraße von Cataeggio im Val Másino, 2 Std.), über Sella di Monte Pioda, Südwestgrat des Monte Pioda und Vorgipfel. 4 1/2 Std./II.

Piz da la Margna, 3158 m

Charakteristisch geformtes Wahrzeichen des Oberengadins über dem Silser See, berühmter Aussichtspunkt. Erstersteiger: J. Caviezel, Krättli, Robbi, Zuan 1857.

▽ Die Scioragruppe in den Südlichen Bergeller Bergen der Bernina-Alpen aus dem mittleren Bergell bei Soglio.

Von Maloja, 1809 m, über Murtairacc, Gletscher und Nordostgrat. 5 Std.

Piz Glüschaint, 3594 m

Formschöner Gletscherberg im Bernina-Hauptkamm, der bis nach Pontresina leuchtet, daher der Name »Glänzende Spitze«. Erstersteiger: E. Burckhardt mit H. Grass 1785.
Von der Chamanna Coaz, 2385 m (von der Fuorcla Surlej, Luftseilbahn von Surlej, 2 Std.), über Nordostflanke. 4 Std.

Piz Corvatsch, 3451 m

Vom Bernina-Hauptkamm weit nach Norden über das Engadin vorgeschobener Felsgipfel mit prachtvoller Rundschau.
Von der Bergstation der Corvatschbahn, 3304 m, über Piz Murtèl und Nordgrat. 3/4 Std.

Piz Roseg, 3937 m

Mächtiger, charakteristischer Berg, einer der eindrucksvollsten und formschönsten Alpengipfel – vor allem von Nordwesten gesehen –, der aus ausgedehnten Gletschern emporsteigt. Erstersteiger: H. Moore, H. Walker mit J. Anderegg 1865.

◁ Auf der Fuorcla Surlej: Piz Bernina, Piz Scerscen, Piz Roseg und Piz Sella; links unten der Tschiervagletscher, rechts der Sellagletscher, ein Teil des Roseggletschers.

Von der Chamanna da Tschierva, 2480 m (von Pontresina-Bahnhof 3½ Std.), über Vadret da Tschierva, Fuorcla dals Agualiouls und Nordwestgrat. 6 Std./II.

Piz Bernina, 4049 m

Höchster Gipfel der Bernina-Alpen und der ganzen Ostalpen, der wenig nördlich des Bernina- und Alpen-Hauptkamms aufragt. Weithin sichtbare Spitze, nördlich davor der typische Biancograt, rätoromanisch Crast'Alv. Erstersteiger: J. Coaz mit J. und L. Tscharner 1850.
Vom Rifugio Marco e Rosa, 3597 m (von der Diavolezza, Luftseilbahn aus dem Berninatal, 5½ Std.), über Spallagrat. 2¼ Std./II.

Piz Palü, 3905 m

Weithin auffallender, mächtiger, dreigipfeliger Firnkamm mit gewaltiger Gipfelwächte, allseits von Gletschern umgeben, dessen höchste Spitze der Mittelgipfel ist, der Muot dal Palü. Erstersteiger: E. Buxton, W. Digby, W. Hall, J. Jonston, M. Woodmass mit P. Jenny und J. Walther 1863.
Von der Diavolezza, 2973 m (Seilbahn aus dem Berninatal), über Persgletscher, Fuorcla Pers-Palü und Ostgipfel. 4½ Std.

Sassalmason, 3032 m

Östlicher Eckpfeiler der Bernina-Alpen, der südwestlich über dem Berninapaß aufragt, berühmter Aussichtspunkt.
Vom Restaurant Sassalmason, 2355 m (vom Berninapaß 1 Std.), über Foppa, Forcella di Caral und Westgrat. 2½ Std.

Piz Varuna, 3453 m

Gletschergipfel mit felsigen Südabstürzen, nach dem Piz Palü der bedeutendste im Kamm westlich des Puschlavs.
Von der Alp Grüm, 2091 m (Station der Berninabahn), über Vedretta di Palü, Passo di Gembré und Westgrat. 5 Std./I.

Pizzo Scalino, 3323 m

Höchster Gipfel der Berge zwischen Valmalenco und Puschlav, Felsberg mit großem, nordostseitigem Gletscher.
Vom Rifugio Cristina, 2250 m (vom Ristorante Largone, 1825 m, Straße aus dem Valmalenco, 1½ Std.), über Westseite, Vedretta di Scalino und Südostgrat. 3½ Std.

▷ Morgenlicht auf dem Piz Languard, einem der bedeutendsten Gipfel der Livigno-Alpen über Pontresina vom Piz Muragl.

Vetta di Ron, 3136 m

Über dem Veltlin aufragender letzter Gipfel der südlichen Scalino-Kette zwischen Val di Togno und Val Fontana.
Von Campello im Val Fontana, 1420 m, über Alpe Basalone, Alpe Vicima und Bocchetta Corti. 5 1/2 Std./I.

Pizzo Cómbolo, 2900 m

Herausragender Gipfel an der Biegung des Kammes westlich des Puschlavs gegen Osten. Großartiger Aussichtspunkt.
Von Campello im Val Fontana, 1420 m, über Baita del Cómbolo, Bocchetta della Combolina und Südflanke. 4 1/2 Std.

Livigno-Alpen

Piz Muragl, 3157 m

Gipfel nordwestlich des Piz Languard über Pontresina, berühmter Aussichtspunkt.
Von Muottas Muragl, 2553 m (Bergbahn von Punt Muragl bei Pontresina), über Lej Muragl, Muraglgletscher und Ostflanke. 2 1/2 Std./I.

Piz Languard, 3262 m

Berühmtester Felsriese direkt über Pontresina, gegenüber der Bernina-Nordseite mit Hütte in Gipfelnähe. Großartiges Panorama. Erstersteiger: W. Rey 1846.
Von der Chamanna da Georgi, 3176 m (von der Bergstation Languardlift, von Pontresina, 2 1/2 Std.), über Südflanke. 1/4 Std.

▽ Die Nordflanke der Cima de' Piazzi, höchster Gipfel der Grosina-Alpen, aus dem Val Viola Bormina.

Piz Lagalb, 2959 m

Östlich des Bernina-Tals steil aufragender, einzelstehender Bergkegel. Luftseilbahn von der Bahn-Haltestelle Bernina-Lagalb bis kurz unter den Gipfel. Berühmter Alpenblumengarten.
Vom Berninahospiz, 2304 m, über Val del Bügliett und Giandas Lagalb. 2 Std.

Piz Quattervals, 3164 m

Formschöner, weithin sichtbarer Felskegel mit vier ausgeprägten Graten, höchster Gipfel zwischen Oberengadin und Livigno-Stausee.
Von der Chamanna (Blockhaus) Cluozza, 1882 m (von Zernez 3 Std.), über Fuorcla Val Sassa, Südgrat und den etwas niedrigeren Südgipfel. 6 1/2 Std.

Piz Paradisin, 3302 m

Höchster Felsberg im mächtigen und höchsten Massiv in der Kette östlich des Berninapasses, der steil ins Val di Campo abbricht.
Von Sasso di Pietra Grossa, 1981 m (an der alten Straße Livigno–Forcella di Livigno), über Alpe Vago, Colle di Campo (Passo di Valmera), Südwestgrat, Vedretta di Campo und Westgrat. 4 1/2 Std.

Monte Masuccio, 2816 m

Südlicher Eckpfeiler der Livigno-Alpen, im Eck hoch über Veltlin und Puschlav. Großartiger Panoramaberg.
Von Viano, 1281 m (Straße von Brusio), über Ganda Plana, Passo Portun und Nordwestgrat. 5 Std./I.

Munt Cotschen, 3104 m

Bedeutendster, rötlich gefärbter Gipfel in der langen Kette westlich des Livigno-Tals, über die die Grenze verläuft.
Von I Muri im Val Federia, 2015 m (Straße von Livigno), über Laghetto und Fuorcla Federia und Südgrat. 4 Std.

Cima Viola, 3374 m

Höchster Gipfel der westlichen Grosina-Alpen zwischen Val Viola Bormina und Valle di Avedo mit weithin sichtbarer Gipfelkalotte. Prachtvoller Panoramaberg.
Von Éita im Valle Grosina (dort das Rifugio Della Chiesa, 1703 m), über Valle di Avedo, Lago Nero, Bivacco Capanna Dosdè am Passo Dosdè und Westgrat. 5 1/2 Std.

Cima de' Piazzi, 3439 m

Formschöner, höchster Gipfel der Livigno-Alpen zwischen Val Grosina, Val Viola Bormina und Veltlin, der nach allen Seiten ein eindrucksvolles Bild bietet. Hervorragende Aussicht.
Von Éita im Val Grosina (Rifugio Della Chiesa), 1703 m, über Passo di Verra, Laghi Maurignino, Colle de' Piazzi und Südgrat. 6 Std.

Cima del Redasco, 3130 m

Hauptgipfel der südöstlichen Grosina-Alpen zwischen Val Grosina und Veltlin nördlich von Sondalo.
Von Fiec, 1780 m (Straße von Sondalo), über L'Alto, Lago Le Pozze, Südflanke und Ostgrat. 5 Std.

Ortler-Alpen

Piz Murtaröl, 3180 m

Der italienisch auch Cima la Casina genannte, langgestreckte Berg ist der bedeutendste Gipfel zwischen Val Mora und Valle di Fraéle. Erstersteiger: W. Leaf, G. Prothero mit L. Guler 1893.
Von San Giacomo di Fraéle, 1952 m (Straße von Bormio), über Südwestgrat und Südseite des Westgrats. 4½ Std./I.

Monte Padrio, 2153 m

Westlichster ausgeprägter Berg der Ortler-Alpen, ausgedehnte Graskuppe, ungefähr zwischen Tirano und Passo dell'Aprica, ausgezeichneter Aussichtspunkt.
Von der Padrio-Höhenstraße über Trivigno, in rund 1800 m, über die Südseite. 1 Std.

Vallecetta, 3148 m

Höchste Spitze des gegen das oberste Addatal und Bormio vorgeschobenen Bergstocks der Sobrettagruppe, auch Vallacetta geschrieben.
Von der Bergbahnstation Cima Bianca, 3012 m (Seilbahn von Bormio), über Nordostgrat. ½ Std.

Sobretta, 3296 m

Formschöne Felspyramide südlich des Valfurva und höchster der gleichnamigen Untergruppe, häufig als Monte Sobretta bezeichnet.
Von der Malga dell'Alpe, 2293 m, nahe der Gaviastraße, über Val dell'Alpe und Südostgrat. 4 Std.

Cima di Reit, 3049 m

Westlichster Gipfel des Ortler-Hauptkamms zwischen Valle di Braulio und Bormio, der mit sehr steilen Wänden ins Valfurva abbricht.
Von der obersten Kehre nahe der Cantoniera 1 der Stilfser-Joch-Straße im unteren Valle di Braulio, etwa 1850 m, über la Glandadura und Scharte östlich des Gipfels und Südostgrat. 4½ Std.

Corno dei Tre Signori, 3360 m

Spitzes Felshorn, beherrschender Gipfel östlich über dem Gaviapaß. Erstersteiger: P. Damiani, P. Gamba, G. Duina 1876.
Vom Rifugio Bovetta, etwa 2630 m, an der Gavia-Straße, über Lago Bianco, Südgrat und Südschulter. 3½ Std./I.

Rötlspitze, 3025 m

Höchster und südlichster Gipfel des Fallaschkamms nördlich über dem Stilfser Joch, deutlich rötlich gefärbt, mit weitreichender Fernsicht.

Vom Stilfser Joch, 2757 m, über Dreisprachenspitze, Südseite und Ostgrat. 1 Std.

Piz Chavalatsch, 2765 m

Nördlichster Gipfel des Fallaschkamms hoch über Münstertal und Obervinschgau. Eindrucksvolle Tiefblicke in die Täler.
Von der Furkelhütte, 2190 m (Gondellift von Trafoi), über Südseite und Südgrat. 3 Std.

Monte Confinale, 3370 m

Hauptgipfel der gleichnamigen Untergruppe zwischen Vallon dello Zebrù und Valfurva bzw. Val del

◁ Im Gratsee in der Nähe der Hintergrathütte spiegeln sich die spaltenreichen Eismassen des Suldenferners mit Suldenspitze und Schrötterhorn.

Forno. Erstersteiger: F. Tuckett, H. Buxton mit Chr. und F. Biener 1864.
Von der Val-del-Forno-Straße in ca. 2050 m, nahe Campec über Lago della Manzina und Südostgrat. 5 Std.

Piz Trésero, 3594 m

Wuchtiger, auffallender westlicher Eckpfeiler der Fornogletscher-Umrahmung über Santa Caterina Valfurva. Erstersteiger: F. Tuckett, D. Freshfield, J. Backhouse, G. Fox mit F. Devouassoud und P. Michel.
Vom Rifugio Branca, 2493 m (vom Albergo Forno, Straßenzufahrt, 3/4 Std.), über Fornogletscher, Nordostseite und Südostgrat. 5 Std.

Tabarettaspitze, 3113 m

Gratzacken im Kamm zwischen Payerhütte und Ortler mit eindrucksvollen Tiefblicken.
Von der Payerhütte, 3020 m (von Sulden 3 1/2 Std.), über Nordgrat. 1/4 Std.

Ortler, 3905 m

Gletscherbedecktes Bergmassiv von typischer Form mit ausgedehnter, vollkommen vergletscherter Gipfelhochfläche zwischen Trafoier Tal und Suldental. Höchster Alpengipfel östlich der Schweiz, höchster Gipfel Tirols, der bis aus weit über hundert Kilome-

tern deutlich zu erkennen ist. Biwakhütte am Normalanstieg. Erstersteiger: J. Pichler 1804.
Von der Payerhütte, 3020 m (von Sulden 3½ Std.), über Tabarettakamm und Oberen Ortlerferner. 4 Std.

Punta San Matteo, 3678 m

Südlicher Hauptgipfel in der Gratumrahmung des weiten Fornogletschers. Erstersteiger: F. Tuckett, D. Freshfield, J. Backhouse, G. Fox mit F. Devouassoud und P. Michel.
Vom Rifugio Berni al Gavia, 2545 m (an der Gaviapaß-Straße), über Dosegùgletscher und Nordwestgrat. 5 Std.

Königsspitze, 3851 m

Der italienisch Gran Zebrù genannte Gipfel gehört zu den schönstgeformten und berühmtesten Alpenbergen, besonders seine Ansicht der Nordseite über dem Suldental ist sehr eindrucksvoll. Erstersteiger: St. Steinberger 1854.
Vom Rifugio Casati, 3254 m (von der Schaubachhütte, Bergbahn von Sulden, 2½ Std.), über Königsjoch und Südostrücken. 5 Std./I.

Suldenspitze, 3376 m

Gletscherberg südöstlich der Königsspitze, Gratverzweigungspunkt mit herrlichen Nahbildern und prächtiger Skiabfahrt nach Norden. Erstersteiger: J. Payer mit V. Reinstadler 1865.
Vom Rifugio Casati, 3254 m (von der Schaubachhütte, Luftseilbahn von Sulden, 2½ Std.), über Südgrat. ½ Std.

Tschenglser Hochwand, 3375 m

Herausragender Aussichtsberg in der Umrahmung des Zaytals hoch über dem Obervinschgau. Erstersteiger: V. Hecht mit J. Pinggera 1871.
Von der Düsseldorfer Hütte, 2721 m (von der Kanzel, Sessellift von Sulden, 1½ Std.), über Zaytal und Südwestgrat. 2½ Std.

Cevedale, 3778 m

Sehr berühmter, höchster Punkt eines vergletscherten Kamms südöstlich der Königsspitze über dem obersten Val del Forno, dessen Nordostende die beiden Zufallspitzen bilden, die gegen das Martelltal abstürzen. Erstersteiger: J. Payer mit J. Pinggera und J. Reinstadler 1865.
Vom Rif. Casati, 3254 m (von der Schaubachhütte, Luftseilbahn von Sulden, 2½ Std.), über Nordflanke und Nordostgrat. 1½ Std.

Vertainspitze, 3454 m

Hauptgipfel der gleichnamigen Untergruppe, mächtiges Felshorn nordöstlich des Suldentals mit großartiger Rundsicht. Erstersteiger: J. Payer mit J. Pinggera 1865.
Von der Düsseldorfer Hütte, 2721 m (von der Kanzel,

▽ Die beiden mächtigen Nachbarn des Ortlers, Königsspitze und Zebrù, vom Madritschjoch unter der Hinteren Schöntaufspitze.

△ Die stark vergletscherte Gruppe der Veneziaspitzen zwischen Martelltal und Rabbital aus dem oberen Madritschtal.

Sessellift von Sulden, 1½ Std.), über Angelusscharte und Südostgrat. 4 Std.

Monte Vioz, 3645 m

Südöstlicher Eckpfeiler der Fornogletscher-Umrahmung mehr als 2000 Meter über dem Peiotal und dem oberen Nocetal. Großartiger Aussichtsgipfel mit Hütte in Gipfelnähe. Erstersteiger: J. Payer mit J. Pinggera und A. Chiesa 1867.
Vom Rifugio Mantova, 3535 m (hierher von Peio-Terme Gondelbahn nach Tarlenta und Sesselbahn nach Doss dei Gembri, 2400 m, dann 3 Std.), über Südostrücken. ½ Std.

Veneziaspitze, 3386 m

Hauptgipfel des vergletscherten Kamms der Veneziaspitzen zwischen oberstem Martelltal und Moosferner/Vedretta del Careser, auch Veneziaspitze I genannt. Erstersteiger: J. Payer mit J. Pinggera 1867.
Von der Cevedalehütte/Rifugio G. Larcher, 2608 m (von der Malga Mare, Straße von Peio, 1½ Std.), über Moosferner und Südostflanke. 2½ Std.

Laaser Spitze, 3305 m

Der auch Orgelspitze genannte, letzte hohe Gipfel des Laaser Kamms zwischen dem Obervinschgau und dem Martelltal in prachtvoller Aussichtslage, der den Obervinschgau beherrscht. Erstersteiger: J. Feuerstein 1855.
Von der Laaser Hütte, 2047 m (von Laas 4 Std.), über Schluderscharte und Südwestgrat. 4 Std.

Hintere Eggenspitze, 3443 m

Formschöner Felsgipfel mit Gletscherumrahmung über Martell-, Ulten- und Rabbital, italienisch als Cima Sternai bezeichnet. Erstersteiger: J. Payer mit J. Pinggera 1868.
Von der Grünseehütte, 2561 m (vom Weißbrunn-Stausee, Straße von St. Gertraud, 2 Std.), über Weißbrunnferner und Nordwestgrat. 4 Std.

Zufrittspitze, 3439 m

Eindrucksvoller, allseitig vergletscherter Felsgipfel zwischen Martelltal und Ultental. Erstersteiger: J. Payer mit J. Pinggera 1868.
Von der Grünseehütte, 2561 m (vom Weißbrunn-Stausee, Straße von St. Gertraud + 2 Std.), über Ostflanke und Südgrat. 4 Std./II.

Cima Mezzana, 2845 m

Weit über das Nocetal vorgeschobener Hauptgipfel der ausgedehnten südlichen Untergruppe zwischen Peio- und Rabbital.
Von Rabbi, 1095 m, über Lago Alto, Passo Valletta und Westgrat. 6 Std.

Hasenöhrl, 3257 m

Berühmter Aussichtsberg, markanter, teils vergletscherter Gipfel im Kamm zwischen Vinschgau und Ultental.
Von Nähe Arzker-Stausee, etwa 2100 m (Straße aus dem Ultental), über Kuppelwieser Ferner und Ostgrat. 3 Std.

△ Tabarettaspitze und Tabarettakamm, auf dem die Payerhütte deutlich zu erkennen ist, aus dem Suldental.

Le Mandrie, 2582 m

Südöstlicher Hauptgipfel des langgezogenen Kammes zwischen Rabbital und Val di Brésimo über dem Nonsberg.
Von der Malga Cortinga di Sopra, 2086 m (Alpsträßchen von Terzolas bei Malè), über Pass dell'Om und Cima Lainert. 2½ Std.

Laugenspitze, 2434 m

Freistehender, vielbesuchter Doppelgipfel zwischen Ultental und Gampenpaß mit berühmtem Panorama, meist nur Laugen ganannt.
Vom Gampenpaß, 1518 m, über Laugenalm und Laugensee. 3 Std.

Roën, 2116 m

Höchster Gipfel des Mendelkamms hoch über dem Südtiroler Unterland, der sehr steil gegen das Etschtal abbricht. Anderer Name: Rhönberg.
Von der Malga Romeno (Roën), 1778 m, über Nordwestflanke. 1 Std.

Sesvennagruppe

Piz d'Arpiglias, 3032 m

Nordwestlicher Eckpfeiler der Gruppe über dem Macunkessel und dem mittleren Engadin, prachtvoller Aussichtsberg.
Von Lavin, 1412 m, über die Alp Zeznina Dadaint, Macunseen und Ostflanke. 5 Std.

Piz Nuna, 3127 m

Freistehende Felspyramide zwischen Macunkessel und Val Sampuoir, höchster der gleichnamigen Untergruppe. Erstersteiger R. Reber 1886.
Von der Ofenpaßstraße bei Prada Laschadura, 1748 m, über Alp Laschadura, Fuorcla Stragliavita/Laschadura und Südostgrat. 4½ Std.

Piz Tavrü, 3176 m

Wuchtiger, zerrissener Bergstock aus mehreren Spitzen, zwischen Val S-charl und Ofenpaß, eindrucksvolle Anblicke von Süden.
Vom Wegerhaus Buffalora, 1968 m (an der Ofenpaß-Westauffahrt), über Val Nüglias, Scharte zwischen Piz Nüglia und Piz Tavrü und Nordwestgrat. 4 Std.

Piz Lischana, 3109 m

Höchster Punkt eines mächtigen, gegen das Unterengadin vorgeschobenen Bergstocks, der von dort den stärksten Eindruck bietet. Erstersteiger: J. Coaz 1846.
Von der Chamanna Lischana, 2510 m (ab Straße über Scuol 2 ½ Std.), über Westflanke und Südgrat. 3 Std.

Piz Sesvenna, 3207 m

Höchster Gipfel der gleichnamigen Untergruppe zwischen Val S-charl und Schlinigtal. Erstersteiger G. Gröger 1879.
Von der Sesvennahütte, 2256 m (von Schlinig 2 Std.), über Fuorcla Sesvenna, Sesvennagletscher und Ostgrat. 4 Std.

Piz Terza, 2910 m

Der auch Urtiolaspitz genannte spitze Gipfel bildet das markante Südosteck der Gruppe und beherrscht das Münstertal.
Von Lü, 1920 m, über Alp Morain und Marangun Sot. 2 ½ Std.

Piz Lad, 2808 m

Herausragender nordöstlicher, von Norden trapezförmig erscheinender Eckpfeiler der Sesvennagruppe und prachtvoller Aussichtspunkt hoch über dem Engadin und dem Reschen-Stausee, auch Piz Lat geschrieben.
Von der höchsten Stelle der Militärstraße, die von Reschen heraufführt, etwa 2000 m, über die Osthänge. 2 ½ Std.

△ Der Piz Nuna, höchster Gipfel der westlichen Sesvennagruppe, aus dem Seenkessel von Macun über dem mittleren Engadin.

Gardaseeberge

Pizzócolo, 1582 m

Der auch Serà genannte Felsberg steht westlich des Valle Toscolano über dem Gardasee und vermittelt eine eindrucksvolle Übersicht.
Von Il Palazzo, etwa 850 m (Straße von Toscolano), über Passo di Spino und Westgrat. 2 ½ Std.

Monte Cadria, 2254 m

Höchster Gipfel der Gardaseeberge im Kamm zwischen Valli Giudicarie und Valle dei Concei und der gleichnamigen Untergruppe.
Vom Straßenende im Val dei Molini, Seitental des Valle dei Concei, etwa 980 m, über Vies und die Südseite. 4 Std.

Cima Valdritta, 2218 m

Höchster Gipfel der Monte-Baldo-Kette zwischen Gardasee und Etschtal mit prachtvoller Umschau.
Vom Rifugio Telégrafo, 2150 m (hierher vom Rifugio Chierego, Straße von Gardone bzw. Torri del Benaco, 1 Std.), über Punta Pettorina und Südgrat. 2 Std./I.

Monte Altíssimo di Nago, 2078 m

Nördlicher Eckpunkt der Monte-Baldo-Kette über dem Gardasee mit Hütte unter dem Gipfel.
Vom Rifugio Altissimo di Nago, 2050 m (Straßenzufahrt aus dem Etschtal), über Ostseite. 10 Minuten.

Monte Stivo, 2059 m

Südlicher Endpunkt der Cornetto-Kette zwischen Sarcatal und Etschtal. Knapp unter dem Gipfel steht eine Hütte.
Vom Rifugio Prospero Marchetti, 2012 m (von Santa Barbara 2 ½ Std.), über Nordwestkamm. 10 Minuten.

▽ Vom Lago Nambino in der Adamello-Presanella-Gruppe über Madonna di Campiglio bieten sich schöne Blicke zur nördlichen Brentagruppe.

Cornetto, 2180 m

Höchster Gipfel der gleichnamigen Kette zwischen Sarcatal und Etschtal nördlich von Rovereto, auch Cornisello genannt.
Vom Rifugio Bondone, 1547 m (an der Bondone-Straße), über Costa dei Cavai und Südseite. 1 Std/I.

Brentagruppe

Doss del Sabbion, 2101 m

Höhenrücken zwischen Pinzolo und den höchsten Brenta-Bergen mit großartigen Nahblicken. Seilbahn und Sessellift von Pinzolo.
Von Pra Rotond, etwa 1500 m (Straße von Pinzolo), über Ostseite und Nordkamm. 2 Std.

Monte Spinale, 2104 m

Höchste Erhebung der den Brenta-Felsbergen nordwestlich vorgelagerten Wiesenrücken mit Berghotel und Seilbahnen von Madonna di Campiglio und Campo Carlomagno. Prachtvoller Aussichtsplatz.
Von Madonna di Campiglio oder Campo Carlomagno je 1 ½ Std.

Cima Tosa, 3173 m

Gewaltiger Felsstock mit verfirntem Gipfelplateau und Steilwänden, der seinen auffallenderen Nachbarn, den Crozzon di Brenta, deutlich überragt, höchster Brentagipfel. Erstersteiger: G. Loß mit sechs Begleitern 1865.
Vom Rifugio Agostini, 2410 m (von San Lorenzo in Banale 4 ½ Std.), über Bocca d'Ambiez, Vedretta d'Ambiez und Ostflanke. 3 Std.

Guglia di Brenta, 2877 m

Einer der berühmtesten und eindrucksvollsten freistehenden Felstürme der Alpen in der Sfulminikette, italienisch meist Campanile Basso genannt, der vom weniger schlanken Nachbarn Campanile Alto überragt wird. Erstersteiger: K. Berger, O. Ampferer 1899.
Von den Rifugi Pedrotti und Tosa, 2491 und 2442 m (von Molveno 4 ½ Std.), über Gugliascharte, Roten Fleck und Ampfererwand. 5 Std./IV.

Cima Brenta, 3150 m

Massiger Felskoloß, der seine Nachbarn deutlich überragt, von drei Gletschern flankiert.
Von den Rifugi Tuckett und Sella, 2271 m (vom Rifugio Vallesinella, Straße von Madonna di Campiglio, 2 Std.), über Vedretta di Brenta Inferiore, Bocca di Tuckett und Cengia Garbari. 2 ½ Std.

Pietra Grande, 2987 m

Mächtiger Felsklotz, der die Landschaft um Grostèpaß und Monte Spinale beherrscht, höchster Gipfel der Brenta-Nordkette.
Vom Rifugio Graffer al Grostè, 2300 m (von der Luftseilbahn-Bergstation Grostè ¼ Std. abwärts, vom Campo Carlomagno 2 ½ Std.), über Passo del Grostè und südlichen Vorgipfel. 2 Std.

Monte Péller, 2319 m

Nördlichster bedeutender Brentagipfel im Eck zwischen Val di Sole/Sulzberg und Val di Non/Nonsberg über einer weiten Hochfläche. Berühmte Fernschau.
Vom Nuovo Rifugio Péller, 2022 m (Straße von Cles), über Forcelletta. 1 Std.

Paganella, 2125 m

Felsiger Höhenzug und dessen höchster Punkt zwischen Molvenosee und Etschtal östlich der zentralen Brentagruppe. Erschlossenes Skigebiet. Lift von Andalo und Seilbahn von Nähe Lavis. Einzigartige Brenta-Schau.
Von Andalo, 1050 m, über Nordwestseite. 3½ Std.

△ Mit gewaltigen Wänden bricht die Cima Brenta gegen Süden in die Tiefe; links erblickt man den schlanken Campanile Basso, häufig auch Guglia di Brenta genannt.

7 Region

Hier ist ein bedeutender Teil der Schieferregion des Ostalpen-Hauptkamms mit überwiegend aus Sedimentgesteinen aufgebauten Gruppen des nördlichen Alpenrandes vereint. Das ergibt sich aus den klaren Regionsgrenzen Inn, Salzach, Ahrnbach, Rienz, Eisack und Etsch. Zwischen beiden geologisch voneinander abweichenden Teilen liegen als breites Band die Kitzbüheler Alpen, die an beiden geologischen Zonen Anteil haben. Wenn auch die geologischen Grenzen einigermaßen fest erscheinen, jedenfalls viel eindeutiger als in den Westalpen, so gibt es doch auch zahlreiche Beispiele von Kalk zwischen Urgestein (Stubaier Alpen, Sarntaler Alpen) und umgekehrt, wie die Dientner Berge am Rand der Berchtesgadener Alpen.

Mit den Sarntaler Alpen greift die Region weit nach Süden bis Bozen; die nördlichsten Berge der Region gehören zu den Chiemgauer Alpen.

Die verkehrsgünstige Lage der Gebirgsgruppen am Alpennordrand und die fast ebenso gut erreichbaren Gebirgsgruppen um den Alpenhauptkamm mit ihren hohen Gipfeln und ihrem Gletscherreichtum machen die Landschaften dieser Region zu den meistbesuchten der Alpen. Hier hat der Fremdenverkehr eine Entwicklung genommen, die sich mit der der Berner und Walliser Alpen vergleichen läßt. Tatsächlich sind heute bedeutende Anteile als beinahe übererschlossen zu bezeichnen. Das betrifft viel weniger die Sommersaison als die Wintermonate. Der Bau von Skiliften und Pisten hat überall um die berühmten Wintersportorte unübersehbare Spuren hinterlassen, die freilich mehr im Sommer zutage treten. Die bergsteigerischen Möglichkeiten und Anziehungspunkte sind in nahezu allen Gruppen vielfältig vorhanden. Dementsprechend sind auch die meisten Gegenden vielbesucht und haben sich auf den Tourismus spezialisiert. Trotzdem lassen sich auch hier – sofern man nicht besonderen Wert auf Berühmtes legt – genug ruhige Gegenden finden.

Region 7

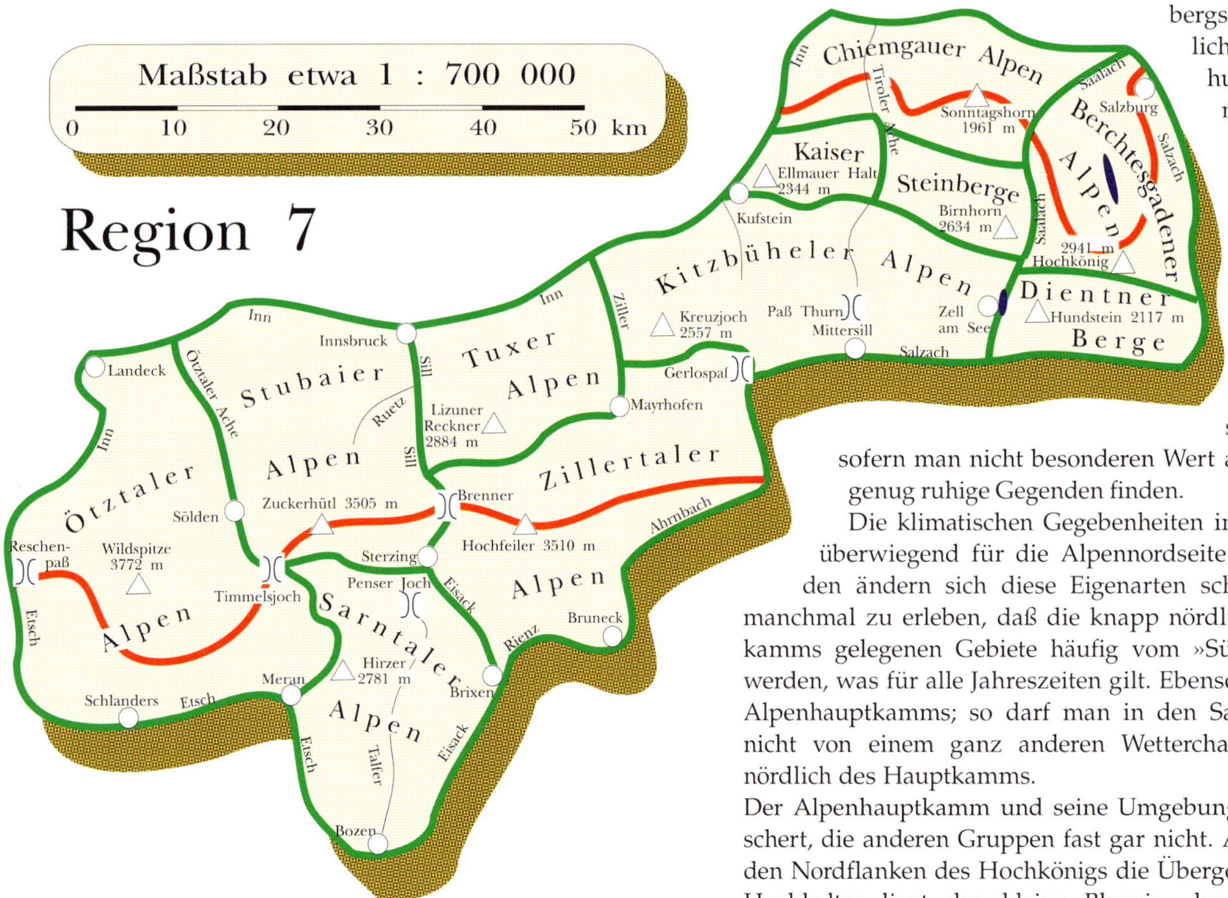

Die klimatischen Gegebenheiten in dieser Region sind überwiegend für die Alpennordseite typisch. Gegen Süden ändern sich diese Eigenarten schrittweise. So ist es manchmal zu erleben, daß die knapp nördlich des Alpenhauptkamms gelegenen Gebiete häufig vom »Südwetter« beeinflußt werden, was für alle Jahreszeiten gilt. Ebenso geht es südlich des Alpenhauptkamms; so darf man in den Sarntaler Alpen noch nicht von einem ganz anderen Wettercharakter sprechen als nördlich des Hauptkamms.

Der Alpenhauptkamm und seine Umgebung sind stark vergletschert, die anderen Gruppen fast gar nicht. Allerdings gibt es an den Nordflanken des Hochkönigs die Übergossene Alm, und am Hochkalter liegt das kleine Blaueis, der nördlichste Alpen-

gletscher. Die Region wird von zahlreichen größeren Flüssen bzw. Bächen entwässert, die alle schließlich in Inn und Etsch vereinigt werden. Ihre wasserreichsten sind auf der Alpennordseite Kaunerbach, Pitze, Ötztaler Ache, Sill, Ziller, Tiroler Ache, Saalach und Salzach, auf der Alpensüdseite Schnalser Bach, Passer, Eisack und Rienz.

Das Gebiet verteilt sich auf die Staaten Österreich, Italien und Deutschland. Zwischen Österreich und Italien bildet der Alpenhauptkamm die Grenze, zwischen Deutschland und Österreich ist die Abgrenzung historisch bedingt. Die Sprache der Einheimischen ist überall deutsch; allerdings wohnen in Südtirol – vor allem in größeren Orten – auch viele Italiener.

Gebirgsgruppe	Fläche in km²	Begrenzung	polit. Zugehör.	höchster Gipfel	Untergruppen	Führer/Karten
Ötztaler Alpen	2850	Inn – Ötztaler Ache – Timmelsjoch – Passer – Etsch – Reschenpaß – Stillerbach	A/LA I/BZ A/IM A/IL	Wildspitze, 3770 m	Nauderer Berge, Glockturm-, Geigen-Kamm, Kaunergrat, Weißkamm, Hauptkamm, Planeiltaler Berge, Salurnkamm, Texelgruppe	Rother, AV-Führer Ötztaler Alpen; AVS Meran, Meraner Bergwelt; TCI/CAI, Alpi Pusteresi, Aurine usw.; Kompaßkarten 1:50 000 Nr. 35, 42, 43, 52, 53
Stubaier Alpen	2100	Inn – Sill – Brenner – Eisack – Jaufental – Jaufenpaß – Waltenbach – Passer – Timmelsjoch – Ötztaler Ache	A/IL I/BZ	Zuckerhütl, 3505 m	Kühtaier-, Sellrainer-, Alpeiner Berge, Kalkkögel, Hochstubai, Serleskamm, Tribulaune	Rother, AV-Führer Stubaier Alpen; SAC, TCI/CAI, Alpi Pusteresi, Aurine usw.; Kompaßkarten 1:50 000 Nr. 36, 83
Sarntaler Alpen	1150	Ratschingsbach – Eisack – Etsch – Passer – Waltenbach – Jaufenbach	I/BZ	Hirzer, 2781 m	Westlicher und Östlicher Hauptkamm	Rother, Sarntaler Alpen; TCI/CAI, Alpi Pusteresi, Aurine, Passirie usw.; Kompaßkarten 1:50 000 Nr. 53, 54, 56
Tuxer Alpen, auch Tuxer Voralpen, häufig als Teil der Zillertaler Alpen betrachtet	800	Inn – Ziller – Tuxbach – Tuxer Joch – Schmirner Bach – Sill	A/I A/IL A/SZ	Lizumer Reckner, 2884 m	keine Einteilung gebräuchlich	Rother, Tuxer Voralpen; Kompaßkarten 1:50 000 Nr. 28, 36
Zillertaler Alpen	2050	Sill – Schmirner Bach – Tuxer Joch – Tuxbach – Ziller – Gerlosbach – Gerlospaß – Krimmler Ache – Birnlucke – Ahrnbach – Rienz – Eisack – Brennerpaß	A/IL A/SZ I/BZ	Hochfeiler, 3510 m	Tuxer Kamm, Zillertaler Hauptkamm, Reichenspitzgruppe, Pfunderer Berge	Rother, AV-Führer Zillertaler Alpen; TCI/CAI, Alpi Pusteresi, Aurine usw.; Kompaßkarten 1:50 000 Nr. 37, 44, 82
Kitzbüheler Alpen	1900	Inn – Weißache – Ellmau – Goinger Bach – Reither Bach – Pillerseeache – Grießenpaß – Leoganger Ache – Saalach – Zeller See – Salzach – Gerlospaß – Ziller	A/SZ A/KB A/ZE	Kreuzjoch, 2557 m	Westliche Hauptkette, Östliche Hauptkette, Hohe-Salve-Gruppe, Pölven-Gruppe	Rother, AV-Führer Kitzbüheler Alpen; Kompaßkarten 1:50 000 Nr. 27, 38, 39
Kaisergebirge	350	Jennbach – Aschentaler Bach – Weißenbach – Kohlenbach – Große Ache – Reiter Ache – Goinger Bach – Weißache – Inn	A/KU A/KB	Ellmauer Halt, 2344 m	Wilder Kaiser, Zahmer Kaiser, Berge östlich des Kohlentals	Rother, AV-Führer Kaisergebirge; Kompaßkarte 1:50 000 Nr. 9
Chiemgauer Alpen	1100	Saalach – Strubache – Haselbach – Große Ache – Kohlenbach – Weißenbach – Aschentaler Bach – Jennbach – Inn – Alpenvorland	D/RO D/TS D/BGL A/KU A/ZE	Sonntagshorn, 1961 m	Staufengruppe, Innzeller und Ruhpoldinger Berge, Berge bei Reit im Winkel, Chiemgauer Berge, Innberge	Rother, AV-Führer Chiemgauer Alpen; Kompaßkarten 1:50 000 Nr. 10, 14
Steinberge	350	Haselbach – Strubache – Saalach – Leoganger Ache – Grießenbach – Rotachenbach – Schwarzachbach – Pillerseeache – Große Ache	A/KB A/ZE	Birnhorn, 2634 m	Loferer Steinberge, Leoganger Steinberge	Rother, AV-Führer Loferer und Leoganger Steinberge; Kompaßkarten 1:50 000 Nr. 13, 30
Berchtesgadener Alpen	1300	Salzach – Mühlbach – Dientner Sattel – Filzensattel – Urschlaubach – Saalach	D/BGL A/ZE A/JO A/SL A/HA	Hochkönig, 2941 m	Reiter Alpe, Lattengebirge, Untersbergstock, Göllgruppe, Hagengebirge und Gotzenberge, Hochkaltergruppe, Steinernes Meer, Hochköniggruppe	Rother, AV-Führer Berchtesgadener Alpen; Rother, AV-Führer Hochkönig; Kompaß-Wanderführer Berchtesgadener Land; Kompaßkarten 1:50 000 Nr. 14, 15, 30
Dientner Berge, auch Salzburger Schieferalpen	250	Urschlaubach – Filzensattel – Dientner Sattel – Mühlbach – Salzach – Zeller See – Saalach	A/ZE, A/JO	Hundstein, 2117 m	Berge westlich des Dientenbachs, Berge östlich des Dientenbachs	keine Führer bekannt; Kompaßkarten 1:50 000 Nr. 15, 30

◁ Vom Straßenpaß Timmelsjoch geht der Blick über die teils noch schnee- und eisbedeckten Seen und über das obere Ötztal zu den vergletscherten Bergen des Geigenkamms der Ötztaler Alpen.

◁◁ Die Watzespitze im Kaunergrat zwischen Kaunertal und Pitztal, hier von Osten gesehen, gehört zu den markantesten Gipfeln der Ötztaler Alpen.

▷ Die lange Reihe von Felsgraten und Türmen der Manndlwand östlich des Hochkönigs präsentiert sich besonders eindrucksvoll von den teils noch blühenden Almwiesen in der Umgebung des Arthurhauses.

Ötztaler Alpen

Schmalzkopf, 2726 m

Bekannter Aussichtsgipfel zwischen Nauders und dem Pfunderer Tal, der vom Oberinntal in weitem Bogen umzogen wird.
Von Nauders, 1365 m, über Partitsch, Labaunalm und Saderer Joch. 4 1/2 Std.

Klopaierspitze, 2922 m

Auffallender westlicher Eckpfeiler der Ötztaler Alpen über dem Reschen-Stausee in prachtvoller Aussichtslage.
Von Plamord, 2071 m (Sträßchen von Arlund zwischen Reschen und Graun, von Reschen 1 1/2 Std.), über Westgrat und Kleine Klopaierspitze. 2 1/2 Std.

Hohes Kreuzjoch, 3054 m

Westlichster Dreitausender des langen Salurnkamms über dem Obervinschgau mit sehr informativer Rundschau.
Von Mühle, etwa 1600 m, bei Matsch, über Muntatitsch, Runeralm, Runerköpfl und Nordwestkamm. 5 Std.

Glockturm, 3355 m

Turmförmiger, steiler, von weither auffallender Felsgipfel, höchster des gleichnamigen Kamms zwischen Pfunderer Tal und Kaunertal, der etwas nördlich des Alpenhauptkamms aufragt. Erstersteiger: Vermesser Pöltinger 1853.
Vom Hohenzollernhaus, 2123 m (von Pfunds im Oberinntal 4 Std.), über Karboden, Glockturmferner, Matternturm und Südwestgrat. 3 1/2 Std.

Pfroslkopf, 3148 m

Der auch Pfrösl- oder Pfrodlkopf genannte Gipfel ist die höchste Erhebung des nördlichen Glockturmkamms mit dem ausgedehnten Fallenden-Bach-Ferner. Erstersteiger: Dr. K. v. Lederer 1886.
Von der Anton-Renk-Hütte, 2261 m (von Ried im Oberinntal 4 Std.), über Fallender-Bach-Kar, Rifenkar und Rifenferner. 4 Std.

Glanderspitz, 2512 m

Höchster Punkt des langen Kamms des Venetbergs zwischen unterem Kaunertal, Oberinntal und Pitztal, einer der eindrucksvollen Aussichtspunkte Tirols.
Vom Krahberg, 2208 m (Venet-Großkabinenseilbahn von Zams im Oberinntal, 780 m), über Westkamm. 1 1/4 Std.

Weißseespitze, 3526 m

Breiter Firngipfel im Alpenhauptkamm über dem Gepatschferner und dem Talschluß des Kaunertals sowie gegenüber der Weißkugel über dem obersten Langtauferer Tal, nordseitig ganz vergletschert, vielbesuchter und aussichtsreicher Berg. Erstersteiger: F. Senn, V. v. Mayerl, J. Wanderer mit J. Schöpf.
Vom Brandenburger Haus, 3277 m (von Vent 6 Std.), über Gepatschferner und Ostflanke. 2 Std.

Weißkugel, 3739 m

Zweithöchster, von allen Seiten von weither sichtba-

▷ Der Fast-Dreitausender Wildgrat ist der schroffe nördliche Eckpfeiler der Ötztaler Alpen. Er erhebt sich zwischen Pitztal und Ötztal im nördlichen Geigenkamm.

rer Gipfel der Ötztaler Alpen mit schöner Form und allseitiger Gletscherumrahmung an einer Biegung des Alpenhauptkamms, wo ein Grat nach Westen abzweigt und in dessen Nähe sich Weißkamm und Salurnkamm vom Hauptkamm lösen. Berühmte Fernsicht. Erstersteiger: J. A. Specht mit J. Raffeiner und L. Klotz 1861.
Vom Gasthaus Schöne Aussicht, 2842 m (von Kurzras im Schnalstal, 2011 m, 2½ Std.), über Teufelsegg, oberen Hintereisferner, Hintereisjoch und Südgrat. 5 Std./I.

Lagaunspitze, 3438 m

Bildet zusammen mit der 3434 m hohen Salurnspitze einen formschönen Doppelgipfel, Wahrzeichen des Schnalstals, zwischen oberem Matscher Tal und oberem Schnalstal, das von ihm beherrscht wird.
Von den Koflerhöfen, 1938 m, im oberen Schnalstal, über Lagauntal, südlichen Lagaunferner und Südflanke. 6 Std./I.

Hochvernagtspitze, 3539 m

Gratberg in der Nordwestumrahmung des Vernagtferners, auf allen Seiten von Gletschern umgeben, fällt mit 500 m hoher Felswand gegen Westen ab. Erstersteiger: F. Senn, E. Neurauter mit C. Granbichler 1865.
Von der Vernagthütte, 2766 m (hierher von Vent in 3 Std.), über Moränensteig, Vernagtferner und Südseite. 4 Std.

Watzespitze, 3553 m

Der auch Waze genannte formschöne Gipfel und höchste des Kaunergrats bietet mit seinen zerrissenen Hängegletschern ein eindrucksvolles Bild, besonders von Osten. Hervorragende Aussicht. Er steht zwischen Kaunertal und Pitztal und besitzt einen Nebengipfel, den Südgipfel. Erstersteiger: A. Ennemoser 1869.
Von der Kaunergrathütte, 2860 m (hierher von Plangeroß in 3½ Std.), über Gletscherweg, Plangeroßferner, Ostgratrinne und Ostgrat. 4 Std.

Rofelewand, 3354 m

Doppelgipfel im Nordteil des Kaunergrats. Vielgerühmte Aussicht. Erstersteiger: Dr. J. Petersen, Dr. I. Müller, K. Neuner, A. Neururer mit A. Ennemoser, J. Kirchner und A. Rauch 1873.
Von der Verpeilhütte, 2025 m (von Feichten 2 Std.), über Schweikertferner, Eisrinne und Westschulter. 4 Std./II.

Wildgrat, 2974 m

Gezackter, eindrucksvoller weithin sichtbarer Gipfel im Zentrum und am Anfang aller Seitengrate des gleichnamigen Bergstocks, zwischen Ötztal und Pitz-

△ Über der Winnebachseehütte im gleichnamigen Tal, einem Seitental des Sulztals in den westlichen Stubaier Alpen, stehen die dunklen südwestgerichteten Wände des Hohen Seblaskogels.

△ Die Wildspitze, höchster Gipfel der Ötztaler Alpen, und der Hintere Brochkogel, rechts etwas hinter ihr, über dem Eisstrom des Mittelbergferners vom Polleskogel über dem Rettenbachtal.

▷ Roteck, höchster Berg der Texelgruppe, und Texelspitze, Namensgeber dieser südöstlichen Ötztaler Untergruppe, von den Tablander Lacken unter dem Halsljoch.

tal, weit nach Norden vorgeschoben. Prachtvoller Aussichtspunkt. Erstersteiger: Dr. L. und F. Lantschner mit F. Gstrein 1891.

Von der Erlanger Hütte, 2550 m (von Umhausen im Ötztal 4 1/2 Std.), über Ostflanke. 1 1/2 Std.

Wildspitze, Nordgipfel, 3772 m

Weithin sichtbarer höchster Punkt des Weißkamms und der Ötztaler Alpen, weißer typisch geformter Doppelgipfel (Südgipfel mit Gipfelkreuz), der von mehreren Gletschern umgeben ist. Gerühmter, vielbesuchter Aussichtsberg. Erstersteiger: J. A. Specht mit N. L. und H. Klotz 1859 (Südgipfel); L. Klotz 1861 (Nordgipfel).

Von der Breslauer Hütte, 2840 m (mit Sesselliftbenützung von Vent 1 1/2 Std.), über Mitterkarferner, Mitterkarjoch, Südwestseite und Südgrat. 3 1/2 Std.

Kreuzspitze, 3457 m

Höchster Gipfel des Kreuzkamms zwischen Rofental und Niedertal, dunkelgefärbter Felsgipfel mit gerühmter und weitreichender Aussicht. Erstersteiger: F. Senn mit C. Granbichler 1865.

Von der Martin-Busch-Hütte auf Samoar, 2470 m (von Vent 2 1/2 Std.), über ehemalige Brizzihütte, Südflanke und Südostgrat. 3 Std.

Similaun, 3606 m

Vollkommen vergletscherter, herausragender Gipfel im Alpenhauptkamm zwischen Niedertal und Schnalstal mit steiler Felsflanke gegen Süden. Erstersteiger: Th. Kaserer mit J. Raffeiner 1834.

Von der Similaunhütte, 3019 m (von Unser Frau im Schnalstal 3 Std.), über Kleinen Similaun und Westgrat. 2 Std.

Hohe Geige, 3395 m

Schöngeformter spitzer Fels- und Firnberg, höchster des gleichnamigen Kamms zwischen Pitztal und Ötztal. Erstersteiger: Vermesser Ganahl 1853.

Von der Chemnitzer Hütte, 2323 m (hierher von Plangeroß 2 1/2 Std.), über Weißmaurachkar und Südhang. 3 1/2 Std.

Großer Ramolkogel, 3550 m

Gegen Westen aus dem Ramolkamm vorgeschobener höchster Gipfel dieses Kamms und des kleinen Bergstocks der Ramolkögel, mächtiger Gletscherriese. Erstersteiger: J. J. Weilenmann 1862.
Vom Ramolhaus, 3006 m (von Obergurgl 3 1/2 Std.), über Ramoljoch, Ramolferner und Kleinen Ramolkogel. 3 Std.

Gaislacher Kogel, 3056 m

Östlicher Eckpfeiler des Weißkamms über Ötztal und Venter Tal. Ausgezeichneter Aussichtspunkt. Seilbahn von Sölden zum Gipfel. Erstersteiger: Dr. Th. Helm und Frau mit F. Platter 1870.
Von der Gaislacher Alm oder Rettenbachalm über Sölden. Je 3 Std./I.

Texelspitze, 3317 m

Herausragender Gipfel der gleichnamigen Untergruppe an ihrem Westrand über dem Pfossental. Erstersteiger: Dr. Th. Petersen mit L. Ennemoser und J. Hellriegl 1871.
Von der Lodnerhütte, 2259 m (von Partschins, mit Seilbahnbenützung nach Rawein, 3 Std.), über Grubplattental, Roteckferner und Südostwand. 4 Std./I.

Hochwilde, Südgipfel, 3482 m

Auffallender Doppelgipfel an einem Knick des Alpenhauptkamms zwischen Langentaler Ferner und Eisjöchl. Guter Aussichtspunkt. Erstersteiger: Vermesser Ganahl 1858.
Von der Stettiner Hütte/Eisjöchlhütte, 2893 m (von Pfelders 4 Std.), über Eisjöchl, Hochwildejoch und Ostflanke. 2 1/2 Std.

Hoher First, 3405 m

Mächtiger, firstartiger Felsberg im hier nordsüdwärts verlaufenden Alpenhauptkamm über dem Seewer-Talschluß. Erstersteiger: Dr. J. Scholz und C. J. Gärber mit P. P. Gstrein und B. Grüner 1870.
Von der Hohen Mut, 2659 m (Sesselbahn von Obergurgl), über Gaißbergtal, Gaißbergferner, Gaißbergjoch und Südwestgrat. 4 Std.

Zielspitze, 3006 m

Wahrzeichen Merans und gegen Süden vorgeschobener südlicher Eckpunkt der Texelgruppe mit eindrucksvollem Panorama.
Von der Lodnerhütte, 2259 m (von Partschins, mit Seilbahnbenützung nach Rawein, 3 Std.), über Gingl, Könighofalm und Lahnbachspitze. 3 Std.

Tschigat, 3000 m

Spitze Felsgestalt mit steilen Südabstürzen, die sich nahezu 2500 Meter direkt über dem Meraner Talkessel erhebt und wegen ihrer weitreichenden Schau berühmt ist. Häufig besucht. Erstersteiger: L. Purtscheller 1893.

△ Der dunkelgefärbte Acherkogel beherrscht das untere Ötztal und Teile des Inntals zwischen Imst und der Ötztalmündung.

Von der Lodnerhütte, 2259 m (von Partschins, mit Seilbahnbenützung nach Rawein, 3 Std.), über Halsljoch und Nordwestseite. 2½ Std./II.

Stubaier Alpen

Acherkogel, 3008 m

Steile, auffallend geformte, dunkelgefärbte Felspyramide über dem unteren Ötztal, die von weither zu sehen ist. Erstersteiger: L. Purtscheller, J. Schnaiter 1883.
Von der Neuen Bielefelder Hütte, 2286 m (hierher von Ötz mit Acherkogelbahn + ½ Std.), über Karle, Mittertalscharte, Maningsee und Nordflanke. 3 Std./II.

Pirchkogel, 2828 m

Begrünter, höchster Gipfel der Vorderen Kühtaier Berge zwischen Oberinntal und Kühtai mit prachtvoller Rundsicht.
Von Kühtai, 2020 m, über die Stockacher Böden, Schwarzmoos und Ostgrat. 2½ Std.

Breiter Grießkogel, 3287 m

Nordseitig vergletscherter, gegen Süden mit steilen Felswänden ins Sulztal abfallender breiter Gratberg mit gerühmter Aussicht. Erstersteiger: L. Purtscheller, F. Schnaiter 1881.
Von der Winnebachseehütte, 2362 m (von Gries im Sulztal 2 Std.), über Zwieselbachjoch, Grießkogelferner und Ostgrat. 4½ Std./I.

▷ Von der dem Alpenhauptkamm nördlich vorgelagerten Aussichtswarte des Tröglers genießt man einen grandiosen Blick auf Fernerstube und Sulzenauferner, über denen Wilder Pfaff, Pfaffenschneid und Zuckerhütl stehen.

Zwieselbacher Roßkogel, 3082 m

Gratartiger, nordseitig vergletscherter Doppelgipfel zwischen Zwieselbachtal und Gleirschtal. Erstersteiger: L. Purtscheller, L. Schnaiter 1881.

Von der Pforzheimer Hütte, 2308 m (von St. Siegmund in Sellrain 2½ Std.), über Walfeskar, Scharte 2958 m und Nordgipfel. 3½ Std./I.

Wilde Leck, 3361 m

Wuchtige, besonders von Norden beeindruckende Felsturmgestalt über der Westseite des Sulztalferners, häufig besuchtes Bergziel. Erstersteiger: L. Purtscheller, Q. Gritsch, F. Drasch 1887.
Von der Amberger Hütte, 2135 m (von Gries im Sulztal 2 Std.), über Sulztalferner, Wilde-Leck-Ferner und Südwand. 4 Std./III.

Hocheder, 2798 m

Aus den Vorderen Kühtaier Bergen etwas gegen Norden vorgeschobener herrlicher Aussichtsgipfel hoch über dem Oberinntal. Erstersteiger: J. Pock, A. Siegl, B. Tütscher 1883.
Von der P.-Anich-Hütte, 1909 m (von Rietz 3 Std.), über Angersee, Nordwestseite und Südwestgrat. 3 Std./I.

Hoher Seeblaskogel, 3235 m

Schroffer, dunkelgefärbter Gratberg zwischen Winnebachtal und Längental über der Winnebachseehütte. Erstersteiger: G. Holzknecht, F. Plaseller 1897.
Von der Winnebachseehütte, 2362 m (von Gries im Sulztal 2 Std.), über Bachfallenferner und Südostgrat. 3 Std./I.

Schrankogel, 3496 m

Eindrucksvoller, weithin sichtbarer Felsgipfel mit charakteristischer Form zwischen Sulztal und Alpeiner Ferner. Erstersteiger: Hargasser 1824.
Von der Amberger Hütte, 2135 m (von Gries im Sulztal 2 Std.), über Moräne des Schwarzenbergferners, Hohes Egg und Westgrat. 5 Std./I.

Ruderhofspitze, 3473 m

Wuchtiger Felsberg inmitten von Gletschern zwischen Alpeiner Ferner und Mutterbergtal, vielbesuchter Gipfel. Erstersteiger: K. Bädeker, Ruthner, P. Gleinser, A. Tanzer 1864.
Von der F.-Senn-Hütte, 2147 m (von Neustift 5 Std.), über Hölltalscharte und Südwestflanke. 5 Std./I.

Roßkogel, 2648 m

Östlicher Eckpfeiler der Vorderen Kühtaier Berge zwischen Oberinntal und Sellrain, auffallender spitzer Felskegel.
Von der Roßkogelhütte, 1780 m (hierher von Oberperfuß 3 Std.), über Krimpenbachalm, Rappenegg und Südostgrat. 2½ Std.

Zuckerhütl, 3505 m

Berühmter, höchster Gipfel der Stubaier Alpen von auffallender Form, der westlich eines starken Knicks

des Alpenhauptkamms steht. Grandiose Fernsicht, vielbesucht. Erstersteiger: A. Specht, A. Tanzer 1862.
Von der Müllerhütte/Pfaffenniederhütte, 3143 m (von der Erzaufbereitung, 1417 m, im Ridnauntal 6 1/2 Std. oder von der Sulzenauhütte 3 Std.), über Pfaffennieder, Pfaffensattel und Ostgrat. 2 Std./I.

Wilder Freiger, 3418 m

Mächtiger, dunkelgefärbter Doppelgipfel (im Südosten der Signalgipfel) im Alpenhauptkamm zwischen Wildem-Freiger-Ferner und Übeltalferner. Erstersteiger: F. Leis 1865.
Vom Becherhaus, 3190 m (6 1/2 Std. ab Erzaufbereitung im Ridnauntal), über Südgrat, Übeltalferner und Signalgipfel. 1 1/4 Std./I; oder von Norden von der Nürnberger oder der Sulzenauhütte. Je 4 Std./I.

Botzer, 3250 m

Formschöner und herausragender Hauptgipfel der Berge südlich des Übeltalferners, allseitig vergletschert, außer der steilen Süd-Felswand. Erstersteiger: Th. Petersen, A. Tanzer, 1874.
Vom Becherhaus, 3190 m (von der Erzaufbereitung im Ridnauntal 6 1/2 Std.), über Übeltalferner, Botzerferner, Ostgrat und Hangenden Ferner. 2 1/2 Std./I.

Östlicher Feuerstein, 3268 m

Gletscherberg im Alpenhauptkamm, höchste Spitze des Feuersteingrats an der Abzweigung des Habichtkamms. Erstersteiger: F. Pfurtscheller, G. Leitner, M. Martwig, C. Langbein 1889.
Von der Nürnberger Hütte, 2280 m, über Grüblferner und Nürnberger Scharte. 3 1/2 Std./I.

Hohe Ferse, 2669 m

Hauptgipfel des Kamms zwischen Ridnauntal und Ratschingstal. Informative Rundschau.
Vom Plattner, 1372 m, im Ratschingstal (von Sterzing 13 km), über Südflanke, Breites Ratschinger Joch und Südostgrat. 4 1/2 Std./I.

▽ Vom prachtvollen Skiberg Kuhscheibe zeigt sich die Gestalt des Schrankogels besonders eindrucksvoll, wenn seine Südostabstürze im Licht liegen und der Grat mit dem üblichen Aufstieg gut zu erkennen ist.

Hoher Burgstall, 2611 m

Turmartiger Gipfel am Kalkkögel-Südrand über Neustift (Stubaital) und dem Oberbergtal. Gute Aussicht.
Von der Starkenburger Hütte, 2237 m (vom Kreuzjoch, 2115 m, Sesselbahn von Fulpmes, 1½ Std.), über Südseite. 1 Std.

Habicht, 3272 m

Der auch Hager genannte, massige und selbst aus großer Entfernung auffallende Bergstock ist der Hauptgipfel des gleichnamigen Kamms zwischen Unterbergtal und Pinnistal. Er ist einer der herausragenden Berge über dem Stubaital; häufig bestiegen. Erstersteiger: C. Thurwieser und Krösbacher 1836.
Von der Innsbrucker Hütte, 2369 m (von Neder im Stubaital oder Gschnitz je 3 Std.), über Ostflanke und Habichtferner. 3 Std.

Pflerscher Tribulaun, 3096 m

Einer der eindrucksvollsten Felskolosse der Alpen. Seine schönste Seite wendet er dem 1600 m tieferen Pflerschtal zu. Erstersteiger: G. Hofmann, N. Winhart, mit J. Grill/Kederbacher und C. Pittracher 1874.
Von der Tribulaunhütte, 2368 m (von Pflersch-Stein, etwa 1380 m, 3 Std.), über Sandesjoch und Südwand. 4½ Std./III–.

Saile, 2406 m

Der dreigipfelige Bergstock ist der nordöstliche Ausläufer der Stubaier Alpen über Innsbruck und bietet eine wundervolle Aussicht. Auch Nockspitze genannt.
Von der Birgitzköpflhütte, 2035 m (Sesselbahn von der Axamer Lizum), über Halsl und Südwesthang. 1¼ Std.

Telfer Weißen, 2588 m

Herausragender, hellgefärbter Doppelgipfel im Kamm zwischen Pflerschtal und Ridnauntal.
Vom Sterzinger Haus, 1930 m (Luftseilbahn von Sterzing + ¼ Std.), über Valmingalm und Nordostgrat. 3 Std./I.

Serles, 2718 m

Einer der lohnendsten Aussichtsberge der Alpen, letzter, nordöstlichster Gipfel des gleichnamigen Kamms über Stubaital und Wipptal; auch Waldrast-

△ Schneespitze und Feuersteine jenseits des Gschnitztals im Alpenhauptkamm und der mächtige Habicht über dem Pinnistal, von der Serles aus gesehen.

△ Die Untergruppe der Kalkkögel der Stubaier Alpen, gesehen von Reith über dem Zirler Berg über das Inntal hinweg.

spitze genannt. Erstersteiger: H. G. Ernstinger bereits im 16. Jh.
Von Maria Waldrast, 1641 m (Mautsträßchen von Matrei im Wipptal), über Matreier Grube, Serlesjöchl und Südwestflanke. 3 Std.

Sarntaler Alpen

Großer Ifinger, 2581 m

Schroffer, östlich von Meran aufragender Felsgipfel mit kleinem gerundeten Nebengipfel (Kleiner Ifinger), südwestlicher Eckpfeiler der Sarntaler Alpen. Hervorragende Aussichtswarte.
Von der Kirchsteiger Alm, 1945 m (Bergbahnen von Vernaun bei Meran), über Kuhleiten, Ostseite und Nordostflanke. 2 Std./I.

Hirzer, 2781 m

Höchster Gipfel der Sarntaler Alpen. Er ragt aus der westlichen Kette zwischen Passeier Tal und Sarntal. Vielbesuchter Aussichtspunkt.
Von der Hirzerhütte, 2050 m (Hirzer-Seilbahn von Saltaus im Passeier Tal), über Reseggeralm, Äußere Tallmeralm und Obere Scharte. 2 1/2 Std.

Hochwart, 2746 m

Formschöne, vierkantige Felspyramide über Wannser Tal und St. Leonhard in Passeier.
Von St. Leonhard, 693 m, über Brühwirt, St. Anna, Pfistradalm und Bärengrüblalm. 6 1/2 Std.

Jaufenspitze, 2481 m

Schöngeformte, spitze Felspyramide über dem Jaufenpaß. Erstersteiger: J. und A. Pock 1891.
Von der Paßhöhe des Jaufenpasses, 2094 m, über Westflanke und Nordwestgrat. 2 Std.

Sarntaler Weißhorn, 2705 m

Spitzes, aus Schiefer und Kalk bestehendes Felshorn zwischen Jaufen- und Penser Tal. Aussichtsziel.
Vom Penserjoch, 2211 m, über Gröller Joch, Südflanke und Westgrat. 2 1/2 Std.

Tagewaldhorn, 2706 m

Höchster Gipfel der östlichen Sarntaler Kette zwischen Durnholzer Tal und Obereisacktal bei Mittewald, um den sich mehrere andere hohe Gipfel gruppieren.
Von der Marburg-Siegener Hütte, 2481 m (von Mittewald 5 Std.), über Südflanke und Ostgrat. 1 1/2 Std.

Kassianspitze, 2581 m

Harmonisch geformter Gipfel am Südrand des östlichen Sarntaler Kamms. Er bietet eine prachtvolle Dolomitenschau.
Vom Latzfonser-Kreuz-Wirtshaus, 2300 m (hierher von Reinswald im Durnholzer Tal 3 Std.), über Südostkamm. 3/4 Std.

Königsangerspitze, 2439 m

Hausberg der Radlseehütte mit prachtvoller Rund-

▷ Das Sarntaler Weißhorn hat seinen Namen von der anderen Seite, vom Ridnauntal, erhalten, dem es seine aus Kalkstein bestehende Seite zuwendet. Die sichtbare, dunkle Seite besteht dagegen aus Schiefergestein.

sicht; felsdurchsetzter, gegen das Eisacktal vorgeschobener Grasberg.
Von der Radlseehütte, 2257 m (von der Perlunger Kapelle bei Tils, Straße von Brixen, 1½ Std.), über Radlsee und Nordostrücken. ¾ Std.

Rittner Horn, 2260 m

Höchste Erhebung des Rittner Plateaus nordöstlich über Bozen. Gipfelhütte und berühmtes Panorama.
Von der Schwarzseespitze, 2070 m (Sessellift von Pemmern bei Klobenstein), über Gasthaus Unterhorn und Südseite. ¾ Std.

Zillertaler Alpen

Ralsspitze, 2800 m

Der auch unter dem Namen Rollspitze bekannte Gipfel ist einer der westlichsten des Tuxer Kamms zwischen Gossensaß und dem oberen Pfitschtal. Seine Rundsicht übertrifft die des benachbarten Hühnerspiels.
Von der Hühnerspielhütte, 1868 m (Sträßchen von Sterzing), über Westhänge, Hühnerspiel und kurzen Grat. 3 Std.

▽ Über der Burg Taufers in Sand in Taufers am Eingang ins Ahrntal erhebt sich einer der mächtigsten Eisriesen des Zillertaler Hauptkamms, der Schwarzenstein.

Kraxentrager, 2998 m

Felsiger Bergstock im westlichen Tuxer Kamm zwischen Valser Tal (Nordtirol) und dem mittleren Pfitschtal. Berühmter Aussichtsberg.

Von der Landshuter Hütte, 2693 m (von Platz im Pfitschtal 3 1/2 Std.), über Südwestflanke und Nordseite. 3/4 Std.

Wilde Kreuzspitze, 3134 m

Mächtiger, doppelgipfeliger Bergstock zwischen mittlerem Pfitschtal und Wildem See, Hauptgipfel

der Pfunderer Berge. Erstersteiger: Dr. A. v. Ruthner mit Peterer 1861.

Von der Brixner Hütte, 2311 m (vom Parkplatz Fanealm hinter Vals im Valser Tal 3 Std.), über Pfannalmboden, Rauchtaljoch und Südostflanke. 3 Std.

△ Vom Gipfel der Gefrorenen-Wand-Spitze ist die unnahbar wirkende Olperer-Nordostwand am besten zu überschauen. Links dahinter erhebt sich der Schrammacher.

Schrammacher, 3411 m

Breite, auffallende Felsmauer zwischen Valser Tal und Zamser Tal, die gegen Nordwesten zum Alpeiner Ferner in einer mächtigen Plattenwand abstürzt. Erstersteiger: P. K. Thurwieser mit G. Lechner und J. Huber 1847.

Vom Pfitscher-Joch-Haus, 2277 m (Sträßchen aus dem Pfitschtal), über Stampflkees, Oberschrammachscharte und Südgrat. 6 Std./II.

Olperer, 3476 m

Berühmter, von Gletschern umgebener Felsberg, Hauptgipfel des Tuxer Kamms, der zusammen mit dem Nachbargipfel Fußstein ein typisches Bild bietet, mit informativer Umschau. Erstersteiger: P. Grohmann, P. Samer und J. Huber 1865.

Von der Geraer Hütte, 2324 m (vom Gasthaus Touristenrast bei St. Jodok im Valser Tal 3 Std.), über Wildlahnerscharte und Nordgrat. 4 Std./III.

Gitsch, 2510 m

Weit nach Süden vorgeschobener, begrünter Bergkegel über Pustertal und Pfunderer Tal. Großartiger Aussichtspunkt.

Von der Bergstation der Gitschbahn, 2059 m (von Meransen bei Mühlbach), über Südflanke. 1 1/4 Std.

Hochfeiler, 3510 m

Auffallender Firnkegel im Alpenhauptkamm zwischen Schlegeiskees und Gliderferner mit berühmter,

△ Vom Gitsch, einem sanft gerundeten Wander- und Skiberg zwischen Pustertal und Pfunderer Tal, öffnet sich der Blick auf den Westteil des Zillertaler Hauptkamms. Von links: Hochfernerspitzen, Hochfeiler, Großer Möseler, Turnerkamp, Schwarzenstein, Großer Löffler.

sehr steiler Nordosteiswand. Hauptgipfel der Zillertaler Alpen. Eindrucksvolles Panorama. Erstersteiger: P. Grohmann mit G. Samer und P. Fuchs 1865.
Von der Edelrautehütte/Eisbruggjochhütte, 2545 m (von Daan bei Pfunders 3 Std.), über Untere Weißzintscharte, Gliderferner und Südwestgrat. 3½ Std.

Schönbichler Horn, 3133 m

Felshorn im Kamm zwischen Schlegeistal und Zemmgrund. Berühmter und vielbesuchter Aussichtsberg.
Vom Furtschagelhaus, 2295 m (vom Parkplatz am Südwestende des Schlegeisspeichers, etwa 1790 m, 1½ Std.), über Furtschagelkar, Schönbichler Scharte und Südgrat. 2½ Std.

Hochgrubachspitze, 2809 m

Bedeutendster Gipfel des südöstlichen Teils der Pfunderer Berge zwischen Pfunderer Tal und Mühlbachtal über dem Tiefrastensee.
Von der Tiefrastenhütte, 2308 m (vom Parkplatz im Winnebachtal, 1550 m, Sträßchen von Terenten bzw. Nieder Vintl, 2 Std.), über Tiefrastenkar und Ostgrat. 1½ Std.

Großer Möseler, 3478 m

Von drei großen Gletschern umgebene, gewaltige, von weitem auffallende Berggestalt an einem Knick des Alpenhauptkamms, häufig fälschlich auch Mösele genannt. Erstersteiger: Fox, Freshfield und Tuckett mit F. Devouassoud und P. Michel 1865.
Von der Chemnitzer Hütte/Nevesjochhütte, 2416 m (vom Nevesstausee 2 Std.), über Großen Trog, Östlichen Nevesferner und Südflanke. 3½ Std.

Mittlere Grinbergspitze, 2865 m

Mittelgipfel eines dreigipfeligen Grats, Nordeckpunkt des Tuxer Kamms mit großartiger Umschau.
Von der Gamshütte, 1916 m (von Finkenberg 3½ Std.), über Ostgrat. 3 Std./I.

Feldkopf, 3058 m

Das eindrucksvolle spitze Felshorn über dem Floitengrund wird auch als Zsigmondyspitze bezeichnet. Erstersteiger: E. und O. Zsigmondy 1879.
Von der Berliner Hütte, 2040 m (hierher vom Breitlahner 3 Std.), über Schwarzsee, Feldscharte und Südostgrat. 3½ Std./II.

Schwarzenstein, 3368 m

Berühmter und häufig besuchter Gletscherriese im Alpenhauptkamm hoch über dem Ahrntal mit vielgerühmter Fernschau. Erstersteiger: Dr. A. v. Ruthner, J. Daum, L. v. Barth mit G. Samer.
Von der Schwarzensteinhütte, 2922 m (von Luttach im Ahrntal 5½ Std.), über Rotbachkees und Felsköpfl. 1½ Std./I.

Speikboden, 2517 m

Östlicher Ausläufer eines Seitenkamms der Pfunderer Berge zwischen Weißenbachtal und Mühlwalder Tal über Sand in Taufers, abgerundete Bergkuppe. Beliebter Aussichtsplatz.
Von der Inneren Michlreisalm, 1975 m (Sessellift von Drittelsand bei Sand im Tauferer Tal), über die Nordseite. 2 Std.

Großer Löffler, 3278 m

Formschöner, freistehender Gletscherberg mit vorzüglicher Aussicht zwischen Floitengrund und mittlerem Ahrntal im Alpenhauptkamm. Erstersteiger: Vermesser M. V. Lipolt um 1850.
Von der Greizer Hütte, 2226 m (hierher von Ginzling 4½ Std.), über Floitenkees und Südflanke. 3 Std.

Sambock, 2397 m

Südöstlicher Eckpunkt des Kamms zwischen Mühlwalder Tal und Pustertal über der Talmulde von Bruneck mit großartigem Panorama.
Vom Kofler am Kofel, 1487 m (Fahrweg von Pfalzen), über Plankensteinalm und »In den Platten«. 3 Std.

Gerlossteinwand, 2166 m

Trapezförmiger Felsstock über Zillertal und Gerlostal. Vom Gasthof Gerlosstein, 1682 m (Bergbahn von Heinzenberg im Gerlostal), über Nordseite und Südflanke. 1 3/4 Std.

Ahornspitze, 2976 m

Über dem südlichen Zillertal aufragende Felsgestalt, nördlicher Eckberg des Ahornkamms, Wahrzeichen des oberen Zillertals, berühmter Aussichtsplatz. Erstersteiger: P. K. Thurwieser, M. Seisl, J. Weinold, J. Thaler mit Eberharter und Kreidl.
Von der Edelhütte, 2238 m (von Hahnpfalz, 1975 m, Bergbahn von Mayrhofen, 1 Std.), über Föllenbergkar und Nordwestgrat. 2 1/2 Std.

Rauhkofel, 3252 m

Der auch Rauchkofel genannte auffallende und von weitem sichtbare Gletscherberg im Alpenhauptkamm steht etwas gegen Norden vorgeschoben und überragt alle nicht zu fernen Nachbarn.
Von der Wieserhütte, 1969 m (Sträßchen von Prettau im obersten Ahrntal), über Niederwieseralm, Ruine der Rauhkofelhütte und Südgrat. 4 1/4 Std.

Reichenspitze, 3303 m

Formschönes, steiles Felshorn mit einem markanten Nebengipfel, dem Gabler. Allseits von Gletschern gerahmter Gratverzweigungspunkt mit umfassender Fernsicht, höchster Gipfel der gleichnamigen Untergruppe, häufig bestiegen. Erstersteiger: P. Grohmann, v. Hochstaffel und Sohn mit Peer 1866.
Von der Richterhütte, 2374 m (vom Krimmler Tauernhaus 3 1/2 Std., dorthin von Krimml 3 Std.), über Gamsschartenweg, Rainbachkees und Ostwand. 3 Std.

Wildkarspitze, 3076 m

Höchster Gipfel des Gerloskamms (auch Wildkarkopf) zwischen Wildgerlostal und Krimmler Achental. Erstersteigung durch K. Povinelli mit F. Hofer 1892.

▽ In der östlichen Untergruppe der Zillertaler Alpen erhebt sich über dem zerklüfteten Wildgerloskees die Wildgerlosspitze in einem verzweigten Seitenkamm des Alpenhauptkamms.

Von der Zittauer Hütte, 2329 m (von der Finkaualpe südlich des Gerlos-Stausees, Straße von Nähe Gerlospaß, 3 Std.), über Südwestflanke. 3 Std./II.

Klockerkarkopf, 2912 m

Aussichtswarte im Alpenhauptkamm nahe am östlichen Rand der Zillertaler Alpen (fälschlich oft auch Glockenkarkopf), seit dem Versailler Vertrag nördlichster Punkt Italiens, daher die Bezeichnung »Vetta d'Italia«. Erstersteiger: Dr. F. Kögl mit F. Hofer 1895.
Vom Trinksteinhaus, 1671 m (keine Hütte! am Straßenende des Ahrntals), über Neugersdorfer Hütte (nicht benützbar) und Lausitzer Weg. 4 Std.

▷ Der Große Rettenstein ist einer der höchsten und der auffallendste Felsberg der westlichen Kitzbüheler Alpen; hier seine Südflanke vom Wildkogel über dem Oberpinzgau.

Tuxer Alpen

Patscherkofel, 2246 m

Abgerundete Kuppe über dem Wipptal und südöstlich über Innsbruck, nordwestlicher Eckpunkt der Tuxer Alpen, großartiger Aussichtspunkt mit Restaurant und Fernsehturm.
Von der Bergstation der Seilbahn von Igls, 1950 m, zu Fuß in ½ Std. oder mit Sessellift.

Glungezer, 2677 m

Breiter, massiger Eckpunkt eines Kamms über Unterinntal, Volderer Tal und Viggartal mit Hütte in Gipfelnähe. Großartiges Panorama.
Von der Glungezerhütte, 2600 m (von der Tulfeinalm, Sessellift von Tulfes, 2 Std), über Nordseite. ¼ Std.

Lizumer Reckner, 2884 m

Eindrucksvollste Felsgestalt und höchster Gipfel der Tuxer Alpen zwischen Lizumtal und Schmirntal; gute Aussicht.
Von der Lizumer Hütte, 2050 m (von Walchen im Wattental 1½ Std.), über Junsjoch und Südgrat. 3 Std./II.

Hornspitze, 2648 m

Südlichster Eckpfeiler der Tuxer Alpen zwischen oberstem Schmirntal und Tuxer Tal gegenüber des Tuxer Hauptkamms.
Vom Tuxer-Joch-Haus, 2313 m (von der Sommerbergalm, Gondelbahn von Hintertux + 1 Std.), über Tuxer Joch und Ostflanke. 1 Std.

Kalkwandspitze, 2824 m

Auffallend helle Felsmauer zwischen oberem Wattental und Tuxer Tal südöstlich der Wattener Lizum. Informative Umschau.
Von der Lizumer Hütte, 2050 m (von Walchen im Wattental 1½ Std.), über Westseite und Südostgrat. 2½ Std./II.

Rastkogel, 2760 m

Höchster Gipfel des östlichen Kamms zwischen Weertal, Zillertal und Tuxer Tal. Berühmter Panoramaplatz.
Von der Rastkogelhütte, 2124 m (von Hochfügen im Zillertal 2 Std.), über Sidan und Südostgrat. 3 Std.

Kellerjoch, 2344 m

Nordöstlicher Eckpunkt der Tuxer Alpen zwischen Schwaz und Zillertal. Wegen seiner Zackengratform, die er von Norden gesehen darstellt, von weither gut zu erkennen, vielbesuchter Schaupunkt.
Von der Kellerjochhütte, 2237 m (von der Bergstation der Kellerjochbahn von Schwaz 1 Std.), über Südwestgrat. ½ Std.

Kitzbüheler Alpen

Wiedersberger Horn, 2127 m

Nördlichster, begrünter Gipfel im Kamm zwischen nördlichem Zillertal und Alpbachtal.
Vom Hornboden, 1817 m (Sessellift von Alpbach), über Nordgrat. 1 Std.

Kreuzjoch, 2558 m

Eckpunkt der Berge hoch über Zillertal und Gerlostal mit informativer Rundschau, höchster Gipfel der Kitzbüheler Alpen.
Von der Rosenalm, 1744 m (Sessellift von Zell am Ziller), über Westseite und Westkamm. 2½ Std.

Salzachgeier, 2469 m

Doppelgipfel zwischen Langem Grund und Gerlospaß, als Aussichtspunkt viel besucht.
Von der Neuen Bamberger Hütte, 1756 m (von Kelchsau 3½ Std.), über Roßwildalm, Salzachjoch, Salzachquellen und Ostgrat. 3 Std.

Hohe Salve, 1827 m

Höchster Berg der gerundeten Höhen zwischen Ellmauer Tal und Brixental. Skiberg mit zahlreichen Liften. Von Brixen im Thale 3 Std.

Großer Rettenstein, 2362 m

Turmähnliches Kalkriff inmitten begrünter Schieferberge im Süden des Spertentals. Vorzügliches Panorama.
Von der Oberlandhütte, 1014 m, in Aschau bei Kirchberg, über Unteren Grund, Hüttenbachalm, Schöntalalm und Rettensteinscharte. 4 Std./I.

Kitzbüheler Horn, 1996 m

Nördlicher Gipfel der Kitzbüheler Alpen, etwa zwischen St. Johann und Kitzbühel. Voll erschlossenes Skigebiet. Bergbahnen von St. Johann und Kitzbühel.

Wildseeloder, 2117 m

Berühmter Aussichtsberg im östlichen Teil der Kitzbüheler Alpen südlich von Fieberbrunn.
Vom Wildseeloderhaus, 1854 m (von der Bergstation Lärchfilzkogel, Sesselbahn von Fieberbrunn, 1 Std.), über Ostflanke. 1 Std.

Bischof, 2127 m

Markanter Schrofengipfel zwischen Aurachsberggraben und Hörndlingergraben.

Von der Hochwildalmhütte, 1557 m (von Aurach 2 Std.), über Bischofjoch und Südwestgrat. 1 3/4 Std.

Gaißstein, 2362 m

Spitzer und formschöner Gipfel östlich über dem Paß Thurn hoch über dem Oberpinzgau, einer der aussichtsreichsten Berge der Kitzbüheler Alpen.
Von der Bürgl-Hütte, 1695 m (vom Parkplatz bei Aigen bei Stuhlfelden 1 3/4 Std.), über Südwestflanke und Südostgrat. 2 Std.

Schattberg, Westgipfel, 2095 m

Doppelgipfel südlich von Saalbach in erschlossenem Skigebiet mit weitreichender Aussicht.
Schattbergbahn zum Ostgipfel; von dort 1/2 Std. zum Westgipfel.

Hochkogel, 2249 m

Markanter Berg in der Kette zwischen Gaißstein und Schmittenkogel über dem Oberpinzgau.
Vom Schattberg-Westgipfel über Hackelberger See. 2 1/2 Std.

Schmittenhöhe, 1965 m

Östlicher Endberg der Kette zwischen Glemmtal und Oberpinzgau über dem Zeller See, Skigebiet und Aussichtspunkt. Von Zell am See (Großkabinenbahn) 3 1/2 Std.

Kaisergebirge

Pyramidenspitze, 1999 m

Höchster Berg des Zahmen Kaisers etwa in der Mitte des Bergstocks. Prachtvoller Rundblick.
Von der Vorderkaiserfeldenhütte, 1389 m (von Kufstein 2 Std.), über Hinterkaiserfeldenalm, Steingrube, Ostgrat des Zwölferkogels und Kamin. 2 3/4 Std.

Scheffauer, 2113 m

Ausgeprägter westlicher Endpunkt der Kette des Wilden Kaisers über dem Hintersteiner See, von Westen eindrucksvolle Felsgestalt; großartige Aussicht.
Vom Gasthaus Bärnstatt, 918 m (Straße von Scheffau), über Hinterbergalm, Scheffauer Lucke und Kegelstatt. 3 3/4 Std.

Ellmauer Halt, 2344 m

Höchster und vielbesuchter Gipfel des Kaisergebirges mit steilen Wänden gegen Norden und Süden sowie dem berühmten Kopftörlgrat gegen Osten. Knapp unter dem Gipfel die kleine Babenstuberhütte (Unterstand).
Von der Gruttenhütte, 1620 m (von der Wochenbrunner Alm, Straße von Ellmau, 1 1/2 Std.), über Hochgrubach, Gamsänger und Gelbe Jägerwand. 2 1/2 Std.

Totenkirchl, 2193 m

Mächtiger Felsturm, einer der berühmtesten Kletterberge der Alpen mit fast senkrechten West- und Ostwänden, gewaltige Eindrücke von Norden. Erstersteiger: G. Merzbacher mit M. Soyer 1881.
Vom Stripsenjochhaus, 1580 m (hierher von Kufstein 4 1/2 Std.), über Teufelswurzgarten und die drei Terrassen. 6 Std./III.

Ackerlspitze, 2331 m

Steilwandiger Felsturm in der Nähe des östlichen Endes des Wilden Kaisers, dem östlich nur die Maukspitze vorgelagert ist. Erstersteiger: P. C. Thurwieser mit S. Unterrainer 1826.
Von der Gaudeamushütte, 1267 m (von der Wochenbrunner Alm, Straße von Ellmau, 1 Std.), über Hochsessel. 3 1/2 Std./I.

Chiemgauer Alpen

Hochries, 1569 m

Nordwestlicher Eckpfeiler der Chiemgauer Berge zwischen Alpenvorland und dem Tal des Trockenbachs; auf dem Gipfel das Hochrieshaus, Bergbahn von Grainbach, dann 3 Std.

Kampenwand, 1669 m

Mauerartiger Berg über Alpenrand und Chiemsee, sehr häufig besucht.
Vom Kampenwandhaus, etwa 1500 m (Bergbahn von Hohenaschau), über Steinlingalm. 1 Std.

Geigelstein, 1808 m

Herausragender Gipfel zwischen Tiroler Achental und Priental mit schöner Rundschau.
Von der Wuhrsteinalm, 1100 m (Sessellift von Ettenhausen bei Schleching), über Südostflanke. 2 1/2 Std.

Hochgern, 1744 m

Berg am Alpenrand östlich des Tiroler Achentals und südlich des Chiemsees.
Vom Hochgernhaus, 1460 m (von Marquartstein 3 Std.), über Westflanke. 3/4 Std.

Hochfelln, 1617 m

Gipfel sö des Chiemsees mit Gipfelhaus. Seilbahn von Mühlwinkl. Von Ruhpolding und Bergen 3 1/2 Std.

Sonntagshorn, 1961 m

Höchster Gipfel der Chiemgauer Alpen im Grenzkamm über dem Heutal nördlich von Lofer.
Vom Gasthof Heutal, 968 m (Straße von Unken), über Bauregger-Kaseralm und Südflanke. 2 1/2 Std.

Steinplatte, 1869 m

Der auch Kammerköhrplatte genannte Berg ist der Eckpunkt der felsigen Sonnenwendwand über Waidring im erschlossenen Skigebiet.
Vom Gasthaus Steinplatte, 1374 m (Mautsträßchen von Waidring), über Stallenalm und Gasthaus Kammerköhr. 1 1/2 Std.

Hochstaufen, 1771 m

Formschöner, von weitem auffallender, von Norden spitzer Felsaufbau über dem Alpenrand nördlich von

◁ Die Ostseite des Wilden Kaisers vom Hinterberg aus. Von links: Maukspitze, Ackerlspitze, Ackerlschneid und Lärcheck.

Reichenhall. Wenig unter dem Gipfel das Reichenhaller Haus. Gerühmtes Panorama.
Von der Padinger Alm, 667 m (Sträßchen von Reichenhall), über Buchmahd, Steinerne Jäger und Reichenhaller Haus. 3 Std.

Steinberge

Kirchberg, 1678 m

Zentral gelegene Erhebung des Bergstocks westlich der Loferer Steinberge und des Pillersees. Guter Aussichtspunkt.
Vom Adlerspoint-Gasthaus, 1418 m (von St. Ulrich und St. Johann je 3 Std.), über Südwestseite. 1 Std.

Ulrichshorn, 2125 m

Westlichster Gipfel der Loferer Steinberge über dem Pillersee.
Von St. Ulrich am Pillersee, 847 m, über Bräualm und Westflanke. 3 1/2 Std./I.

Großes Ochsenhorn, 2513 m

Breiter, mauerartiger Hauptgipfel der Loferer Steinberge südlich von Lofer mit eindrucksvollem Panorama.
Von der Schmidt-Zabierow-Hütte, 1968 m (vom Loferer Hochtal 3 Std.), über Kleine Wehrgrube und Nordflanke. 2 1/2 Std./I.

Hochsäul, 1756 m

Gipfel zwischen den Bergstöcken Loferer und Leoganger Steinberge in der Nähe des Römersattels mit prachtvollen Blicken.
Von der Straße von St.Ulrich zum Grießenpaß, etwa 900 m, über Grieseltal, Niederkaser und Hochkaser. 3 1/2 Std./I.

▽ Die Südabstürze des Birnhorns, höchster Gipfel der Steinberge, aus dem oberen Saalachtal bei Saalfelden.

Groß-Rothorn, 2442 m

Aus dem Saalachtal als mächtiges Horn aufragender eindrucksvoller, von weither sichtbarer Gipfel am Nordende der Leoganger Steinberge.
Von Weißbach, 666 m, über Hagern, Jagdhütte Ebersberg und Rotschartel. 6 1/2 Std./II.

Birnhorn, 2634 m

Mächtige gebänderte Berggestalt mit 1600 m hoher Südwand über dem Tal von Leogang, höchster Gipfel der Leoganger Steinberge. Großartiger Aussichtsgipfel. Erstersteiger: C. A. Thurwieser und Stachelsberger 1831.

Von der Passauer Hütte, 2033 m (hierher von Leogang 3 1/2 Std.), über Südwand. 2 Std./I.

Berchtesgadener Alpen

Stadelhorn, 2287 m

Höchster Gipfel der Reiter Alpe, schönes Felshorn mit Steilwänden nördlich des Hirschbichlpasses.
Von der Neuen Traunsteiner Hütte, 1557 m (von Reit bei Unken 3 1/2 Std.), über Roßkar und Mayrbergscharte. 3 Std./I.

Hochkalter, 2608 m

Eindrucksvoller höchster Gipfel der gleichnamigen Untergruppe mit dem nördlichsten Alpengletscher, dem Blaueis. Erstersteiger: Bischof Schwarzenberg mit Gemminger, Tatz und Wein 1830.
Von der Blaueishütte, 1680 m (von Hintersee 3 Std.), über Wasserwandkopf und Kleinkalter. 4 Std./II.

Karkopf, 1735 m

Höchster Gipfel des Lattengebirges südlich von Bad Reichenhall.
Vom Predigtstuhl-Hotel, 1607 m (Bergbahn von Bad Reichenhall), über Hochschlegel. 3/4 Std.

Großer Hundstod, 2594 m

Freistehende eindrucksvolle Gipfelpyramide im Westen des Steinernen Meers mit steiler Westwand. Hervorragende Aussicht. Erstersteiger: Thurwieser 1825.

△ Die Loferer Steinberge aus dem Saalachtal vom Kirchlein bei Au. Von links: Ochsenhörner, Kreuzreifhorn und Hinterhorn.

△ Die Watzmann-Ostwand, vom Gipfelplateau des Schneibsteins über den Königssee hinweg gesehen. Von links: Südspitze, Mittelspitze und Hocheck. Der Gipfel unterhalb des Hochecks ist der Kleine Watzmann.

▷ Der Hochkalterstock vom Paß Schwarzbachwacht zwischen Lattengebirge und Reiter Alpe. In der Nordflanke des Hochkalters liegt das Blaueis, der nördlichste Alpengletscher Deutschlands.

Vom Ingolstädter Haus, 2132 m (hierher von Weißbach 6 Std.), über Südflanke. 1¼ Std.

Watzmann, 2713 m

Einer der berühmtesten und markantesten Alpenberge mit mehreren Nebengipfeln (»Watzmannfrau und -kinder«) und berühmter 2000 m hoher Ostwand, Wahrzeichen des Tals von Berchtesgaden. Erstersteiger des höchsten Gipfels, der Mittelspitze: V. Stanig 1800.
Vom Watzmannhaus, 1927 m (hierher von der Wimbachbrücke in der Ramsau 4 Std.), über Nordostgrat. 2½ Std./I.

Funtenseetauern, 2578 m

Bekannter Aussichtsberg des Steinernen Meers südlich über dem Königssee.
Vom Kärlinger Haus, 1620 m (von Sallet am Königssee, Schiff von Ort Königssee, 4 Std.), über Stuhljoch und Westgrat. 3 Std.

Berchtesgadener Hochthron, 1972 m

Südlicher und höchster Gipfel des Alpenrandbergstocks Untersberg mit fast senkrechten Ostwänden und wunderbarem Panorama.
Vom Stöhrhaus, 1804 m (von Maria Gern 4 Std.), über Südwestflanke. ¼ Std.

Selbhorn, 2655 m

Höchster Gipfel des Steinernen Meers an dessen Südrand über dem Almtal.
Vom Riemannhaus, 2177 m (vom Parkplatz Sanden über Maria Alm 2½ Std.), über Luegscharte und Nordgrat. 4 Std./I.

Großes Teufelshorn, 2363 m

Turmförmiger höchster Gipfel des Hagengebirges und der Teufelshörner zwischen Königssee und Salzachtal.
Von der Wasseralm in der Röth, 1423 m (von der Gotzenalm oder vom Kärlinger Haus je 3 Std.), über Neuhüttenalm und Nordwestflanke. 3½ Std.

Hoher Göll, 2523 m

Nordöstlicher Eckpfeiler der Berchtesgadener Alpen, massiger Felskoloß über Königssee, Berchtesgaden und Tennengau.
Vom Kehlsteinhaus, 1834 m (vom Obersalzberg 2 Std.), über Nordwestgrat und Gölleiten. 2¾ Std.

Hochkönig, 2941 m

Höchster Gipfel der Berchtesgadener Alpen an ihrem Südrand mit nordseitiger Vergletscherung (»Übergossene Alm«) und steilen Felswänden gegen Süden; auf dem Gipfel das Matrashaus. Berühmtes Panorama. Erstersteiger: C. Thurwieser 1826.
Von der Mitterfeldalm, 1670 m (vom Arthurhaus, Straße von Mühlbach, ¾ Std.), über Schneeklamm, Schartensteig und Übergossene Alm. 4½ Std.

Kleiner Bratschenkopf, 2684 m

Höchster Gipfel des turm- und zinnenreichen Grats der Mandlwand östlich des Hochkönigs über dem Arthurhaus.
Von der Mitterfeldalm, 1670 m (vom Arthurhaus, Straße von Mühlbach, 1½ Std.), über Normalweg zum Hochkönig und zur Schranbachscharte. 3 Std.

Tristkopf, 2107 m

Berg am Ostrand des Hagengebirges über der Schlucht des Passes Lueg.
Von Sulzau bei Tenneck, etwa 500 m, über Brunnalm und Hochtor. 5 Std.

Kleiner Göll, 1720 m

Östlicher Eckpfeiler des Göllstocks hoch über Golling an der Salzach. Kein Nachbar des Hohen Gölls!
Vom Gasthaus Torrener Hof westlich der Salzach bei Golling, etwa 500 m, über Kesselalpenhöhle und Nordseite. 4 Std.

Dientner Berge

Hundstein, 2117 m

Freistehender Berg mit Gipfelhütte Statzer Haus östlich über dem Zeller See und höchster Gipfel der Dientner Berge, großartiges Panorama.
Vom Wirtshaus Unterberg, etwa 900 m, bei Maria Alm, über Gasthaus Eberl und Rupertiweg. 4 Std.

Schneeberg, 1921 m

Gerundeter Berg westlich von Mühlbach am Hochkönig mit berühmter Rundschau.
Von der Karbachalm, 1562 m (Lift von Mühlbach), über Nordostseite. 1¼ Std.

8 Region

Die weltberühmten Dolomiten beherrschen im Bewußtsein der Bergfreunde fast allein die Region, obwohl dieses relativ kleine Gebiet noch zwei andere bedeutende Gebirgsgruppen umfaßt, nämlich die Fleimstaler Alpen und die Vicentiner Alpen. Beide sind zusammen etwa halb so groß wie die Dolomiten und ähneln ihnen nur teilweise in mancher Beziehung. Die Massierung der Bergriesen und der charakteristischen Dolomitgestalten ist bei ihnen nicht mehr so ausgeprägt und ihre durchschnittliche Höhe erheblich geringer. Trotzdem ist es nicht verwunderlich, daß von vielen das gesamte Gebiet – ohne lang zu überlegen – als Dolomiten angesehen wird.

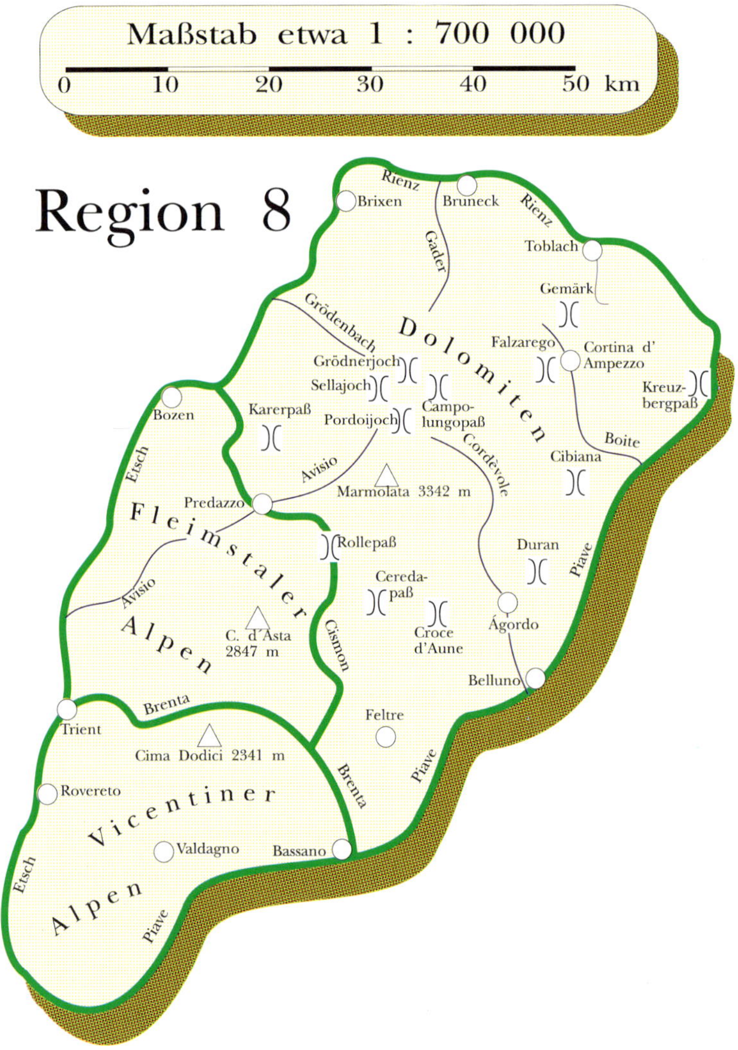

Während die Begrenzung der ganzen Region durch tiefeingeschnittene Flußtäler überzeugend und logisch erscheint, was auch für die Grenze zwischen Fleimstaler Alpen und Vicentiner Alpen zutrifft, ist das zwischen Dolomiten und Fleimstaler Alpen anders. Wer könnte auch beim Blick auf die Landkarte ahnen, daß die Eggentaler und Salurner Berge nicht mehr zu den Dolomiten zählen sollen, wo sich doch der Avisio als deutliche Trennungslinie anbietet? In diesem Fall wollte man zweifellos mit dieser nicht ganz verständlichen Abgrenzung auf geologische Gegebenheiten Rücksicht nehmen. Der Großteil der genannten Berge besteht nämlich nicht – wie die Dolomiten – aus Sedimentgestein. Hier zeigt sich – wie in unzähligen anderen Fällen auch – daß die unbeschreibliche Vielfalt der Natur sich häufig nicht in vereinfachende menschliche Einteilungen zwängen läßt.
Ganz anders ist die Betrachtung der westlich der Etschtalfurche gelegenen Brentagruppe, die allzuoft und völlig abwegig »Brenta-Dolomiten« genannt wird. Sie besitzt lediglich gleiche bzw. sehr ähnliche Gesteinsarten wie die Dolomiten. Das gilt aber für zahlreiche Alpengebiete in den fernen Westalpen auch, die man deshalb auch nicht Dolomiten nennen kann.
Das Typische, wodurch sich die Dolomiten von ihren südlichen Nachbargruppen unterscheiden, ist nur zum Teil das Gestein. Vielmehr ist es die Eigenart, einzelne kleinere Bergstöcke, ja sogar Einzelberge entwickelt zu haben, während in den Fleimstaler Alpen der Kettencharakter und in den Vicentiner Alpen die Hochflächen vorherrschen. Aber in der Hauptsache ist es die geradezu phantastische Formenvielfalt, die sonst nur abgeschwächt und nur in kleineren Räumen zu beobachten ist. Das ist einer der Hauptgründe, warum die Dolomiten Bergfreunde aus aller Welt faszinieren. Das ist für Kletterer selbstverständlich. Doch auch andere Menschen fühlen sich in gleichem Maß angezogen; die Landschaft unter den begeisternden Gipfeln ist leicht zu begehen und schenkt die erträumten Schau-Erlebnisse.
Die Vergletscherung der Region ist gering, wenn auch einzene Dolomitengletscher Berühmtheit erhalten haben. Alle Wasserläufe fließen, von Rienz, Eisack und Etsch sowie vom Piave gesammelt, in die Adria.
Das Gebiet besteht überwiegend aus verschiedenen Sedimentgesteinen, aus denen die Wand- und Turmbildungen der Dolomiten

▷ Die mächtige Nordwand des Peitlerkofels beherrscht die blumenreiche Landschaft um das Würzjoch.

▷ Im letzten Abendlicht röten sich die Nordwestabstürze der Palariesen Cima Bureloni und Cima della Vezzana, auf der der Schatten des Cimon della Pala zu erkennen ist.

Gebirgsgruppe	Fläche in km²	Begrenzung	polit. Zugehör.	höchster Gipfel	Untergruppen	Führer/Karten
Vicentiner Alpen	3000	Brenta – Alpenvorland – Etsch – Férsina	I/TN I/VR I/VI	Cima Dodici, 2341 m	Vigolana-Gruppe, Altipiano d'Asiago, Pasubio-Gruppe, Monti Lessini	SAT Trient, Bergtouren und Wanderungen im Trentino; Kompaßkarten 1:50 000 Nr. 75, 78, 100, 101
Fleimstaler Alpen, in I auch Catena dei Lagorai	1650	Eisack – Eggenbach – Zanggenbach – Reiterjoch – Satteljoch – Predazzo – Travignolo – Rollepaß – Cismon – Brenta – Etsch	I/TN I/BZ	Cima d'Asta, 2847 m	Eggentaler Berge, Salurner Berge, Hauptkette, Cima-d'Asta-Gruppe, Calisio-Gruppe	SAT Trient, Bergtouren und Wanderungen im Trentino; Athesia, Südtiroler Wanderbuch; Rother, Eggentaler Berge und Latemar; Kompaßkarten 1:50 000 Nr. 74, 75, 76
Dolomiten	4750	Rienz – Sextenbach – Kreuzbergpaß – Piave – Alpenvorland – Brenta – Cismon – Rollepaß – Avisio – Satteljoch – Reiterjoch – Zanggenbach – Eggenbach – Eisack	I/BZ I/TN I/BL I/VI I/TV	Marmolata, 3340 m	Peitlerkofel-Plose-Gruppe, Pragser Dolomiten, Sextener Dolomiten, Kreuzkofel-, Geißler-Puez-, Fanis-Gruppe, Ampezzaner Dolomiten, Schlern und Seiser Alpe, Langkofel-, Sella-, Settsass-, Marmarole-, Rosengarten-, Marmolata-, Civetta-, Latemar-, Pala-, Chiara-Tamer-Pramper-, Bosconero-Gruppe, Monti di Sole, Feltriner Dolomiten, Grappastock	Rother und andere Herausgeber bieten eine große Anzahl von Einzelführern; Kompaßkarten 1:50 000 Nr. 54, 55, 56, 57, 58, 59, 74, 75, 76, 77; weitere Karten von Freytag-Berndt, Tabacco, IGM u. a.

hervorgegangen sind. Der ersten genauen Beschreibung dieses Gesteins durch den Geologen Dolomieu verdanken die Dolomiten ihren Namen. Doch gibt es vor allem im Westen und in den Fleimstaler Alpen auch große Schiefergebiete, die sanftere Hänge aufweisen und durch ihre dunkleren Farben einen ernsten Eindruck vermitteln. Dazu treten auch kleinere Bereiche aus vulkanischem Gestein (Monzoniberge). Schließlich hat der südlichste Teil ausgesprochenen Hochflächencharakter entwickelt und besteht wieder aus Sedimentgestein.
Die menschliche Besiedlung hat sehr früh stattgefunden und zur Bildung kleiner, eigenständiger Sprachgebiete geführt (ladinisch, friaulisch mit sehr vielen Abstufungen). Eine Erschließung hat erst seit dem Aufkommmen des Fremdenverkehrs und des Bergsteigens stattgefunden, wobei die Verkehrserschließung in großem Ausmaß erst mit dem Ersten Weltkrieg eingeleitet wurde. Die Region besitzt ein sehr dichtes Straßennetz (teils Militärstraßen). Heute spielt der Fremdenverkehr vor allem in Schwerpunkten der Dolomiten eine große Rolle. Aber auch in den anderen Gebirgsgruppen hat eine rasche Entwicklung stattgefunden.
Das Gebiet gehörte bis 1866 ganz zu Österreich. Seit damals wurde die ital. Grenze nach dem Norden verschoben, ab 1919 bis zum Alpenhauptkamm. Die Bewohner sind im Norden Deutsche, in der Mitte Rätoromanen und im Süden Italiener, in deren Bereich es noch deutsche Sprachinseln gibt. Noch vor etwa hundert Jahren sprach ein großer Teil der Vorfahren der heutigen Italiener noch rätoromanisch bzw. deutsch.

◁ Vom Aufstieg zur Cima Carega, dem höchsten Gipfel der Vicentiner Alpen in der Nähe von Giazza/Ljetzan, bietet die Cima Obante einen interessanten Anblick.

Vicentiner Alpen

Monte Castelberto, 1751 m

Beherrschender Gipfel südlich von Ala zwischen Etschtal und Val dei Ronchi. Informative Rundschau. Vom Passo Fittanze della Sega, 1399 m (teils schlechte Militärstraße von Sdruzzinà bei Ala oder von Süden aus der Gegend von Verona), über die Südhänge. 1 Std.

Monte Finonchio, 1603 m

Gipfel der südlichen Vigolanagruppe östlich über Rovereto mit Gipfelhütte Rifugio Fabio Filzi.
Eine Straße bis unterhalb des Gipfels. Zu Fuß von Serrada, Straße von Rovereto, über Südseite. 1¼ Std.

Cima Carega, 2259 m

Höchster Gipfel der Vicentiner Alpen und der Monti Lessini über dem Vallarsa/Brandtal südwestlich des Pian delle Fugazze mit dem Rifugio Mario Fraccaroli unter dem Gipfel.
Vom Rifugio Scalorbi, 1767 m (Straße von Giazza/Ljetzan), über Südflanke. 2 Std.

Monte Obante, 2038 m

Charakteristischer Felsgratgipfel in den westlichen Piccole Dolomiti im Nordwesten von Recoaro.
Vom Rifugio Scalorbi, 1767 m (Straße von Giazza/Ljetzan), über Südflanke. 1½ Std.

Becco di Filadonna, 2150 m

Weithin sichtbarer Hauptgipfel der Vigolanagruppe südöstlich über Trient mit großartiger Umschau. Biwakhütte in Gipfelnähe.
Vom Rifugio Casarota, 1569 m (vom Passo della Fricca 1¼ Std.), über Südflanke. 2 Std.

Cima Palon, 2235 m

Höchste Erhebung des Pasubiostocks nördlich des Pian delle Fugazze, mächtiger Bergstock mit steilen Südwestabstürzen, von dem im Ersten Weltkrieg Teile des Gipfels gesprengt wurden.
Vom Rifugio Generale Achille Papa, 1934 m (Straße vom Pian delle Fugazze, zu Fuß 2½ Std.), über Dente Austriaco und Südostseite. 1 Std.

Cima Vézzena, 1908 m

Der auch Pizzo di Vézzena genannte Gipfel am Nordwestrand der Abstürze der Hochfläche der Sieben Gemeinden/Sette Communi (deutschsprachige Enklave) ins Valsugana/Suganer Tal trägt auf dem Gipfel die Ruinen eines Forts. Sehr gute Fernsicht.
Von nördlich des Passo di Vézzena, 1467 m, über Pizzotto und Straßenreste auf Südwestgrat. 1½ Std.

Cima Dodici, 2341 m

Der italienisch auch Ferrozzo, früher nur Zwölferspitz oder Kempel genannte Hauptgipfel der Vicentiner Alpen steht am nördlichen Rand der Hochfläche der Sieben Gemeinden/Sette Comuni und stürzt etwa 2000 m gegen das Valsugana ab.

△ Über den riesigen Sprengtrichter des Ersten Weltkriegs geht die Schau vom Pasubio-Gipfel über das Etschtal hinweg zu den Bergen der Adamello-Presanella-Gruppe.

Von Monte Toro di Pozze, etwa 2020 m (Straße aus dem Val d'Assa bei Asiago), über Busa del Cavallo und Portule Galmarara. 1½ Std.

Monte Lisser, 1633 m

Östlicher Randgipfel der Hochfläche der Sieben Gemeinden/Sette Comuni 1400 m über der Mündung des Cismontals in das Valsugana/Suganer Tal. Weltkriegsfort unter dem Gipfel.
Von der Wintersportstation Stazio über Énego, etwa 1400 m, über Westhänge. ¾ Std. oder schlechte Militärstraße.

Fleimstaler Alpen

Calisio, 1092 m

Südlichster Gipfel der Palaier Berge über Trient, Etschtal und Fersental mit altem Fort unter dem höchsten Punkt.
Vom Rifugio Campel, etwa 700 m (Straße von Trient), über Südostkamm. 1 Std.

Hornspitz, 1817 m

Höchster Berg der Salurner Berge zwischen Etschtal und Val di Cembra/Zimmertal.
Vom Gasthaus Hornalm, etwa 1600 m (hierher von Altrei 1½ Std.), über Osthang. ½ Std.

Panarotta, 2001 m

Südwestlicher Eckpfeiler der Catena dei Lagorai über Levico und dem Valsugana/Suganer Tal. Erschlossenes Skigebiet. Grandioses Panorama.
Vom Rifugio Panarotta, 1830 m (Straße und Lift von Vetriolo), über Westgrat. ½ Std.

Kreuzspitze, 2488 m

Hauptgipfel der Palaier Berge westlich des Passo Manghen, italienisch Monte Croce.
Vom Rifugio Tonini, 1925 m (von Brussago über dem Val di Cembra 2½ Std.), über Passo Val di Mattio und Südwestflanke. 2½ Std./I.

Zanggen, 2488 m

Langgestreckter Bergstock zwischen Lavazéjoch und Reiterjoch, Hauptgipfel der Eggentaler Berge mit prächtigem Panorama.
Vom Lavazéjoch, 1807 m, über Westflanke und Südwestgrat. 2 Std.

Lastè delle Sute, 2617 m

Der auch Stelle delle Sute genannte westliche Hauptgipfel der Catena dei Lagorai südwestlich von Cavalese bietet großartige Rundsicht.
Von der Malga Lagorai, 1871 m (Straße von Tèsero), über Vallone und Valle dei Laghetti. 3 Std.

Cima d'Asta, 2847 m

Weithin sichtbarer, höchster Gipfel der Fleimstaler Alpen in einem eigenen Bergstock südlich der Hauptkette Catena dei Lagorai über dem Val Cia.
Vom Rifugio Cima d'Asta, 2480 m (von der Malga Sorgazza, Straße von Pieve Tesino, 3 Std.), über Lago Cima d'Asta und Südostgrat. 1 Std.

Cima di Cece, 2754 m

Höchster Gipfel im Ostteil der Catena dei Lagorai zwischen Valle Travignolo und Valle del Vanoi.
Vom Rifugio Paolo e Nicola, 2180 m (von Bellamonte 3½ Std.), über Nordwestflanke und Nordgrat. 2 Std.

Colbricon, 2602 m

Schlankes Felshorn am Osteck der Catena dei Lagorai über Cismontal und Rollepaß mit großartigem Panorama; im Ersten Weltkrieg umkämpft.
Vom Rifugio Colbricon, 1926 m (hierher vom Rollepaß ¾ Std.), über Passo Colbricon, Forcella Colbricon und Nordgrat. 2 Std.

Cima Scanaiol, 2467 m

Höchster Gipfel des östlichen Kamms der Fleimstaler Alpen über dem Cismontal. Prächtige Aussicht.
Vom Lago Calaita, 1605 m (Straße vom Passo di Góbbera), über Val Pisorno und Südgrat. 3 Std./I.

Cima Còppolo, 2069 m

Mächtiger Felsgratberg 1500 m über dem Cismontal am Ostrand der Fleimstaler Alpen.
Von der Malga Zanca, etwa 1800 m (Sträßchen vom Passo del Brocon), über Nordseite und Nordwestgrat. 2 Std.

Cima Campo, 1512 m

Südlicher Eckpunkt der Fleimstaler Alpen zwischen Suganer und Cismontal. Am Gipfel altes Fort.
Von der Malga Col di Gnela, 1362 m (Straße von Arsiè), über Osthänge. ½ Std.

Dolomiten

Eggentaler Horn, 2799 m

Das kühne, stark gegliederte Horn, Nachbar der gerundeten Reiterjochspitze, steht an der Latemar-Westseite über dem Eggental. Erstersteiger J. Mahlknecht, J. Messner 1901.
Vom Rifugio Torre di Pisa, 2675 m (vom Reiterjoch 2 Std.), über Gamsstallscharte und Reiterjochspitze. 1½ Std./I.

Diamantiditurm, 2846 m

Höchste Erhebung der wildzerklüfteten Latemargruppe; ein etwas südlich des Karersees aufragen-

der, gegen Norden vorspringender Felsturm in einer Reihe mehrerer Türme, die gegen Norden hin senkrecht abstürzen. Erstersteiger: G. Euringer mit G. Bernard 1885.
Vom Rifugio Torre di Pisa, 2675 m (vom Reiterjoch 2 Std.), über Gamsstallscharte, oberen Valsordakessel und Südflanke. 3 Std.

Schlern, 2564 m

Wahrzeichen Südtirols am Westrand der Dolomiten, gegen Westen vorgeschoben, mit charakteristischer Gestalt eines Riesenfelsklotzes. Herausragender und berühmter Aussichtspunkt.
Von den Schlernhäusern, 2447 m (von der Seiser Alm 3½ Std.), über Südhang. ½ Std.

Rotwand, 2806 m

Berg der südlichen Rosengartengruppe mit 400 m hoher, gelbroter, senkrechter Westwand.
Von der Rotwandhütte/Ostertaghütte, 2283 m (vom Karerpaß 1 Std.), über Vajolonpaß und Nordflanke. 2 Std./I.

Rosengartenspitze, 2981 m

Gewaltiger Felsberg mit 600 m hoher, fast senkrechter Ostwand, höchster der gleichnamigen Dolomiten-Untergruppe. Er bietet weltbekannte Abendbilder aus der Gegend von Bozen (daher die Rosengartensage). Erstersteiger: C. C. Tucker und T. H. Carson mit F. Devouassoud 1874.
Von der Santnerpaßhütte, 2741 m (hierher von

△ Das Eggentaler Horn, Nachbar der Reiterjochspitze, beherrscht das obere Eggental mit seiner ansehnlichen Felsgestalt.

△ Die Latemargruppe über dem Karersee von Norden. Links steht die Latemarspitze, rechts von ihr die Latemartürme.

Gardeccia 2¼ Std.), über Westwand und Nordgrat. 1½ Std./II.

Kesselkogel, 3004 m

Hauptgipfel der Rosengartengruppe über dem Grasleitenpaß mit typischer, weithin sichtbarer Form eines oben gerundeten Felskegels, der nach allen Seiten steil abbricht. Erstersteiger: J. Santner 1878.
Vom Grasleitenpaß, 2601 m (von der Vajolethütte bzw. von der Grasleitenhütte je 1 Std.), über Westflanke. 1½ Std./I.

Viezzena, 2491 m

Westlicher Hauptgipfel des Bocchekamms zwischen Fleimstal und Travignolotal mit herrlichem Panorama.
Von Nähe Piavac über dem Lusiapaß, etwa 2200 m (Seilbahn aus dem Val San Pellegrino bei Moena), über Piavac und Nordostgrat. 1 Std.

Telegraph, 2507 m

Der auch Fröllspitze genannte höchste Gipfel des Plosemassivs am Nordwestrand der Dolomiten ist eine flache Kuppe mit berühmter Rundsicht, häufig besucht.
Von der Plosehütte, 2447 m (Bergbahn von Brixen, Straße bis 2040 m erlaubt), über Südkamm. ½ Std.

Plattkofel, 2964 m

Westlicher Eckpfeiler der Langkofelgruppe über der Seiser Alm mit charakteristischem Plattenhang auf der Westseite.
Von der Plattkofelhütte, 2297 m (hierher von der Gondelliftstation Florian, von der Saltner Schweige über dem Grödental, ½ Std.), über Südwestabdachung. 2½ Std.

Langkofel, 3181 m

Der im Ladinischen Sasslong genannte höchste Gipfel der gleichnamigen Dolomiten-Untergruppe erscheint aus dem Grödental als mächtiger Riesenturm, vom Grödner Joch als breite Mauer, eine der schönsten und eindrucksvollsten Berggestalten der Alpen. Erstersteiger: P. Grohmann mit P. Salcher und F. Innerkofler 1869.
Von der Langkofelhütte, 2253 m (hierher vom Sellajoch 2 Std.), über Felsenweg. 6 Std./II.

Sass Rigais, 3025 m

Wuchtiger Felskoloß, zusammen mit der Furchetta höchster Gipfel der Peitler-Puez-Gruppe zwischen Villnößtal und Grödental. Erstersteiger: B. Wahner, F. Niglutsch, C. Bernard.
Von der Regensburger Hütte, 2030 m (vom Col-Rai-

ser-Lift, von St. Christina, ¼ Std.), über Mittagsschlucht und Westgrat. 3 Std.

Furchetta, 3025 m

Gebogener Felszahn über dem obersten Villnößtal mit 800 m hoher Nordkante, zusammen mit dem Sass Rigais höchster Gipfel der Geislerspitzen mit entsprechend guter Aussicht. Erstersteiger: wahrscheinlich G. B. Vinatzer 1870.
Von der Regensburger Hütte, 2030 m (vom Col-Raiser-Lift, von St. Christina, ¼ Std.), über Wasserrinnental und Westgrat. 2½ Std./I.

Peitlerkofel, 2874 m

Charakteristisch geformter Felsberg zwischen Lüsener Tal und Abteital, nordwestlichster herausragender Felsgipfel der Dolomiten. Berühmter Aussichtsgipfel.
Von der Schlüterhütte/Rifugio Genova, 2297 m (vom Parkplatz Zannser Alm im oberen Villnößtal 2 Std.), über Peitlerscharte und Südwand. 2 Std./I.

Große Cirspitze, 2597 m

Höchster Gipfel der sägegratartigen Cirspitzen nördlich über dem Grödner Joch, gewaltige Turmgestalt. Erstersteiger: J. Santner und G. Merzbacher 1887.
Vom Grödner Joch, 2137 m, über Südflanke. 1½ Std.

Sass Songher, 2665 m

Herausragender Felsturm am Südosteck der Geisler-Puez-Gruppe über Kolfuschg, Wahrzeichen des Tals von Corvara.
Von Pradat, 2038 m (Sessellift von Kolfuschg), über Forcella Sass Songher und Nordwestgrat. 2 Std.

Sasso Vernale, 3053 m

Hauptgipfel der südlichen Marmolataberge zwischen Val Contrin und Val Ombretta südlich der Marmolata mit nordseitigem Gletscher. Erstersteiger: C. Merzbacher und C. Tomé mit S. Siorpaes und G. Battista 1878.
Von Fuchiade, 1971 m (Sträßchen vom Passo San Pellegrino), über Val Tasca, Passo Ombrettola und Südgrat. 3½ Std.

Cima dell'Uomo, 3009 m

Felshorn am Südrand der südlichen Marmolataberge über dem Passo San Pelegrino.
Vom Passo San Pelegrino, 1918 m, über Südflanke. 5 Std./II.

Piz Boë, 3152 m

Felspyramide über dem Südrand der Sellahochfläche, höchster Gipfel der Untergruppe mit Gipfel-

△ Abendlicht auf der Valsordaspitze und der Rotwand mit ihren nahezu senkrechten Plattenwänden, in der Rosengartengruppe.

△ Das Wahrzeichen von Kolfuschg und Corvara ist der Felskoloß Sass Songher, der auch auf seiner anderen Seite eindrucksvolle Anblicke bietet.

hütte »Rifugio Fassa«. Dementsprechend großartiges Panorama.
Vom Rifugio Boë, 2871 m (von der Bergstation der Pordoibahn 1 Std.), über Nordflanke. 1 Std.

Heiligkreuzkofel, 2911 m

Der ladinisch Sass dla Crusch und deutsch auch Roßhautkofel genannte, das Abteital beherrschende Gipfel am Westrand der Kreuzkofelgruppe stürzt mit gewaltigen Wänden gegen das Abteital ab.
Vom Heiligkreuzhospiz, 2046 m (von der Bergstation der Sesselbahn von St. Leonhard in Abtei ½ Std.), über Kreuzkofelscharte und Südflanke. 3½ Std.

Lavarella, 3055 m

Massiv der Kreuzkofelgruppe am Rand der beiden Fanes-Alpen, steil gegen das Kassiantal abfallend.
Vom Rifugio Lavarella, 2038 m (von der Pederühütte, Straßenzufahrt von St. Vigil in Enneberg, 1½ Std.), über Val Parom und Nordostgrat. 4 Std.

Cunturines, 3064 m

Mächtiges, stark gegliedertes und zerrissenes Felsmassiv am Südeck der Kreuzkofelgruppe zwischen St.-Kassian-Tal und Groß-Fanes-Alpe mit blockartigem Gipfelaufsatz, höchster Gipfel der Kreuzkofelgruppe.
Von der Faneshütte, 2060 m (von Pederü, Straße von St. Vigil in Enneberg, 1½ Std.), über Tadegajoch, Büsc dla Stlü und Westwand. 4 Std./I.

Kronplatz, 2277 m

Gegen Norden vorgeschobene Kuppe der Pragser Dolomiten über Bruneck. Herrliches Panorama. Erschlossenes Skigebiet mit Hütte und Hotel. Seilbahn von Reischach bei Bruneck, Straße vom Furkeljoch.

Großer Vernel, 3205 m

Mächtiges Felshorn westlich der Marmolata mit Plattenwänden von 1000 m Höhe gegen Norden, meist

▽ Zwischen den beiden massigen Gipfeln von Grohmannspitze (links) und dem Langkofel ragt die zierliche Fünffingerspitze mit Schluchten und Türmen.

△ Seinen kühnen Formen verdankt der Cimon della Pala den Ehrennamen »Matterhorn der Dolomiten«. Links steht der höchste Palagipfel, die Cima della Vezzana.

Gran Vernel genannt. Erstersteiger: C. Tomé und G. Merzbacher mit G. und B. Bernard 1879.
Vom Pian dei Fiaconi, 2625 m (hierher Gondelbahn vom Fedaiasee), über Vernelscharte und Südostgrat. 4 Std./II.

Marmolata di Penia, 3344 m

Höchste, weithin sichtbare Spitze des Massivs der Marmolata, das mit berühmten steilen Wänden gegen Süden abstürzt, während die Nordflanke der Marmolatagletscher bedeckt. Höchster Dolomitengipfel mit kleiner Gipfelhütte. Erstbesteiger: P. Grohmann mit A. und F. Dimai 1864.

Von der Marmolata di Rocca, 3309 m (Seilbahn von Malga Ciapela), über Ostgrat. 1 Std./II. Vom Pian dei Fiaconi, 2625 m (Gondellift vom Fedaiasee), über Gletscher. 2½ Std./I.

Monte Grappa, 1775 m

Höchster Punkt und Eckpfeiler des gleichnamigen Bergmassivs mit teils hügeligen Bergen in den südlichsten Dolomiten. Im Ersten Weltkrieg war diese Region Kampfgebiet, daran erinnern heute riesige Gedenkanlagen und ein Ossarium. Phantastische Rundschau u. a. nach Venedig.
Straßen von Bassano, von Norden und Osten.

Cimon della Pala, 3185 m

Von Nordwesten ein schlankes Horn (»Matterhorn der Dolomiten«), scheinbar alles überragender Gipfel über dem Rollepaß. Erstersteiger: L. Darmstädter mit L. Bernard und H. Stabeler 1889.
Vom Rifugio Pedrotti alla Rosetta, 2581 m (von der Rosetta-Bergstation, Sessellift und Seilbahn von San Martino di Castrozza, ½ Std.), über Passo Bettega, Passo Travignolo und Südschulter. 3½ Std./III.

Cima della Vezzana, 3193 m

Hauptgipfel der Palagruppe hoch über dem Talschluß des Val Venegiotta, mächtige Felspyramide mit steilen Nordwestwänden. Erstersteiger: D. W. Freshfield und C. Tucker 1872.
Vom Rifugio Pedrotti alla Rosetta, 2581 m (hierher von der Rosettabahn von San Martino, Sesselift und Seilbahn von San Martino di Castrozza, ½ Std), über Passo Bettega, Passo Travignolo und Südostkamm. 2½ Std./I.

Cima Bureloni, 3132 m

Mächtiger Felsriese östlich der Cima della Vezzana über dem obersten Val Venegiotta in der nördlichen Palagruppe. Erstersteiger: L. Darmstädter und L. Kramer mit L. Stabeler und C. Bernard 1888.
Vom Rifugio Volpi al Mulaz, 2571 m (vom Parkplatz Malga Venegia 3½ Std.), über Passo di Valgrande und Ziroccole-Firn. 3 Std./I.

Mulaz, 2904 m

Mächtiger, gerundeter Felsstock im Pala-Nordkamm zwischen Val Venegiotta und Val Canali, einer der schönsten Aussichtsberge der Dolomiten.
Vom Rifugio Volpi al Mulaz, 2571 m (vom Parkplatz Malga Venegia im Val Venegiotta 3½ Std.), über Passo del Mulaz und Südgrat. 3½ Std.

Sass Maor, 2812 m

Schroffer Turmgipfel, der zusammen mit dem Turm mit senkrechten Wänden, der Cima della Madonna, einen eindrucksvollen Doppelgipfel bildet. Erstersteiger: H. A. Beachroft und C. Tucker mit B. della Santa und F. Devouassoud 1874.
Vom Rifugio Velo della Madonna, 2380 m (von San Martino 3½ Std.), über Scharte zwischen Cima della Madonna und Sass Maor. 2 Std./III.

Monte Agnèr, 2872 m

Stolzer Felsturm am Knick des Pala-Ostkamms zwischen Val d'Angheraz und Cordevoletal, beherrschender Felsriese der östlichen Palagruppe, berühmter Kletterberg. Erstersteiger: C. Tomé und M. Gneck mit T. Dal Col 1875.
Vom Rifugio Scarpa, 1775 m (Sesselbahn von Frassenè), über Ferrata Stella Alpina und Bivacco Biasin. 3½ Std./I.

Sass de Mura, 2547 m

Höchster Gipfel der Feltriner Dolomiten zwischen Palagruppe und Piavetal mit auffallend gebänderten Flanken. Erstersteiger: R. Beachcroft, A. Cust, S. Tukker mit F. Devouassoud 1878.
Vom Rifugio Boz, 1718 m (hierher vom Rifugio Fonteghi, Straße von Imer, 2 Std.), über Südwestgipfel. 4½ Std./II–.

Monte Pavione, 2335 m

»Schönste Graspyramide der Alpen« in den westlichen Feltriner Dolomiten, langgezogener Bergkamm über dem Cismontal.
Vom Rifugio Dal Piaz, 1903 m (von Croce d'Aune in 2½ Std.), über Südost- und Ostkamm. 1½ Std.

Civetta, 3220 m

Einer der eindrucksvollsten Alpenberge, höchster Punkt eines langen gezackten Grats, der mit 1000 m hohen Wänden gegen Nordwesten zum Alleghesee abstürzt, besonders von Norden eindrucksvolle und weithin erkennbare Berggestalt, »Königin der Dolomitenwände« genannt. Erstersteiger: F. F. Tuckett mit J. und M. Anderegg und S. Piovanel 1867.
Vom Rifugio Coldai, 2132 m (von der Malga Pioda, Straße aus dem Zoldotal, ¾ Std.), über Torre Coldai, Busa del Zuiton, Crepa Bassa und Pian della Tenda. 4½ Std./I.

Schiara, 2565 m

Hauptgipfel der gleichnamigen Dolomiten-Gruppe nördlich des Piavetals und von Belluno. Hervorragender Aussichtsberg. Erstersteiger: G. Merzbacher mit C. Tomé 1878.
Vom Rifugio 7° Alpini, 1491 m (hierher von Case Bortot, Straße von Belluno, 2½ Std.), über Vie Ferrate Zacchi und Berti. 4½ Std./I.

Tamer Grande, 2547 m

Höchste Spitze eines mächtigen Felsmassivs am Knotenpunkt von vier Kämmen südöstlich des Duran-Passes und über dem Zoldotal. Erstersteiger: C. C. Tomé mit Conedera 1893.
Vom Passo Duran, 1601 m, über Casera sopra il sasso di San Sebastiano und Forcella di San Sebastiano. 4½ Std./I.

Maurerkopf, 2547 m

Höchste Erhebung im nördlichen Kamm der Pragser Dolomiten westlich des Pragser Wildsees und über dem Pustertal. Prachtvolle Rundschau.
Von der Lanzwiesenalm, 1823 m (Straße von Olang), über Flatschscharte. 2½ Std.

Seekofel, 2810 m

Mächtiger und berühmter Felskoloß mit charakteristischer Gestalt über der Sennes-Alpe, der steil zum Pragser Wildsee abstürzt.
Von der Egerer Hütte/Seekofelhütte, 2327 m (vom Pragser Wildsee 2½ Std.), über Südostgrat. 1½ Std.

Dürrenstein, 2839 m

Berühmter Aussichtsberg über der Plätzwiese zwischen Pragser Tal und Höhlensteintal. Höchster Gipfel der nach ihm benannten Untergruppe.

△ Im Gegensatz zu seiner vom Pragser Wildsee sichtbaren Nordseite wendet der Seekofel breite, plattige Südabstürze gegen die Sennesalpe.

▷ Einer der berühmtesten und formschönsten Bergriesen der Dolomiten ist die Civetta, die mit ihren fast senkrechten Nordwestwänden den Alleghesee um mehr als 2200 Meter überragt.

Von der Plätzwiese, 1993 m (hierher entweder von Schluderbach oder von Prags-Schmieden je 2 Std.), über Südseite. 2 1/2 Std.

Hohe Gaisl, 3148 m

Höchster Gipfel eines verzweigten Bergstocks zwischen Sennes-Alpe und Plätzwiese mit brüchigen, auffallend gelbroten Steilwänden, Hauptgipfel der Pragser Dolomiten. Erstersteiger: E. R. Withwell mit S. Siorpaes und C. Lauener 1878.
Vom Bivacco Helbig, 2250 m (von La Stua im Campo-Croce-Tal 2 Std.), über Val Buones und Westwand. 4 Std./II.

Vordere Tofana, 3224 m

Mächtiger Felsklotz mit steiler, gelber Südwand, der sich zwischen Travenanzestal, Ampezzotal und Falzaregotal erhebt; Wahrzeichen von Cortina. Erstersteiger: P. Grohmann mit F. Lacedelli, F. Dimai und S. Siorpaes 1864.
Vom Rifugio Giussani, 2589 m (hierher vom Rifugio Dibona, Straße von Cortina, 1 1/2 Std.), über Nordflanke. 2 1/2 Std./I.

Mittlere Tofana, 3245 m,

Höchste Spitze des Tofana-Stocks, gewaltiger Felsriese zwischen Travenanzestal und Ampezzotal. Seilbahn von Cortina. Erstersteiger: P. Grohmann mit F. Lacedelli 1863.
Vom Rifugio Giussani, 2589 m (vom Rifugio Dibona, Straße von Cortina, 1 1/2 Std.), über Forcella del Vallone und westliches Firnlager. 3 Std./I.

Becco di Mezzodì, 2603 m

Auffallend geformter Felsturm genau im Süden von Cortina (Mittagszeiger von Cortina) mit einem typischem Ost-Überhang. Erstersteiger: W. E. Utterson-Kelso mit S. Siorpaes 1872.
Vom Rifugio Croda da Lago/Reichenberger Hütte, 2046 m (von der Giaupaßstraße 2 Std.) bzw. Rifugio Città di Fiume, 1917 m (Straßenzufahrt von Pescul). Je 1 1/2 Std./II.

Gusela, 2593 m

Südöstlicher, turmförmiger Eckpfeiler des Nuvolaustocks über dem Giaupaß mit steilen Südwänden.
Vom Nuvolaugipfel mit Hütte, 2575 m (hierher vom Rifugio Scoiattoli, Sesselbahn von der Falzaregopaßstraße, 1 Std.), über Nordwestgrat. 1/2 Std.

Croda da Lago, 2709 m

Turmförmiger Hauptgipfel der gleichnamigen Untergruppe westlich des Ampezzotals. Erstersteiger: R. von Eötvös mit M. Innerkofler 1884.
Von der Croda-da-Lago-Hütte (ehemals Reichenberger Hütte), 2046 m (von der Giaupaßstraße 2 Std.), über Ostwand und Forcella Eötvös. 2 1/2 Std./II.

Pelmo, 3168 m

Ungemein eindrucksvoller Riesenfelsklotz zwischen Zoldotal und Ampezzotal mit steilen, auffallend gebänderten Wänden auf allen Seiten, charakteristische, von allen Seiten deutlich erkennbare Form. Erstersteiger: J. Ball 1857.

▷ Das Massiv der Dreischusterspitze von Osten, vom Helm.

▽ Vordere Tofana, auch Tofana di Rozes, von Süden.

Vom Rifugio Venezia, 1946 m (von Zoppe über dem Zoldotal 2½ Std.), über Ball-Band, Pelmo-Hochtal und Pelmogletscher. 4 Std./I.

Sass di Bosconero, 2468 m

Hauptgipfel der gleichnamigen Untergruppe zwischen Zoldotal und Piavetal, breitausladende Turmgestalt. Erstersteiger: G. Merzbacher und C. Tomé mit S. Siorpaes 1878.
Vom Bivacco Bosconero, 1455 m (vom Lago di Pontesei im Val di Zoldo, 1080 m, 1½ Std.), über Forcella Toanella und Südgrat. 3½ Std./I.

Monte Cristallo, 3154 m

Hauptgipfel der Cristallogruppe zwischen Höhlensteintal, Misurina und Ampezzotal von typischer Form zwischen seinen Nachbarn Cristallo-Mittelgipfel und Piz Popena. Erstersteiger: P. Grohmann mit A. Dimai und S. Siorpaes 1865.
Vom Tre-Croci-Paß, 1809 m, über Cristallpaß, Südostwand und Böse Platte. 4½ Std./II.

Sorapis, 3205 m

Hauptgipfel des gleichnamigen Bergstocks östlich des Ampezzotals mit zwei fast ebenso hohen Nebengipfeln (Croda Marcora und Foppa di Mattia). Erstersteiger: F. Müller und S. von Waltershausen mit A. Dimai, A. Dibona und Z. Pompanin 1897.
Vom Rifugio San Marco, 1823 m (vom Straßenende über San Vito di Cadore ½ Std.), über Forcella Grande und Südwand. 5 Std./II.

Antelao, 3263 m

Kühne Felspyramide über dem Ampezzotal und dem Valle d'Oten mit eindrucksvoller Gestalt besonders von Westen, höchster Gipfel der Ampezzaner Dolomiten, zweithöchster der Dolomiten. Erstersteiger: wahrscheinlich M. Ossi vor 1860.

RIF. "A. LOCATELLI„ ALLE TRE CIME
DREIZINNENHÜTTE

Vom Rifugio Galassi, 2018 m (von der Capanna Alpini im Val d'Oten 1½ Std.), über Nordflanke. 4 Std./I.

Cimon del Froppa, 2932 m

Hauptgipfel des langen Gratzugs der Marmarole, im Südosten der Dolomiten, wuchtige Turmgestalt mit berühmter Rundschau.
Vom Rifugio Chiggiato, 1952 m (von Praciadelan im Valle d'Oten, 1100 m, 2 Std.), über Forcella Froppa und Südostwand. 3½ Std./II.

Haunold, 2943 m

Höchster Gipfel eines langen gezackten Bergzugs über dem Toblacher Feld bei Innichen. Erstersteiger: J. Oberschneider 1878.
Von der Dreischusterhütte, 1620 m (Straße von Innichen + ½ Std.), über Köhlenbrenngraben. 4½ Std.

Dreischusterspitze, 3152 m

Mächtiger, türmereicher Felsstock zwischen Innerfeldtal und Sextental, höchster Gipfel der Sextener Dolomiten, von weither sichtbar. Erstersteiger: P. Grohmann mit F. Innerkofler und P. Salcher 1869.
Vom Fischleinboden, um 1450 m, über Ostflanke. 5 Std./I.

Große Zinne, 2998 m

Zusammen mit der Westlichen, Kleinen und Kleinsten Zinne bildet sie das erste Wahrzeichen der Dolomiten, die Drei Zinnen; gewaltiger, breiter Felsturm mit senkrechten Nordwänden. Erstersteiger: P. Grohmann mit P. Salcher und F. Innerkofler 1869.
Von der Dreizinnenhütte, 2438 m (vom Fischleinboden 2½ Std.), über Südwand. 3½ Std./II.

Paternkofel, 2746 m

Höchste Spitze des gleichnamigen, von zahlreichen Türmen umgebenen Felsmassivs südöstlich der Dreizinnenhütte, im Ersten Weltkrieg umkämpft. Erstersteiger: E. Künigl mit F. Innerkofler 1882.
Von der Dreizinnenhütte, 2438 m (vom Fischleinboden 2½ Std.), durch den Stollen. 2 Std.

Cadin di San Lucano, 2839 m

Höchste Zinne der wildgezackten Cadinspitzen zwischen Drei Zinnen und Ansieital. Großartige Rundschau. Erstersteiger: G. Ploner mit L. Orsolina 1870.
Vom Rifugio Fonda Savio, 2367 m (hierher von Misurina 1½ Std.), über Nordseite. 1½ Std./III.

Zwölfer, 3094 m

Charakteristisch geformter Bergstock mit mehreren Türmen südlich des Fischleintals, von weither sichtbar. Erstersteiger: M. und J. Innerkofler 1875.
Von der Zsigmondy-Comici-Hütte, 2235 m (hierher vom Parkplatz im Fischleintal 2½ Std.), über Sandbüheljoch und Westwand. 5 Std./III.

Elfer, 3092 m

Schluchtenreicher, höchster Gipfel der gleichnamigen Untergruppe am Ostrand der Dolomiten. Erstersteiger: E. und O. Zsigmondy und L. Purtscheller 1892.

△ Der südöstlichste Felspfeiler der Nuvolaugruppe, die Gusela.

Von der Zsigmondy-Comici-Hütte, 2235 m (hierher vom Parkplatz im Fischleintal 2½ Std.), über Äußeres Loch. 4½ Std./II.

Croda da Campo, 2718 m

Östlicher Eckpfeiler der Dolomiten über Comelico und Ansieital mit großartigem Panorama. Erstersteiger: L. Darmstädter mit H. Stabeler, M. Bernard und P. Orsolina 1890.
Vom Bivacco Carlo Gera, 2240 m (von Case Orsolina bei Auronzo 4 Std.), über Nordwand, Westwand und Südgipfel. 2½ Std./II.

◁ Dreizinnenhütte, Blick zum Paternkofel.

9 Region

Während in diesem Fall die Grenzen der ganzen Region geographisch vernünftig und leicht faßbar erscheinen, erinnert ihre Gliederung in 28 Gebirgsgruppen schon ein wenig an das spätmittelalterliche Deutschland mit seinen kleinen und kleinsten Besitztümern. Allerdings ist auch die deutlich geordnete geographische Aufteilung im Vergleich mit dem genannten Beispiel nicht zu übersehen: Die – wenn auch teils sehr kleinen – Gebirgsgruppen sind klar getrennt und haben weder Enklaven noch unverständliche Ausbuchtungen, noch bestehen sie aus mehreren Teilen.

Wie es zu diesem »Fleckerlteppich« gekommen ist, dürfte viele Gründe haben: historische, lokale, persönliche, die bei der großen »Gliederungsrauferei« über die rein geographischen gesiegt haben. Allein die Zerschlagung der alteingeführten Hohen Tauern hat zu einigen neuen Gebirgsgruppen geführt. Auch die Oberösterreichischen Voralpen sind zum Beispiel nicht leicht zu begreifen. Vielleicht bringen künftige Einteilungsbemühungen eine Besserung.

Die sehr große Region umfaßt die gesamten östlichen Kalknordalpen östlich der Salzach, den gesamten östlichen Alpenhauptkamm, also die Schieferalpen östlich von Salzach und Ahrntal, und sogar einen Teil der Berggebiete südlich des Alpenhauptkamms bis zur Drau.

Während aus dem Blickwinkel der meisten österreichischen und vieler deutscher Bergfreunde besonders der westliche Teil mit Großglockner, Großvenediger und Hochalmspitze, aber auch Dachstein und Gesäuse zu den bedeutendsten Alpengebieten gezählt wird, nehmen viele andere die östlichen Regionen kaum zur Kenntnis – ein unübersehbares West-Ost-Gefälle der bergsteigerischen Einstufungen.

Region 9

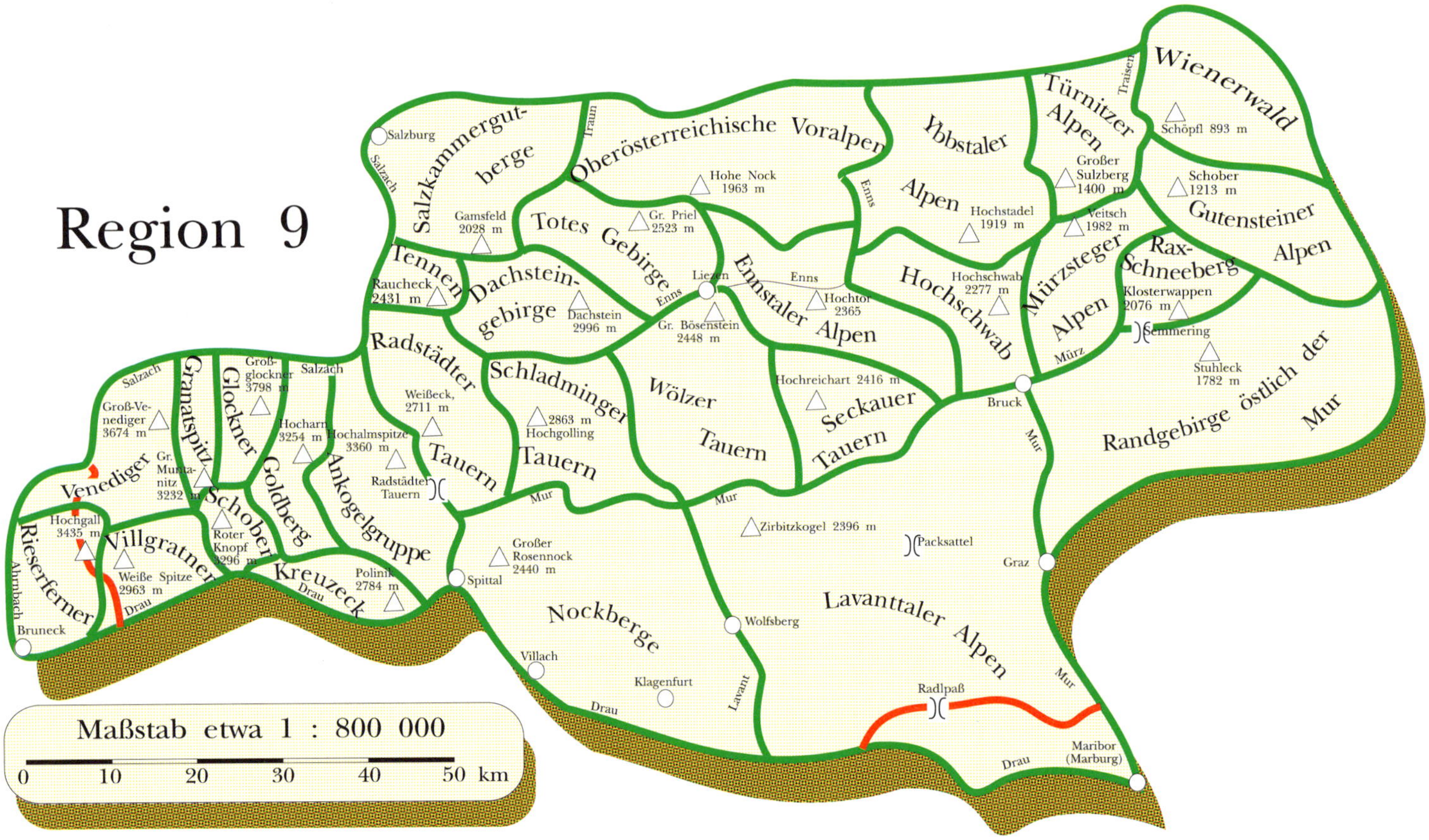

Das ist eine falsche und ungerechte Einschätzung. So mancher westalpen- oder westostalpenorientierte Bergsteiger war erstaunt und voller Begeisterung für diese Berge, die ebenso reich an Superlativen sind wie die westlicheren der Alpen. Zweifellos kann diese Landschaft dem Bergfreund alles bieten, was er erträumt hat. Gegen Osten nehmen diese Berge an Höhe langsam ab und verlieren immer mehr schroffe und spitze Formen, um schließlich mit Wienerwald und Gutensteiner Alpen ins Alpenvorland bzw. schon in die große Ebene überzugehen.

Die Lage am Nordrand der Alpen verleiht dem Nordabschnitt die typische Wetterlage der Nordwesteinflüsse, allerdings im Vergleich zu westlicheren Gebieten abgeschwächt durch kontinentale Einflüsse. Im Süden dagegen überwiegt kontinentales Wetter mit Beeinflussungen vom Mittelmeer. Ohne zu übertreiben, darf von einer im Durchschnitt angenehmeren Wetterart gesprochen werden als weiter im Westen. Große Vielgestaltigkeit erhält die Region infolge ihrer geologischen Zusammensetzung aus Sedimentgestein, vor allem im Norden, und Schiefer, zum größten Teil im Süden.

Die Vergletscherung beschränkt sich – abgesehen von kleinen Ausnahmen wie dem Dachstein – auf die Hohen Tauern und ihre Nachbarn. Die anderen Gruppen sind ganz oder größtenteils gletscherfrei. Die Entwässerung erfolgt im Norden durch Salzach, Traun, Enns, Ybbs, Pielach und weitere, und im Süden über Isel, Möll, Lieser, Mur zur Drau und ebenfalls zur Donau, zu einem kleinen Teil über die Rienz zur Etsch und in die Adria. Die Energiegewinnung aus der Wasserkraft hat berühmte Stauseen entstehen lassen (Kaprun); es gibt allerdings Beispiele, daß geologische Verhältnisse – Verschiebungen innerhalb der Erdoberfläche – zu Schwierigkeiten führen können (Kölnbreinspeicher).

Wenn man von den höheren Bergkämmen absieht, waren viele breite Täler oder die großen Beckenbildungen (Kärnten, südliche Steiermark, Wiener Becken) seit Jahrtausenden besiedelter Kulturboden. Die zahlreichen Verkehrswege und der schon vor den Römern (Hallstattzeit u. a.) bekannte Bergbau (Erzberg) haben auch später zu vielen menschlichen Aktivitäten geführt. Tourismus und Fremdenverkehr haben nur an wenigen Orten zu ähnlichen Zerstörungen wie weiter westlich geführt.

Das gesamte Gebiet gehört zu den österreichischen Bundesländern Salzburg, Tirol, Kärnten, Oberösterreich, Steiermark, Niederösterreich und Burgenland; nur zwei ganz kleine Stücke sind bei der italienischen Provinz Bozen (Südtirol) und beim slowenischen Bezirk Maribor/Marburg). Die Sprache ist überall deutsch, außer im slowenischen Anteil.

▽ Der Hochgall, höchster Gipfel der Rieserfernergruppe, zeigt seine charakteristische Form dem Reintal, aus dem er zumeist auch bestiegen wird.

Gebirgsgruppe	Fläche in km²	Begrenzung	polit. Zugehör.	höchster Gipfel	Untergruppen	Führer/Karten
Rieserferner-gruppe	300	Reinbach – Knuttenbach – Klammljoch – Arvental-bach – Defereggenbach – Stalleralmbach – Staller Sattel – Antholzer Bach – Rienz – Ahrnbach	A/LZ I/BZ	Hochgall, 3435 m	keine Untergruppen	Rother, AV-Führer Rieserfernergrup-pe; Kompaßkarte 1:50 000 Nr. 82
Venedigergruppe	1250	Salzach – Felber Bach – Felber Tauern – Tauernbach – Isel – Defereggenbach – Schwarz-ach – Klammljoch – Reinbach – Ahrnbach – Birnlücke – Krimmler Ache	A/ZE, A/LZ, I/BZ	Großvenediger, 3674 m	Alpenhaupt-, Hollers-bach-, Habach-, Untersulzbach, Ober-sulzbach-, Krimmler-, Gschlöß-, Froßnitz-, Wallhorn-, Dorfer-, Maurer-, Umbal-, Lasörling-, Panargen-Kamm und Durreckgruppe	Rother, AV-Führer Venedigergruppe (ohne Durreckgruppe); Kompaßkarten 1:50 000 Nr. 38, 46, 82
Villgratner Berge, auch De-feregger Alpen	850	Staller Sattel – Deferegger Bach – Isel – Drau – Rienz – Antholzer Bach	I/BZ A/LZ	Weiße Spitze, 2967 m	keine Untergruppen	Rother, Berge um Lienz; Rother, Führer durch das Antholzer Tal; Kompaßkarten 1:50 000 Nr. 45
Granatspitz-gruppe	400	Salzach – Stubach – Kalser Tauern – Dorfer Bach – Kalser Bach – Isel – Tauernbach – Felber Tauern – Felber Bach	A/ZE A/LZ	Großer Munta-nitz, 3232 m	Alpenhauptkamm, Nördliche Seiten-kämme, Muntanitz-kamm	Rother, AV-Führer Glockner- und Granatspitzgruppe; Rother, Hohe Tauern-Südseite; Kompaßkarten 1:50 000 Nr. 39, 46, 48
Schobergruppe	400	Peischlachtörl – Moosbach – Leiterbach – Möll – Mühl-bach – Iselsberg – Drau – Isel – Kalser Bach – Ködnitz-bach – Peischlachbach	A/LZ	Petzeck, 3283 m	Hauptkamm, Hoch-schoberkamm, Horn-kopfkamm, Petzeck-kamm	Rother, AV-Führer Schobergruppe; Kompaßkarten 1:50 000 Nr. 47, 48, 50
Glocknergruppe	800	Salzach – Rauriser Ache – Seidlwinkelache – Hochtor – Möll – Leiterbach – Moos-bach – Peischlachtörl – Ködnitzbach – Kalser Bach – Kalser Tauern – Stubach	A/ZE A/JO A/LZ A/SP	Großglockner, 3798 m	Kitzsteinhornkamm, Wiesbachhornkamm, Schwarzkopfkamm, Tauernhauptkamm, Glocknerkamm	Rother, AV-Führer Glockner- und Granatspitzgruppe; Kompaßkarten 1:50 000 Nr. 39, 48, 50
Goldberggruppe	750	Salzach – Gasteiner Ache – Mallnitzer Tauern – Mallnitzer Bach – Möll – Hochtor – Seidlwinkelache – Rauriser Ache	A/JO A/SP	Hocharn, 3254 m	Feldseekamm, Türchl-kamm, Tauernhaupt-kamm, Rauriser Mitterkamm, Sadnig-gruppe	Rother, AV-Führer Ankogel- und Goldberggruppe (Sadniggruppe fehlt); Rother, Kreuzeck-, Reißeck- und Sadniggruppe; Kompaßkarte 1:50 000 Nr. 40, 49, 66, 67
Kreuzeckgruppe	600	Möll – Drau – Iselsberg – Mühlbach	A/LZ A/SP	Polinik, 2784 m	Westlicher Hauptkamm, Östlicher Hauptkamm, Polinikkamm	Rother, Kreuzeck-, Reißeck- und Sadniggruppe; Kompaßkarten 1:50 000 Nr. 49, 60
Ankogelgruppe	1350	Salzach – Großarlbach – Murtörl – Mur – Katsch-berg – Lieser – Drau – Möll – Mallnitzbach – Mallnitzer Tauern – Gasteiner Ache	A/JO A/TA A/SP	Hochalmspitze, 3360 m	Ankogel-Hauptkamm, Hölltorkamm,Großarl-Gasteiner-Kamm, Hafner-Hauptkamm, Faschauner Kamm, Kärlspitzkamm, Hoch-almspitzkamm, Preimel-spitzkamm, Säuleck-kamm, Reißeckgruppe	Rother, AV-Führer Ankogel- und Goldberggruppe; Rother, Kreuz-eck-, Reißeck- und Sadniggruppe; Kompaßkarten 1:50 000 Nr. 40, 49, 66, 67
Tennengebirge	300	Lammer – Karbach – St.-Martin-Bach – Fritzbach – Salzach	A/SL A/JO	Raucheck, 2431 m	keine Unterteilung	Rother, AV-Führer Tennengebirge; Kompaßkarten 1:50 000 Nr. 15
Salzkammergut-berge	1750	Alpenvorland – Traun – Gosaubach – Paß Gschütt – Rußbach – Lammer – Salzach	A/S A/SL A/GM A/VB	Gamsfeld, 2028 m	Salzach-Vorberge, Osterhorn-, Schober-, Schafberg-, Gamsfeld-gruppe, Höllengebirge	Wander-, Kletter- und Schiführer Höllengebirge; Kompaßkarten 1:50 000 Nr. 15, 17, 18, 20
Radstädter Tau-ern, einschl. ehem. Östl. Salzburger Schieferalpen	1400	Fritzbach – Enns – Tauernbach – Radstädter Tauern – Taurach – Mur – Murtörl – Großarlbach – Salzach	A/JO A/RA A/TA	Weißeck, 2711 m	Hauptkamm, Weißeck-Pleißlingkeil-, Gling-spitz-, Faulkogel-, Stein-feldspitz-, Hochfeind-Kamm, Hochgründeck-stock	Rother, AV-Führer Niedere Tauern; Kompaßkarten 1:50 000 Nr. 31, 67

Nockberge, früher meist Stangalpen genannt	3900	Mur – Olsa – Glan – Wörthersee – Drau – Lieser – Katschberg	A/TA A/SP A/VI A/VL A/K A/SV A/MU	Eisenhut, 2441 m	Nockberge, Gurktaler Alpen, Afritzer Berge, Metnitzer Alpen, Wimitzer Berge	Kompaßkarten 1:50 000 Nr. 63, 132, 134
Schladminger Tauern	1200	Enns – Großsölkbach – Katschbach – Mur – Taurach – Radstädter Tauern – Tauernbach	A/ A/TA A/MU	Hochgolling, 2863 m	Hauptkamm, Geißstein-, Klausberg-Rippenegg-, Schiedeck-, Elendberg-Kamm, Hochwildstelle-Gruppe, Predigstuhl-, Knallstein-, Hundstein-, Hocheck-, Kasereck-, Preber-, Himmelfeldeck-, Ruprechtseck-, Eisenhut-Kamm	Rother, AV-Führer Niedere Tauern; Kompaßkarten 1:50 000 Nr. 31, 67, 68
Dachsteingebirge	900	Rußbach – Paß Gschütt – Gosaubach – Pötschenpaß – Kainisch Traun – Grimmingbach – Enns – Fritzbach – Lammer – Rußbach	A/SL A/GM A/BA A/LI A/JO	Hoher Dachstein, 2995 m	Nordwestliche Vorberge, Roßbrand, Gosaustein, Gosaukamm, Sarsteingruppe, Dachsteinberge, Hochfläche »Auf dem Stein«, Grimmingstock	Rother, AV-Führer Dachsteingebirge; Kompaßkarten 1:50 000 Nr. 15, 20, 31
Totes Gebirge	1250	Traunweißenbach – Offenseebach – Weißeneckbach – Steyrling – Weißenbach – Teichl – Pyhrnpaß – Pyhrnbach – Enns – Grimmingbach – Kainisch Traun – Pötschenpaß – Traun	A/GM A/BA A/LI A/KI	Großer Priel, 2515 m	Priel-Gruppe, Wildenkogel-Gruppe, Warscheneckstock	Rother, AV-Führer Totes Gebirge; Kompaßkarten 1:50 000 Nr. 19, 68, 69
Oberösterreichische Voralpen	1850	Alpenvorland – Enns – Laussabach – Dambach – Teichl – Weißenbach – Steyrling – Weißeneckbach – Offenseebach – Traunweißenbach – Traun – Traunsee	A/GM A/KI A/SE	Hoher Nock, 1963 m	Grünauer Berge, Kasberggruppe, Sengsengebirge, Reichraminger Hintergebirge, Dürrensteig	Österreichische Karten 1:50 000 Nr. 66, 67, 68, 69, 70
Wölzer Tauern	1250	Enns – Palten – Triebenbach – Pölsbach – Mur – Katschbach – Großsölkbach	A/LI A/MU A/JU	Greim, 2472 m	Wölzer Tauern, Rottenmanner Tauern	Rother, AV-Führer Niedere Tauern, Österreichische Karten 1:50 000 Nr. 98, 129, 130, 159, 160
Lavanttaler Alpen, auch Norische Alpen	4400	Mur – Cirknica – Drau – Lavant – Obdacher Sattel – Granitzenbach	A/JU A/KN A/WO A/BM A/VK A/VO A/LE SLO/MR	Zirbitzkogel, 2396 m	Seetaler Alpen, Saualpe, Poßruck, Packalpe, Stubalpe, Gleinalpe, Hochalpe	Kompaßkarten 1:50 000 Nr. 132, 133, 134; Österreichische Karten 1:50 000 Nr. 132, 133, 160, 161, 162, 163, 186, 187, 188, 189, 204, 205, 206, 207
Ennstaler Alpen	1300	Enns – Erzbach – Präbichl – Vordernbergbach – Mur – Liesing – Palten	A/LI A/LE A/LN	Hochtor, 2369 m	Haller Mauern, Buchsteingruppe, Reichensteingruppe, Hochtorgruppe, Fölzgruppe, Eisenerzer Alpen	Rother, AV-Führer Gesäuseberge; Holzhausen, Wien, Gesäuseführer; Kompaßkarte 1:50 000 Nr. 70; Österreichische Karten 1:50 000 Nr. 98, 99, 100, 131, 132
Seckauer Tauern	750	Palten – Liesing – Mur – Pölsbach – Triebenbach	A/LI A/JU A/KN A/LE A/LN	Hochreichart, 2416 m	keine Unterteilung	Rother, AV-Führer Niedere Tauern; Österreichische Karten 1:50 000 Nr. 130, 131, 160, 161
Ybbstaler Alpen	1750	Alpenvorland – Erlauf – Salza – Enns	A/SE A/WY A/SB	Hochstadl, 1919 m	Eisenwurzen,Göstlinger Alpen, Kräuterin, Rotwald, Tormäuer	Rother, AV-Führer Ybbstaler Alpen; Österreichische Karten 1:50 000 Nr. 51, 52, 53, 54, 69, 71, 72, 101
Hochschwab	1050	Salza – Aschbach – Seeberg – Thörlbach – Mürz – Mur – Vordernberger Bach – Präbichl – Erzbach – Enns	A/LI A/WY A/SB A/LE A/LN A/BM	Hochschwab, 2277 m	keine Unterteilung	Rother, AV-Führer Hochschwab; Styria, Hochschwab-Wanderführer; Österreichische Karten 1:50 000 Nr. 70, 71, 72, 100, 101, 102, 132, 133
Türnitzer Alpen	1100	Alpenvorland – Traisen – Unrecht Traisen – Kernhof – Gscheid – Salza – Erlauf	A/SB A/ME A/PL A/LF	Groß Sulzberg, 1400 m	Traisenberggruppe, Sulzberggruppe	Österreichische Karten 1:50 000 Nr. 55, 56, 72, 73; Niederösterreichisches Pressehaus, Die Voralpen um Traisen und Gölsen

Mürzsteger Alpen	850	Ochsattel – Schwarza – Naßbach – Altenberger Tal – Mürz – Thörlbach – Seeberg – Aschbach – Salza – Gscheid – Kernhof – Unrecht Traisen	A/SB A/LF A/MZ A/BM	Hochveitsch, 1981 m	Göller-Gruppe, Veitschalpe, Schneealpe	Niederösterreichisches Pressehaus, Mariazeller Bergland mit Schneealpe, Veitsch und Hochschwab; Österreichische Karten 1:50 000 Nr. 72, 73, 102, 103, 104, 133
Randgebirge östlich der Mur	2050	Semmering – Schwarza – Pitten – Alpenvorland – Mur – Mürz	A/MZ A/NK A/BM A/G A/GU A/WZ A/HB	Stuhleck, 1782 m	Hochlantsch-Gruppe, Fischbacher Alpen, Joglland, Bucklige Welt, Grazer Bergland,	Österreichische Karten 1:50 000 Nr. 103, 104, 105, 133, 134, 135, 136, 164
Rax-Schneeberg	450	Klostertaler Gscheid – Sierning – Alpenvorland – Schwarza – Semmering – Mürz – Raxenbach – Altenberger Tal – Naßbach – Schwarza – Voisbach – Freiner Bach	A/MZ A/NK	Klosterwappen, 2076 m	Rax, Schneeberg	Der Schneeberg, Schneebergführer, Führer auf die Raxalpe; Österreichische Karten 1:50 000 Nr. 104, 105
Wienerwald	1200	Alpenvorland – Triesting – Gölsen – Traisen	A/PL A/WU A/LF A/MO A/BN	Schöpfl, 893 m	keine Unterteilung	Niederösterreichisches Pressehaus, Die Voralpen um Traisen und Gölsen; Österreichische Karten 1:50 000 Nr. 57, 58
Gutensteiner Alpen	1300	Gölsen – Triesting – Alpenvorland – Sierning – Klostertaler Gscheid – Voisbach – Schwarza – Ochsattel – Unrecht Traisen – Traisen	A/LF A/BN A/WB A/NK	Reisalpe, 1399 m	Reisalpe-Gruppe, Unterberg-Kienberg-Gruppe, Dürre Wand, Hohe Wand	Niederösterreichisches Pressehaus, Die Voralpen um Traisen und Gölsen; Führer auf die Hohe Wand und für ihre nächste Umgebung; Österreichische Karten 1:50 000 Nr. 74, 75, 76

▷ Die zentrale Dachsteingruppe vom Großen Donnerkogel. Die höchsten Gipfel von links: Hohes Kreuz, Niederer Dachstein, Hoher Dachstein, Mitterspitz, Torstein, Hochkesselkogel.

▷▷ Die weithin bekannte und für den Großglockner typische Form erlebt man am schönsten aus dem oberen Mölltal, von wo er eine hoch hinauf vergletscherte Spitze bildet, zu der die dunkle, breite Glocknerwand daneben in starkem Kontrast steht.

▷ Hoch über dem tiefgrünen Antholzer See erheben sich der spitze Wildgall und der von Süden breit erscheinende Hochgall. So sieht man die beiden Gipfel von der Roten Wand.

Rieserfernergruppe

Großer Fensterlekofel, 3171 m

Westpfeiler der Rieserfernergruppe, formschöner Felsturm, höchster Gipfel des Westabschnitts mit großartiger Umschau. Erstersteiger: V. Sieger und S. Kirchler 1877.
Von der Oberwander Alm, 2027 m (Straße von Gais), über Grubscharte und Westgrat. 4 Std./I.

Schneebiger Nock, 3360 m

Der auch Ruthner Horn genannte zweithöchste Rieserfernergipfel erhebt sich über der Westseite des Rieserferners. Erstersteiger: Erzherzog Rainer 1866.
Von der Kasseler Hütte, 2274 m (von Rein 2½ Std.), über Tristennöckel, Schneebiger-Nock-Kees und Nordostgrat. 4 Std.

Hochgall, 3435 m

Charakteristisch geformter, weithin auffallender höchster Rieserferner-Gipfel hoch über dem Antholzer See, von Gletschern umgeben. Erstersteiger: Vermesser 1854.
Von der Neuen Barmer Hütte, 2610 m (von der Patscher Alm im Defereggental 3 Std.), über Patscher Kees und Nordostgrat. 3 Std./II.

Großer Lenkstein, 3236 m

Herausragender Gletscherberg im Rieserfernerhauptkamm nördlich des Hochgalls über dem Fleischbachkees.
Von der Neuen Barmer Hütte, 2610 m (von der Patscher Alm im Defereggental 3 Std.), über Lenksteinklamm, Roßhornscharte und Südgrat. 2½ Std.

Venedigergruppe

Großer Mostnock, 3061 m

Westlichster Ausläufer des langen Durreckkamms der Venedigergruppe zwischen Ahrntal und Reintal, der sich 2200 m über Sand in Taufers erhebt, auch Moosstock genannt.
Von Ahornach, 1334 m (Straße von Sand in Taufers), über Hof Stocker und Schlafhausalm. 6 Std.

Rötspitze, 3499 m

Eindrucksvolle, allseits vergletscherte Berggestalt mit, von Norden gesehen, charakteristischer Form zwischen Ahrntal, Schwarzachtal und Umbaltal. Erstersteiger: J. Braymann 1854.
Von der Lenkjöchlhütte, 2590 m (von Kasern im obersten Ahrntal 3½ Std.), über Rötkees und Nordnordostkamm. 3½ Std.

Dreiherrnspitze, 3505 m

Formschöne, mächtige Felspyramide im Alpenhauptkamm über den Talschlüssen des Ahrntals und des Umbaltals, auf allen Seiten von Gletschern umgeben. Erstersteiger: Vater und Sohn Ploner und M. Dorer 1866.
Von der Essener und Rostocker Hütte, 2204 m (von Ströden bei Hinterbichl 2½ Std.), über Reggentörl, Umbalkees und Südflanke. 6 Std.

Großvenediger, 3674 m

Scharfes, weithin auffallendes, scheinbar alles überragendes Firnhorn über der typisch geformten Gletscherpyramide, berühmte Rundsicht. Erstersteiger: 26 Personen, u. a. J. v. Ruthner mit J. Schwab und F. Schärler 1841.
Von der Neuen Prager Hütte, 2796 m (von Innergschlöß, Mautstraße vom Matreier Tauernhaus, 3½ Std.), über »Anseilplatz«, Schlatenkees und östlichen Firnhang. 3½ Std.

Hoher Eichham, 3371 m

Formschöner Felsgipfel, höchster des Froßnitzkamms nördlich des Virgentals. Erstersteiger: Bernien-Maynow 1887.
Von der Bonn-Matreier-Hütte, 2750 m (von Virgen-Obermauern 4 Std.), über Sailkopf, Nordgrat und Sailscharte. 4 Std./II.

Keeseck, 3173 m

Dunkelgefärbtes, spitzes Felshorn, höchster Gipfel des Panargenkamms, gerühmter Aussichtsberg.
Von der Neuen Reichenberger Hütte, 2586 m (von Hinterbichl 4 Std.), über Daberlenke, Gamskofel und Nordgrat. 2½ Std.

Lasörling, 3086 m

Schroffer Doppelgipfel und Hauptberg der gleichnamigen Untergruppe zwischen Virgental und Defereggental.
Von der Raineralm im Mullitztal, 1802 m (von Welzelach bei Virgen 2 Std.), über Glaurit, Südflanke und Südostgrat. 4½ Std.

Großer Zunig, 2771 m

Östlicher Eckpfeiler des Lasörlingkamms und der ganzen Venedigergruppe über Virgental, Iseltal und Defereggental. Bekannter Aussichtsplatz.
Von Guggenberg, etwa 1200 m (Straße von Matrei), über Zunigalpe, Zunigsee, Zunigscharte und Nordostgrat. 5 Std.

Villgratner Berge

Rote Wand, 2817 m

Gipfel an der Nordwestseite über dem Antholzer See und gegenüber von Wild- und Hochgall.
Vom Staller Sattel, 2052 m, über Ackstallbachtal und Staller Alm. 2½ Std.

Weiße Spitze, 2963 m

Höchster Gipfel der Villgratner Berge zwischen Defereggental und Arntal (oberstes Villgratental), der zusammen mit der Roten Spitze ein mächtiges Felshornpaar bildet.
Von der Oberstaller Alm, 1883 m (Straße von Villgraten), über Südseite und Westflanke. 3½ Std.

△ Von der Dürrenfeldscharte in der Granatspitzgruppe zwischen Kalser Tal und Iseltal blickt man auf die Bergkette, in der Welachkopf, Kleiner und Großer Muntanitz dominieren.

Toblacher Pfannhorn, 2663 m

Südwestlicher Eckpfeiler der Gruppe zwischen oberstem Pustertal und Villgratental. Aussichtsberg.
Vom Straßenende über Kandelen bei Toblach, etwa 1700 m, über Pfannhornhütte (nicht bewirtet) und Westflanke. 3 Std.

Gölbner, 2943 m

Zusammen mit dem fast ebenso hohen Gumriaul bedeutendste Gipfelgestalt im Ostteil der Gruppe, in einem südlichen Seitenkamm.
Von der Mooshofalpe im Winkeltal, etwa 1570 m (Straße aus dem Villgratental), über Straßalpe, Gölbnerboden und Nordgrat. 4 1/2 Std.

Granatspitzgruppe

Stubacher Sonnblick, 3087 m

Bildet mit der nur wenig niedrigeren Granatspitze einen kurzen, nordsüdgerichteten Abschnitt des Alpenhauptkamms, der von Prägratenkees und Sonnblickkees gerahmt ist. Großartiges Panorama.
Von der Rudolfshütte, 2315 m (Gondelbahn vom Enzingerboden, Straße aus dem Oberpinzgau), über Kalser Törl, Sonnblickkees, Granatscharte und Südgrat. 2 1/2 Std. (Medelzlift verkürzt um 1 Std.).

Großer Muntanitz, 3232 m

Vom Hauptkamm weit nach Süden geschobener höchster Gipfel der Gruppe zwischen Tauerntal und Kalser Tal, herrliches Panorama.
Von der Sudetendeutschen Hütte, 2650 m (von Glanz bei Matrei 3 1/2 Std.), über Welachkopf und Kleinen Muntanitz. 2 1/2 Std.

Rotenkogel, 2762 m

Doppelgipfeliger, südlicher Eckpfeiler der Gruppe im Eck zwischen Iseltal und Kalser Tal mit eindrucksvollem Rundblick.
Von der Bergstation der Goldriedbahn von Matrei, 2150 m, über Gurner und Nordgrat. 2 Std.

Schobergruppe

Böses Weibl, 3121 m

Überfirnter Felsgipfel der nördlichen Schobergruppe zwischen Peischlachtal und Lesachtal mit guter Rundsicht. Erstersteiger: A. Burckhardt 1896.
Von der Glorerhütte, 2642 m (vom Neuen Lucknerhaus, Mautstraße von Kals, 2½ Std.), über Peischlachtörl, Tschadinsattel und Südwestgrat. 3½ Std.

Roter Knopf, 3281 m

Mächtiges, firngeschmücktes Felshorn zwischen Gößnitztal und Lesachtal. Erstersteiger: J. Pöschl mit zwei Kalser Führern 1872.
Von Unterlesach bei Kals in 2½ Std. zur Bubenreuther Hütte (seit kurzem aufgelassen) und über Lesachalm, Glödiskees und Südgrat. 5 Std./I.

Petzeck, 3283 m

Markante, schneebedeckte Felskuppe zwischen Gradental und Wangenitztal, mitunter auch Spatzeck genannt, großartiges Panorama. Hauptgipfel der Gruppe. Erstersteiger: F. Graf 1844.
Von der Wangenitzseehütte, 2508 m (von Seichenbrunn im Debanttal, Straße von Debant, 2½ Std.), über Kruckelkar, Petzeckscharte und Vorgipfel. 3 Std.

Hochschober, 3250 m

Zusammen mit dem durch einen Firngrat verbundenen Kleinschober eindrucksvolle Berggestalt über Leibnitztal und Debanttal. Erstersteiger: F. Keil und Begleiter 1852.
Von der Hochschoberhütte, 2322 m (vom Parkplatz bei den Schranken im Leibnitztal 2 Std.), über Schoberlacke, Staniskascharte, Kleinschober und Westgrat. 4 Std.

Glocknergruppe

Kitzsteinhorn, 3203 m

Vielbesuchte, spitze Felspyramide über Gletscherfeldern im Hocheiserkamm, schönes Bild aus dem Mitterpinzgau, Nordflanke mit erschlossenem Skigebiet. Erstersteiger: Ingenieur mit Einheimischen 1828.
Von der Seilbahnbergstation 3027 m, über Nordwestgrat. ½ Std.

Hocheiser, 3206 m

Scharfgratige Felspyramide zwischen Stubachtal und Kapruner Tal über mehreren Gletschern.
Vom Mooserboden, 2040 m (vom Kesselfall-Alpenhaus bei Kaprun Schrägaufzug und Bus), über Sedlgrat, Kleinen Grießkogel, Grießkogel und Nordostgrat. 4 Std.

Eiskögele, 3434 m

Mächtiges Felshorn über dem Ödenwinkelkees im Stubachtal, an einem Knick des Alpenhauptkamms bei der Abzweigung des Glocknerkamms. Erstersteiger: Bräuer 1876.
Von der Oberwalderhütte, 2973 m (vom Franz-Josefs-Haus, Ende der Glocknerstraße, 3 Std.), über Oberen Pasterzenboden, Schneewinkelscharte und Nordostgrat. 3 Std.

Großglockner, 3798 m

Elegant geformtes Felshorn mit steilen Hängegletschern über der Pasterze zwischen oberstem Mölltal und Kalser Tal, höchster Gipfel Österreichs mit berühmtem Panorama. Erstersteiger: Horasch mit vier Zimmerleuten 1800.
Von der Erzherzog-Johann-Hütte auf der Adlersruhe, 3453 m (vom Franz-Josefs-Haus 4 Std.), über Glocknerleitl, Kleinglockner und Obere Glocknerscharte. 1½ Std./I.

Großes Wiesbachhorn, 3570 m

Berühmter, charakteristisch geformter Gletscherberg zwischen Kapruner Tal und Fuscher Tal, höchster Gipfel des Kamms. Erstersteiger: zwei Fuscher Bauern um 1790.
Vom Heinrich-Schweiger-Haus, 2802 m (vom Moo-

▷ Von der spaltendurchfurchten Pasterze, einem der größten Ostalpengletscher, sind noch rund 1400 Höhenmeter zur Doppelspitze von Klein- und Großglockner zurückzulegen, wobei man größtenteils Gletscher überqueren muß.

serboden, vom Kesselfall-Alpenhaus bei Kaprun Schrägaufzug und Bus, 2½ Std.), über den Unteren Fochezkopf und Kaindlgrat. 3 Std./I.

Fuscherkarkopf, 3336 m

Nordseitig vergletscherter Gipfel zwischen Ferleitental und Pasterze, herrlicher Aussichtspunkt. Erstersteiger: Nimptsch mit A. Huter 1866.
Von der Hofmannshütte, 2438 m (vom Franz-Josefs-Haus ½ Std.), über Gamsgrube und Südwestflanke. 3 Std.

Johannisberg, 3460 m

Auffallender Gletscherdom über dem Nordwestrand der Pasterze mit eher sanften Formen. Erstersteiger: Heiligenbluter Führer 1844.
Von der Oberwalder Hütte, 2973 m (vom Franz-Josefs-Haus, Ende der Glocknerstraße, 3 Std.), über Oberen Pasterzenboden, Untere Ödenwinkelscharte und Südwestkamm. 3 Std.

Goldberggruppe

Bernkogel, 2325 m

Freistehender Doppelbergstock weit im Norden zwischen Rauristal, unterem Gasteiner Tal und Salzachtal, herrliche Rundsicht (»Salzburger Rigi«).
Von Rauris, 948 m, über Geißbachtal, Lahngang und Südwestflanke. 5 Std./I.

Hocharn, 3254 m

Gletscherkuppe im Alpenhauptkamm mit mächtigen Südwestabbrüchen westlich über Kolm-Saigurn, höchster Gipfel der Goldberggruppe. Erstersteiger: vermulich Bergleute im 16. Jahrhundert.
Von Kolm-Saigurn, 1538 m, über Ostflanke, Hocharnkees und Nordostgrat. 6 Std./I.

Schareck, 3122 m

Breiter Gletschergipfel über dem Talschluß des Naßfeldtals. Seilbahn zum Gipfel und Tunnelbahn zum Wurtenkees, Sommerskigebiet.
Von der Duisburger Hütte, 2572 m (dorthin vom Weißsee, 2375 m, auf Mautstraße aus dem Fragranttal, ¾ Std.), über Wurtenkees, Baumbachspitze und Nordgrat. 2½ Std.

Großer Sadnig, 2745 m

Höchster Gipfel der gleichnamigen südlichsten Untergruppe überm oberen Mölltal, schönes Panorama.
Vom Neuen Sadnighaus, 1950 m (Straße von Mörtschach), über Lindleralm, Sadnigscharte und Nordgrat. 2½ Std.

Kreuzeckgruppe

Kreuzeck, 2702 m

Felsgipfel im Zentrum der Gruppe an der Abzweigung des Polinikkamms vom Hauptkamm mit gerühmter Rundsicht.
Von der Feldnerhütte, 2182 m (von der Fischerhütte, Straße von Greifenburg, 2½ Std.), über Südostseite und Südgrat. 1½ Std.

Polinik, 2784 m

Nach Norden vorgeschobene, vierkantige Felspyramide, vom Mölltal fast halbkreisförmig umgeben.
Von der Polinikhütte, 1873 m (von der Wurzenalm, Straße von Obervellach, 1½ Std.), über Steinbühlhütte, Gamskarl und Nordseite. 3 Std.

Ankogelgruppe

Schuhflicker, 2215 m

Nördlicher Eckpfeiler zwischen Gasteiner Tal, Salzachtal und Großarltal mit steilen Abstürzen auf drei Seiten. Prachtvolle Aussicht, auch Arlspitze genannt.
Vom Gasthof Berglandhaus, 1620 m (von der Brandalm, Sessellift von Dorfgastein, 1½ Std.), über Arltörl und Südseite. 2 Std.

Ankogel, 3250 m

Berühmter Felsberg an der Abzweigung des Hochalmspitzkamms vom Alpenhauptkamm, häufig besucht, herrliche Fernsicht. Bei einem Felssturz 1932 verlor der Gipfel 16 m an Höhe. Erstersteiger: Patschg 1762.
Vom Hannoverhaus, 2719 m (von der Bergstation der Ankogelbahn aus dem Seebachtal bei Mallnitz in ¼ Std.), über Goslarer Weg, Lassacher Kees, Kleinen Ankogel, Ankogelscharte und Südgrat. 3 Std./I.

Hochalmspitze, 3360 m

Formschöner Doppelgipfel, höchster Berg der Gruppe über dem Großelendkees mit wilden Plattenwänden gegen Westen, den Talschluß des Seebachtals. Erstersteiger: P. Grohmann 1859.
Von der Gießener Hütte, 2215 m (von der Oberen Thomanbauernalm, Straße von Malta, 1½ Std.), über Westliches Trippachkees und Südostgrat. 4 Std./I.

Großer Hafner, 3076 m

Eindrucksvolle Felsgestalt zwischen oberstem Murtal und Maltatal südöstlich des Alpenhauptkamms, großartiger Aussichtsberg. Erstersteiger: Vermesser Gorizutti 1825.
Von der Kattowitzer Hütte, 2360 m (von der Gmünder Hütte, Straße von Malta, 3½ Std.), über Ochsenkar und Südwestgrat. 2 Std./I.

Großes Reißeck, 2965 m

Beherrschender Felsgipfel der gleichnamigen Untergruppe zwischen Gößgraben und Reißeck-Stauseen.
Von der Reißeckhütte, 2287 m (von der Reißeckbahn-Bergstation von Kolbnitz, ¼ Std.), über Mühldorfer Seen, Riekentörl und Südwestgrat. 3 Std./I.

Reitereck, 2790 m

Östlichster ausgeprägter Felsberg der Gruppe zwischen Maltatal und Pöllatal mit ausgezeichneter Rundsicht.

▷ Steile Nordabstürze und sanfte Südhänge, das ist der weithinaus in der Ebene sichtbare Schafberg zwischen Mondsee, Attersee und Wolfgangsee.

Von der Maltaberger Alm, etwa 1550 m (Straße von Obermalta), über Maltinger Alpl, Ochsenhütte, Lasörnscharte und Ostgrat. 3½ Std./I.

Tennengebirge

Raucheck, 2431 m

Hauptgipfel des ausgedehnten Bergstocks an seiner Südwestseite mit steilen Abstürzen gegen das Salzachtal.
Von der Werfener Hütte, 1969 m (von Werfenweng 3 Std.), über Throntor und Hiefler. 2 Std.

Tagweide, 2128 m

Wuchtige Felspyramide am Ostrand über dem Tal von Abtenau.

Von der Gsengalmhütte, 1447 m (hierher von Abtenau 2 Std., evtl. Abkürzung mit Sessellift), über Obere Alm, First und Nordseite. 2½ Std.

Salzkammergutberge

Gaisberg, 1286 m

Nordwestlicher Eckpfeiler der Salzkammergutberge über Salzburg, berühmte Rundschau, Hotel auf dem Gipfel, Straßenzufahrt.

Schafberg, 1780 m

Charakteristisch geformter Berg zwischen Mondsee und Wolfgangsee mit senkrechten Nordabstürzen, »österreichischer Rigi« genannt, mit eindrucksvollem Panorama. Gipfelhotel und Hütte darunter,

Zahnradbahn von St. Wolfgang bis 10 Minuten unter den Gipfel.

Gamsfeld, 2028 m

Höchster Gipfel der Gruppe zwischen Paß Gschütt und Wolfgangsee, Felsstock mit steilen Nord- und Ostabstürzen.
Von Rußbach, 850 m, über Fallenbach, Traunwandalm, Traunkar und Südseite. 3½ Std.

Großer Höllenkogel, 1862 m

Hauptgipfel des Höllengebirges zwischen Attersee und Traunsee.
Vom Feuerkogel, 1594 m (Bergstation der Feuerkogelbahn von Ebensee), über Edltal, (Rieder Hütte) und Nordgrat. ¾ Std.

Radstädter Tauern

Weißeck, 2711 m

Der auch Hohes Weißeck genannte mächtige Gratberg in einem südlichen Seitenkamm des Alpenhauptkamms ist der höchste Gipfel der Gruppe. Ausgezeichnetes Panorama, bekannter Kristallberg.
Vom Parkplatz Königalm, etwa 1650 m (Mautstraße von Wald im Zederhaustal), über Boarnlacke, Riedingscharte und Südwestgrat. 3½ Std./I.

Mosermannl, 2680 m

Schroffer Felsberg im Alpenhauptkamm nördlich des Hinterriedingtals, bekannt als Aussichtspunkt.
Von der Franz-Fischer-Hütte, 2020 m (von der Unteren Essalm, Mautstraße von Wald im Zederhaustal, 1¼ Std.), über Essersee und Moserkar. 2¼ Std.

Steinfeldspitze, 2343 m

Gegen Norden vorgeschobener Gipfel zwischen Flachau und Tauerntal.
Von der Nestlhütte, etwa 1750 m (Mautstraße von südlich Flachau), über Hafeichtscharte, Südflanke und Ostkamm. 2 Std./I.

Nockberge

Tschiernock, 2082 m

Südwestlicher Eckpfeiler der Gruppe zwischen Liesertal und Millstätter See. Umfassende Rundschau.
Von der Hansbauerhütte, etwa 1750 m (Mautstraße von Seeboden), über Südhänge. 1 Std.

Großer Rosennock, 2440 m

Zusammen mit dem Kleinen Rosennock Felsmassiv im Zentrum der Nockberge, sehr gute Fernsicht.
Von der Erlacher Hütte, 1655 m (Straße von Radenthein), über Feldhütte, Weißensteinhütte und Südostseite. 2½ Std.

Gerlitzen, 1911 m

Höchster Punkt des südlichen, gerundeten und freistehenden Höhenzugs der Afritzer Berge über dem Ossiacher See, erschlossenes Skigebiet mit Gasthäusern, Sendeanlagen, Straßenzufahrten.
Beste Zufahrt: Von St. Urban-Bodensdorf auf der Gerlitzen-Alpenstraße, dann Sessellift.

Eisenhut, 2441 m

Breite Felspyramide mit steilen Nordostflanken nordöstlich der Turracher Höhe, höchster Gipfel der Gruppe.
Von Turrach, 1269 m, auf Alpsträßchen zur Hanserhütte, über Rapitzsattel und Südsüdostflanke. Ganz zu Fuß. 4 Std.

Schladminger Tauern

Lungauer Kalkspitze, 2471 m

Gipfel, der inmitten von Schieferbergen aus Kalk aufgebaut ist, ebenso wie die Steirische Kalkspitze. Umfassende Rundsicht. Erstersteiger H. Wödl und H. Reinhart 1889.
Von der Ignaz-Mattis-Hütte, 1986 m (von der Ursprungalm, Straße aus dem Ennstal, 1½ Std.), über Preuneggsattel, Znachsattel und Ostflanke. 2 Std./I.

Hochgolling, 2863 m

Hauptgipfel der Gruppe im Alpenhauptkamm zwischen Ennstal und Lungau, herrlicher Aussichtsberg. Erstersteiger: Mehrere Bürger von Tamsweg 1791.
Von der Gollinghütte, 1683 m (vom Gasthaus Weiße Wand, Straße von Schladming, 2½ Std.), über Gollingwinkel, Gollingscharte und Südwesthänge. 4 Std.

Hochwildstelle, 2747 m

Breite Felspyramide zwischen Riesachsee und Kleinsölktal, vielbesuchter höchster Gipfel einer Untergruppe. Erstersteiger: M. Reiter und Gefährten 1801.
Von der Preintaler Hütte, 1656 m (vom Gasthaus Weiße Wand, Straße von Schladming, 2½ Std.), über Wildlochscharte und Südgrat. 3 Std.

Preber, 2741 m

Berühmter Aussichtsberg nordöstlich über dem Lungau, weithin sichtbare Berggestalt mit mächtigen Abstürzen gegen das Prebertal.
Von der Grazer Hütte, 1897 m (hierher vom Gappmayeranger, Straße vom Prebersee, 1 Std.), über Südostgrat. 2 Std.

Großer Knallstein, 2599 m

Nördlich des Hauptkamms zwischen den beiden Sölktälern stehender Gipfel mit weiter Rundsicht.
Von der Strickeralm, 1353 m (Straße aus dem Großsölktal), über Schusterstuhl, Kleinen Knallstein und Nordgrat. 4 Std.

Dachsteingebirge

Roßbrand, 1770 m

Westlichster Berg des Dachsteingebirges zwischen Oberfritztal und Radstadt mit Radstädter Hütte/

Egerland-Hütte auf dem Gipfel, bekannter Aussichtspunkt.
Mautstraße von Radstadt bis kurz unter den Gipfel.

Plassen, 1953 m

Hauptgipfel des Nordteils der Gruppe zwischen Gosautal und Hallstätter See, wuchtige Berggestalt mit reizvollem Panorama.
Vom Rudolfsturm, 865 m (Standseilbahn von Hallstatt-Lahn), über Salzberg, Eisgrube, Ostflanke und Nordostgrat. 3½ Std.

Großer Sarstein, 1975 m

Höchster Gipfel eines freistehenden Bergstocks zwischen Hallstätter See und Koppen Traun mit prachtvoller Rundschau.
Vom Pötschenpaß, 992 m, über Niedere Sarsteinalm und Nordwestflanke. 3 Std.

Große Bischofsmütze, 2459 m

Eindrucksvolle, weithin sichtbare Riesenfelsturmgestalt, höchster Gipfel und Wahrzeichen des Gosaukamms. Schönes Dachsteinpanorama. Erstersteiger: Aufhäusler und Steiner 1878.
Von der Hofpürglhütte, 1705 m (hierher von der Aualm, Mautstraße von Lungötz, ¾ Std.), über Eiskar, Südschlucht, Mützenscharte und Nordschlucht. 3 Std./II.

▽ Vom Taubenkogel erblickt man über dem Hallstätter Gletscher und dem Eissee tief darunter den Hohen Dachstein, dem nur eine Kleinigkeit zum Dreitausender fehlt.

◁ Der Traunstein über dem Traunsee gehört zu den eindrucksvollsten Alpenrandbergen. Im Vordergrund liegt der Ort Traunkirchen.

Hoher Dachstein, 2993 m

Hauptgipfel der Gruppe und zweithöchster Gipfel der Nördlichen Kalkalpen, nordseitig stark vergletschert, bricht gegen Süden mit steilen Wänden gegen die Ramsau ab, bildet zusammen mit Torstein und Mitterspitz eines der berühmtesten Dreigestirne der Alpen. Erstersteiger: P. Thurwieser mit P. und A. Gappmayer 1834.
Ab der Seethaler Hütte/Dachsteinwartehütte, 2740 m (von der Bergstation der Dachstein-Südwand-Seilbahn 3/4 Std.), über Hallstätter Gletscher, Randkluft und Mecklenburgstein. 1 Std.

Großer Grimming, 2351 m

Mächtiger, gezackter, weithin auffallender Felsgrat zwischen Ausseer Land und Ennstal, östlicher Eckpfeiler des Dachsteingebirges, Wahrzeichen des mittleren Ennstals.
Von der Grimminghütte, 966 m (von Nieder-Stuttern bei Trautenfels 1 Std., teils Straße), über Große Schneegrube, Grasleiten und Multereck. 4 1/2 Std./I.

Totes Gebirge

Hohe Schrott, 1839 m

Nordwestlicher Eckpunkt der Gruppe über Bad Ischl und dem Trauntal mit eindrucksvoller Umschau.
Von der Rettenbachmühle (hierher Straße von Bad Ischl) über Halbwegalm, Mitteralm und Südostkamm. 3 1/2 Std./I.

Großer Priel, 2523 m

Herausragender Hauptgipfel der Gruppe an ihrem Nordrand hoch über Stodertal und Almtal mit steilen Nordabstürzen.
Von der Welser Hütte, 1815 m (hierher vom Almtalhaus, Straße von Grünau, 3 Std.), über Fleischbankkar, Fleischbanksattel, Hansbauernband und Westgrat. 2 Std.

Spitzmauer, 2446 m

Formschönster Gipfel der Gruppe, schroffer Felsturm mit Steilwänden gegen Norden und Osten, Beherrscher des Stodertals.
Vom Prielschutzhaus, 1420 m (hierher von Hinterstoder 2 1/2 Std.), über Klinserschlucht, Weitgrube, Meisenbergsattel und Westflanke. 4 Std.

Warscheneck, 2386 m

Mächtiger, langgezogener Bergstock im Osten der Gruppe nahe beim Pyhrnpaß, höchster Gipfel der gleichnamigen Untergruppe.
Vom Linzer Haus, 1371 m (hierher von der Bergstation der Standseilbahn aus der Nähe von Spital am Pyhrn, 1/4 Std.), über oberen Teichlbach, Totenmann und Nordgrat. 4 Std.

Loser, 1838 m

Charakteristisch geformter Bergstock mit steilen Wänden über dem Altausseer See, berühmter Aussichtspunkt.
Vom Ende der Loser-Mautstraße von Altaussee, etwa

1600 m, über Sattel zwischen Hochanger und Loser und Nordrücken. 1½ Std.

Oberösterreichische Voralpen

Traunstein, 1691 m

Mächtiger, schlanker, weit im Alpenvorland sichtbarer Felsberg am Alpenrand hoch über dem Traunsee am Nordwesteck der Berggruppe, von allen Seiten auffallend, mit berühmtem Panorama. Zwei Hütten unter dem Gipfel.
Von der Gmundner Hütte, 1661 m (vom Gasthaus Hoisn, Straße und Schiff von Gmunden, über Hans-Hernler-Steig, 3 Std.). ¼ Std.

Hoher Nock, 1963 m

Höchste Erhebung des Sengsengebirges nördlich des Teichltals und Windischgarstens, Kalkhochfläche mit steilen Nordabstürzen.
Vom Jagdhaus Rettenbach, 610 m (Straße von Windischgarsten), über Budergrabensteig, Merkensteinbrünndl und Südostseite. 4½ Std.

Wölzer Tauern

Gumpeneck, 2226 m

Schöner Aussichtsberg östlich über dem Großsölktal.
Von der Schönwetterhütte, 1500 m (vom Bauer Koller, Straße aus dem Großsölktal, 1½ Std.), über Salzkleck und Westgrat. 2 Std.

Greim, 2472 m

Vom Alpenhauptkamm weit gegen Süden vorgeschobener massiger Berg zwischen Feistritzgraben und Pöllautal, höchster Gipfel der Gruppe.
Von der Neunkirchener Hütte, 1525 m (von Eselsberg, Straße von Pöllau, 2 Std.), über Funklboden, Funklscharte und Straßeck. 3½ Std.

Großer Bösenstein, 2448 m

Formschöne, auch aus großer Entfernung auffallende Felspyramide mit scharfen Graten über Paltental und Triebener Tauern.
Von der Edelrautehütte, 1575 m (Mautstraße von Hohentauern), über Bösensteinsee und Ostgrat. 3 Std.

Lavanttaler Alpen

Ladingerkogel, 2079 m

Höchste Erhebung des langen Kammes etwa gleich hoher Gipfel der Saualpe, auch Große Saualpe genannt.
Von der Wolfsberger Hütte, 1826 m (hierher von der Gießl-Hütte, Straße von Wolfsberg), über Südkamm. 1 Std.

Zirbitzkogel, 2396 m

Höchster Gipfel der gesamten Lavanttaler Alpen und der Seetaler Alpen mit Hütte unter dem Gipfel, umfassende Fernsicht.
Von der Kulmer Hütte, 1822 m (hierher Straße von Neumarkt), über Westflanke und Nordwestkamm. 1 Std.

Großer Speikkogel, 2141 m

Hauptgipfel der Koralpe mit weitreichender Fernsicht, sanfte Kuppe mit Felsblöcken.
Von der Hipfelhütte, 1627 m (Straße von Wolfsberg), über Koralpenhaus und Nordwestflanke. 1½ Std.

Hühnerkogel, 1521 m

Südlicher Eckpfeiler der Koralpe über dem Drautal östlich von Lavamünd.
Von Kögler, 1350 m (Straße von Lavamünd), über Jankeckogel und Nordwestkamm. 1 Std.

Ennstaler Alpen

Großer Pyhrgas, 2244 m

Massige Felspyramide am Westeck der Haller Mauern zwischen Spital am Pyhrn und Admont.
Vom Rohrauer Haus, 1348 m (von der Bosruckhütte, Straße von Spital, 1 Std.), über Südseite und Westkamm. 3 Std.

Admonter Reichenstein, 2247 m

Eindrucksvoller dreizackiger Felsturm, schönste Gipfelgestalt in weitem Umkreis zwischen Gesäuse und

▽ Der Große Pyhrgas steht zwischen Ennstal und dem Talbecken von Windischgarsten und bildet den westlichen Eckpunkt der Ennstaler Alpen.

Paltental. Erstersteiger: J. Frischauf und A. Juraschek mit Krachler 1878.
Von der Mödlinger Hütte, 1593 m (vom Ende der Mautstraße Treffner Alm von Gaishorn ½ Std.), unter Pfarrmauer, dann über Gedenkkreuz, Scharte zwischen Reichenstein und Totenköpfl und Westgrat. 4½ Std./I.

Großer Buchstein, 2224 m

Mächtiger, weithin sichtbarer Felsklotz nördlich über dem Gesäuse mit großartiger Rundschau, Hauptgipfel der gleichnamigen Untergruppe.
Vom Buchsteinhaus, 1556 m (hierher von Gstatterboden 2½ Std.), über Westhänge, Schlucht und Nordseite. 2½ Std.

Hochtor, 2365 m

Hauptgipfel der Ennstaler Alpen mit zwei Spitzen und gewaltigen, ins Gesäuse abstürzenden Wänden.
Von der Heßhütte, 1617 m (vom Kölblwirt in Johnsbach 3 Std.), über Schütt, Josefinensteig, Gugelgrat und Scharte zwischen beiden Gipfeln. 2½ Std./I.

Zeiritzkampel, 2125 m

Höchster Gipfel des das Liesingtal begleitenden Kammes, lange Schneide, die gegen Norden und Süden steil abfällt.
Von Schloß Greifenberg bei Radmer an der Stube, etwa 850 m, über Kammerlalm, Kammerl, Zeiritztörl und Westkamm. 4 Std.

Eisenerzer Reichenstein, 2166 m

Östlicher Eckpfeiler der Eisenerzer Alpen über dem Paß Präbichl mit umfassendem Panorama, Hütte knapp unter dem Gipfel.
Vom Parkplatz oberhalb des Passes Präbichl, etwa 1300 m, über Grübl, am Rössel vorbei, Reichensteinhütte und Westkamm. 3 Std.

Seckauer Tauern

Hochreichart, 2416 m

Hauptgipfel der Seckauer Alpen in ihrem Zentrum über dem Ingeringtal. Weitreichende Fernsicht.

△ Vom Eingang ins Gesäuse, dem schluchtartigen Teil des Ennstals östlich von Admont, zeigt sich das Hochtor, der höchste Gipfel der Ennstaler Alpen, mit prächtiger Form und steilen Wänden.

Vom Hochreichart-Schutzhaus, 1483 m (von Mautern 3 Std.), über Nordseite. 3 Std.

Ybbstaler Alpen

Hochkar, 1808 m

Felsiger Bergkamm nördlich des Salzatals, dessen Nordostseite als Skigebiet erschlossen wurde.
Vom Schutzhüttenboden, um 1450 m (Mautstraße von Lassing), über Ostgrat. 1 Std. (größtenteils auch Sessellift).

Dürrenstein, 1878 m

Verzweigter Bergstock, teils Hochfläche mit steilen Südabstürzen südlich des Lunzer Sees.
Von der Ybbstaler Hütte, 1343 m (hierher von der Mündung des Almwaldbachtals, Straße von Göstling, 2 Std.), über Legsteinalmen, Springkogel und Westgrat. 2 Std.

Hochstadel, 1919 m

Höchster Gipfel der Ybbstaler Alpen, lange, felsige, steil abfallende Graterhebung in der Gruppe der Kräuterin.
Von Dürradmer, 808 m, über Nappenbach-Klause und Halterhütte. 3 1/2 Std.

Ötscher, 1893 m

Berühmter, freistehender, nach allen Seiten steil abfallender Bergstock, von weither sichtbar, großartiges Panorama.
Vom Ötscherschutzhaus, 1418 m (Sessellift von Lakkenhof), über Südwestgrat. 1 1/2 Std.

Hochschwab

Kalte Mauer, 1926 m

Westlicher Eckpunkt der Hochschwabgruppe zwischen Erzbach und Hinterwildalpen nördlich von Eisenerz.
Vom Leopoldsteiner See, 628 m (Straßenzufahrt), über Roßloch und Südwestflanke. 4 1/2 Std.

Hochturm, 2081 m

Höchster Gipfel zwischen Eisenerz bzw. Präbichl und Tragösser Tal. Informative Rundschau.
Vom Polster-Gipfel, 1910 m (Lift vom Paß Präbichl), über Hirscheggsattel und Südwestkamm. 1 1/2 Std.

Hochschwab, 2277 m

Berühmter Hauptgipfel der gleichnamigen Gruppe am Rand einer Hochfläche mit steilen Abstürzen gegen Südosten.
Vom Schiestlhaus, 2153 m (vom Bodenbauer im Ilgner Tal, Straße von Thörl, 3 1/2 Std.), über Nordostseite. 1/2 Std.

Großer Feistringstein, 1840 m

Höchster Gipfel eines langen Felsgrates am Ostrand der Gruppe über dem Seetal.
Von Seewiesen, 974 m, über Hackenalm und Schartl. 3 1/2 Std.

Türnitzer Alpen

Großer Sulzberg, 1400 m

Waldberg über dem Tal des Lassingbachs mit freier Rundschau, Hauptgipfel der Türnitzer Alpen.
Von Ulreichsberg, 863 m, über die Ostseite. 2 Std.

Türnitzer Höger, 1372 m

Herausragender Berg zwischen Traisental und Unrecht-Traisen-Tal mit Türnitzer Hütte auf dem Gipfel.
Vom Högerhof, 540 m (Straße von Türnitz), über Südflanke. 2 1/2 Std.

Mürzsteger Alpen

Großer Göller, 1766 m

Gipfel zwischen Lahnsattel und Kernhof mit berühmtem Panorama.
Von der Göller-Hütte, 1442 m (hierher vom Lahnsattel 1 1/2 Std.), über Nordostkamm 1 Std.

Hochveitsch, 1981 m

Höchste Erhebung des weithin auffallenden Bergstocks der Veitsch-Alpe mit umfassender Aussicht.
Vom Graf-Meran-Haus, 1836 m (hierher von der Brunnalm, Straße von Veitsch, 2 Std.), über die Südseite. 1/2 Std.

Windberg, 1909 m

Höchster Punkt des Plateaubergstocks der Schneealpe westlich der Rax über dem obersten Mürztal.
Vom Schneealpenhaus, 1782 m (vom Kohlebnerstand, Mautstraße von Kapellen, 1 1/2 Std.), über Rinnhofer-Hütte und Ostseite. 3/4 Std.

Randgebirge östlich der Mur

Rennfeld, 1629 m

Westlicher Eckpunkt der Gruppe im Winkel zwischen Murtal und Mürztal südlich von Kapfenberg mit Hütte unter dem Gipfel.
Von Frauenberg, 939 m (hierher Straße von Kapfenberg), über Wolfsattel und Ottokar-Kernstock-Haus. 2 Std.

Hochlantsch, 1723 m

Beherrschender Felsgipfel zwischen Roßgraben und Teichalpe über der Bärenschützklamm.
Von der Teichalmhütte, 1172 m, über den Ostkamm. 1 1/2 Std.

Stuhleck, 1782 m

Hauptgipfel der Fischbacher Alpen über Mürztal und Pfaffensattel mit Alois-Günther-Haus auf dem Gipfel.
Vom Pfaffensattel Mautstraße.

△ Die schroffe Felsburg des Feistringsteins steht am östlichen Rand des Hochschwabmassivs; hier ist sie von Süden zu sehen.

Hochwechsel, 1743 m
Höchste Kammerhebung der Wechselgruppe westlich von Aspang mit Gipfelhütte Wetterkoglerhaus. Mautstraße von Breitenbrunn, nördlich von Hartberg.

Rax-Schneeberg

Heukuppe, 2007 m

Höchster Punkt der Raxalpen-Hochfläche an ihrem Südwestrand, der mit Felsabstürzen steil abbricht. Großartiges Panorama.
Vom Karl-Ludwig-Haus, 1804 m (von der Preiner Gscheid, 1070 m, 2½ Std.), über Ostseite. ¾ Std.

Klosterwappen, 2076 m

Höchste Erhebung über dem ausgedehnten Plateau des Schneebergs, der als mächtiger Felsstock bis weit in die Ebene starken Eindruck ausübt. Großartiger Aussichtsberg.
Von der Fischerhütte, 2049 m (von der Bergstation der Schneeberg-Zahnradbahn von Puchberg, 1795 m, 1 Std.), über Nordostgrat. ½ Std.

Wienerwald

Schöpfl, 893 m

Höchster, bewaldeter Berg des Wienerwalds mit Aussichtsturm. Straße zum Observatorium auf dem Mitterschöpfl.
Von Forsthof, von Laaben 3 km, 1 Std.

Gutensteiner Alpen

Reisalpe, 1399 m

Höchster Gipfel der Untergruppe, gerundeter Rasenrücken mit Felsstellen südöstlich von Lilienfeld, höchster der Gutensteiner Alpen.
Vom Parkplatz an der Brennalm-Mautstraße, etwa 1020 m. 2 Std.

Vordere Wand, 915 m

Nordöstlicher Eckpfeiler des Höhenzugs der Hohen Wand über dem Alpenrand bei Wiener Neustadt. Weite Fernsicht.
Von der Herrgottsschnitzerhütte, 826 m, ½ Std.

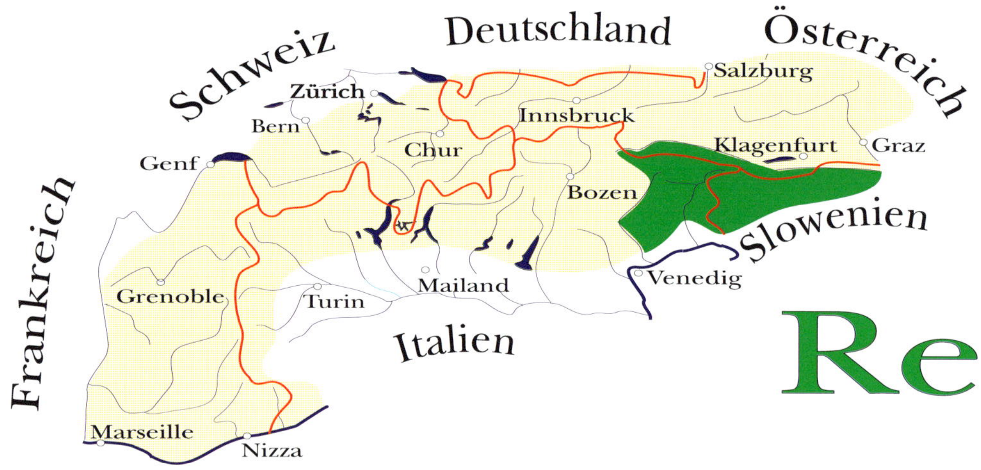

10 Region

Dieser südöstlichste Teil der Alpen ist durch Piave und Drau deutlich von seinen Nachbarn getrennt. Seine Gebirgsgruppen gehören, ähnlich wie die der Region 1, überwiegend zu den weniger berühmten Landschaften, die allgemein wohl in erster Linie von Bewohnern der näheren Umgebung aufgesucht werden. Trotzdem gibt es auch zwischen den wenig bekannten Landschaften viele klingende Namen und große Anziehungspunkte.

Ganz vorn steht das Zentrum der Julischen Alpen; auch die Lienzer Dolomiten, die westlichen Gailtaler Alpen, gehören zu den relativ bekannten Berggebieten. Neuerdings erhalten auch Teile des Karnischen Hauptkamms und der Karawanken etwas mehr Beachtung. Doch die wenig bekannten und nur wenig besuchten Gebiete überwiegen. Das bedeutet aber keinesfalls, daß diese abgelegenen Berge »nicht soviel zu bieten hätten«. Man denke nur an die Südlichen Karnischen Alpen, eine unerwartet eindrucksvolle Felswildnis, von der fast nur der Campanile di Val Montanaia in weiteren Kreisen bekannt geworden ist. Oder an den phantastisch schönen und eindrucksvollen Bergstock der Steiner Alpen, der den auffallenden und herausragenden südöstlichen Eckpfeiler der Alpen bildet und sehr weit ins Hügelland und die Ebene um das Savetal und Laibach hinausleuchtet. Jedenfalls gibt es gerade in dieser Region für den Bergfreund noch unendlich viel zu entdecken, wenn auch die Bedingungen, gemeint sind Hütten und Wege, vielleicht noch etwas ursprünglicher anmuten.

Die geographische Lage am Südostrand der Alpen und in relativer Nähe der Adria führt zu einem stärker ausgeprägten südbetonten Klima, das einen bedeutenden Anteil seiner Niederschläge nicht mehr von Nordwesten, sondern von Süden erhält. Allerdings sind diese im Durchschnitt weit geringer, als man es vom nördlichen Alpenrand gewohnt ist. Das Wetter darf aus der Sicht des nördlich der Alpen Wohnenden als angenehm bezeichnet werden. Geologisch gehört die Region fast ausschließlich zu den Südlichen Kalkalpen. Lange Kalkbergkämme und einzelne dolomitenhafte, wenn auch nicht ganz so ausgeprägte Felsformen prägen das Bild der Landschaften. Nur wenige Landschaften, vor allem am Ost- und Südostrand, etwa im Bachergebirge, lassen schon ahnen, daß die Alpen hier ihr Ende finden. Die Entwässerung erfolgt zum kleineren Teil zu Drau und Save, also zur

▷ Der Spitzkofel mit seinem langen Zackengrat ist einer der markantesten Felsberge der Lienzer Dolomiten, der von allen Seiten eine auffallende Gestalt zeigt.

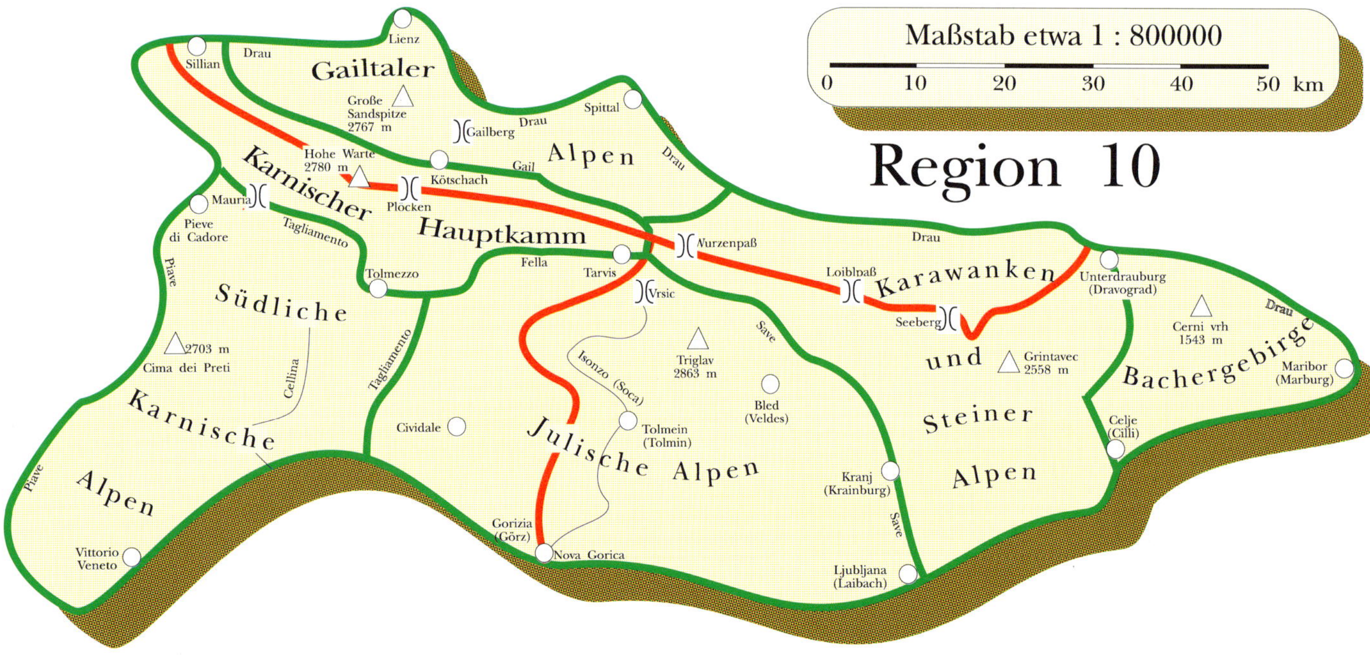

Gebirgsgruppe	Fläche in km^2	Begrenzung	polit. Zugehör.	höchster Gipfel	Untergruppen	Führer/Karten
Südliche Karnische Alpen, in I auch als Dolomiti Orientali bezeichnet	3400	Piave – Bladner Sattel – Degano/Canal di Gorto – Tagliamento – Alpenvorland – Piave	I/BL I/PN I/UD	Cima dei Preti, 2703 m	Brentoni, Dolomiti di Sappada, Sauris, Pramaggiore, Preti-Duranno, Resettum, Col Nudo-Cavallo, Visentin	TCI/CAI, Dolomiti Orientali II; Lagiralpina 1:50 000 1, 2, 4 (nur südlicher Teil); IGM-Karten 1:100 000 Nr. 12, 13, 14, 23, 24, 38
Karnischer Hauptkamm	2200	Drau – Kartitscher Sattel – Gail – Gailitz – Fella – Tagliamento – Degano/Canal di Gorto – Bladner Sattel – Piave – Padola – Kreuzbergpaß – Sextenbach	A/LZ A/HE A/VL I/BL I/UD	Hohe Warte, 2780 m	Helm-Öfner-Joch-Gruppe, Longerin-, Hochweißstein-Avanza-Gruppe, Öfnerjoch-Giramondopaß-Gruppe, Giramondopaß-Wolayer-Paß- Gruppe, Wolayer Paß-Plöckenpaß-Gruppe, Mooskofel-Gruppe, Rinaldo- Gruppe, Naßfeld-Göriacher-Alpe-, Sernio-Gruppe	Rother, AV-Führer Karnischer Hauptkamm (ohne Sernio-Gruppe); TCI/CAI, Alpi Carniche; Kompaßkarten 1:50 000 Nr. 47, 60 nur teilweise
Gailtaler Alpen	1300	Drau – Gail – Kartischer Sattel	A/LZ A/HE A/SP A/VI A/VL	Große Sandspitze, 2779 m	Lienzer Dolomiten, Reißkofelkette, Weißensee-Berge, Goldeckgruppe, Villacher Alpe	Rother, AV-Führer Gailtaler Alpen; Osttiroler Wanderbuch; Kompaßkarten 1:50 000 Nr. 47, 60, 64
Julische Alpen, italienisch Alpi Giulie, slowenisch Julijske Alpe	5300	Save – Lubjanica/Laibach – Vipava/Wippach – Isonzo/Soca – Alpenvorland – Tagliamento – Fella – Weißenfelser Sattel	I/UD I/GO SLO/KR SLO/LJ SLO/NG	Triglav, 2863 m	Montasch-, Wischberg-, Canin-, Jalovec-Mangart-, Razor-Prisojnik-, Škrlatica-Martuljek-, Triglav-Gruppe, Krngruppe und Wocheiner Berge, Idriaberge	Rother, Julische Alpen; Planinska Zweza Slovenije 1:50 000 Julische Alpen Ost, Julische Alpen West
Karawanken und Steiner-Alpen, früher teils Sanntaler Alpen, slow. Kamniske Alpe	3900	Drau – Mislinja/Mießling – Savinjska dolina/Sanntal – Save – Weißenfelser Sattel – Gailitz – Gail	A/VL A/K A/KL A/VK SLO/KR SLO/LJ SLO/MR SLO/CE	Grintavec, 2558 m	Westkarawanken, Mittelkarawanken, Ostkarawanken, Steiner Alpen	Rother, AV-Führer Karawanken; Heyn, Karawanken I; Heyn, Karawanken II; Planinska Zweza Slovenije, 1:50 000 Steiner Alpen
Bachergebirge, slowenisch Pohorje	1300	Drau – Dravica– Savinja/Sann – Mislinja/Mießling	SLO/MR SLO/CE	Velka Kapa, 1542 m	keine Unterteilung	in deutscher Sprache nichts bekannt; Planinska Zweza Slovenije, 1:50 000 Pohorje West und Ost

Donau und zum Schwarzen Meer. Der größere Teil fließt mit Piave, Livenza, Tagliamento, mit seinen bedeutenden Nebenflüssen Fella und Natisone, sowie dem Isonzo (Soča) nach Süden zur Adria. Die Gletscherarmut und die verhältnismäßig geringen Niederschläge begünstigen in diesem Gebiet den Bau von Stauseen nur wenig.

Zwar ist zu vermuten, daß Menschen am Rand der Region schon länger gewohnt haben als in anderen Alpenteilen, was jedoch für das Innere wegen der teils abweisenden Wildheit der manchmal schluchtartigen und unwirtlichen Täler nicht zutrifft. So führte auch nur ein einziger größerer Verkehrsweg durch das Gebiet, nämlich durch das Tagliamentotal und Fellatal ins Drautal nach Kärnten. Die römische Hauptverbindung nach Illyrien und Pannonien führte dagegen durch den Birnbaumer Wald bei Triest über den Paß Alpis Julia und um die höheren Julischen Alpen herum. Abgesehen von der Nachbarschaft der alten österreichischen Südbahn Kärnten-Kanaltal-Friaul hat sich die verkehrsmäßige Erschließung, ebenso wie später die touristische, in Grenzen gehalten, so daß nur an wenigen Stellen größere Schäden entstanden sind. Die Region hat – im Gegensatz zu vielen Alpenteilen – bisher noch wenig unter dem Menschen gelitten.

Drei Staaten sind an dieser Region beteiligt: Italien mit rund 35 Prozent, Österreich mit etwa 25 Prozent und Slowenien, das ungefähr 40 Anteil hat. Im italienischen Teil dominiert Italienisch, wenn auch das rätoromanische Friaulisch noch Bedeutung hat oder neuerdings wieder Beachtung erlangt. Kleine deutsche Anteile finden sich in wenigen, fast erloschenen deutschen Sprachinseln, die teils an Kärnten grenzen (Bladen, Kanaltal), teils weit südlich liegen (zum Beispiel Bosco del Cansiglio nördlich von Pordenone). Außerdem existieren noch slowenischsprechende Bewohner im Kanaltal und in den westlichen Julischen Alpen. Im österreichischen Gebiet wird überwiegend deutsch gesprochen, wozu slowenische (windische) Anteile im Untergailtal und im Rosental treten. Die bis zum Zweiten Weltkrieg nicht unbedeutenden deutschen Sprachinseln und deutschen Bevölkerungsanteile in Slowenien sind fast ausnahmslos verschwunden, so daß heute dort – bis auf geringe italienische Anteile – nahezu ausschließlich slowenisch gesprochen wird.

Südliche Karnische Alpen

Monte Cesen, 1570 m

Südwestlicher Eckpfeiler der Südlichen Karnischen Alpen im Col-Visentin-Kamm über der großen Piave-Biegung bei Valdobiádene.
Vom Rifugio Mariech, etwa 1480 m (Straße von Valdobiádene), über Osthang. ½ Std.

Col Visentin, 1761 m

Hauptgipfel des Bergzugs zwischen Piave, Lago di Santa Croce und Soligo südlich von Belluno mit Straße von Longhere bei Vittorio Veneto.

Cimon del Cavallo, 2250 m

Südlichster Eckpfeiler der Col-Nudo-Gruppe, massiger weit aus der Ebene sichtbarer Bergriese, der sich 2000 m über die Ebene erhebt. Berühmtes Panorama.
Vom Rifugio Piancavallo, 1267 m (Straße von Aviano bei Pordenone), über Casera Palantina, Forcella Lastè und Westseite. 3½ Std.

Cima dei Preti, 2703 m

Mächtiges, auffallendes Bergmassiv zwischen Piavetal und Tal der Cimoliana, höchster Gipfel der Südlichen Karnischen Alpen. Herrliches Panorama. Erstersteiger: M. Holzmann mit S. Siorpaes 1874.
Von der Casera Fontana, 943 m, im Val Cimoliana (hierher Sträßchen von Cimoláis), über Casera del Forcello, Val Frassini, Forcella Compol und Südostgrat. 6½ Std./I.

Monte Brentoni, 2549 m

Hauptgipfel der gleichnamigen Untergruppe zwischen Piavetal und Val Frison im Nordwesten der Südlichen Karnischen Alpen. Erstersteiger: L. Patera 1899.
Aus dem Val Frison, etwa 1200 m (Straße von Campolungo), über Val Inferno, Forcella Campo Rosso und Ostgrat. 5 Std./II.

Terza Grande, 2591 m

Nordostspitze des beherrschenden Doppelgipfels, höchster des zackigen Bergstocks südlich des Bladentals. Erstersteiger: C. Diener und G. Gröger 1889.
Aus dem Val Frison, etwa 1400 m (Straße von Campolungo im Piavetal), über Krummbachsattel und Südwestgipfel. 5 Std./II.

Monte Cridola, 2581 m

Formschöner Doppelgipfel über Mauriapaß und oberem Cadore mit prachtvoller Umschau. Erstersteiger: J. Kugy mit P. Orsolina 1884.
Vom Rifugio Giâf, 1395 m (Straße von Chiandarens bei Forni di Sopra), über Forcella Scodavacca, Südseite und Südgrat. 4½ Std./II.

Monfalcon di Montannaia, 2549 m

Hauptgipfel der Monfalcon-Gruppe zwischen Tagliamentotal und Val Cimoliana. Erstersteiger: A. Ferucci, F. Lazzato mit A. Giordani 1891.

△ Der massige Vesperkofel über dem Tal von Zahre/Sauris, einer deutschen Sprachinsel. Heute wird der Berg meist Monte Bivera genannt.

Vom Rifugio Pordenone, 1249 m (hierher Sträßchen von Cimoláis), über Cadin di Monfalcone und Südgrat. 4½ Std./II.

Pramaggiore, 2479 m

Beherrscher des oberen Tagliamentotals, von weitem auffallende, breite, zackenreiche Felsmauer.
Von Andrazza im oberen Tagliamentotal, 910 m, über Val Suol, Cei di Rue und Nordostgrat. 6 Std./I.

Vesperkofel, 2473 m

Der italienisch Monte Bívera genannte massige Felsberg zwischen Ratzer Sattel/Passo del Razzo und oberem Tagliamentotal beherrscht das Tal von Zahre/Sauris, berühmter Aussichtsberg. Erstersteiger: O. Dal Pozzo und P. Plotzer 1877.
Vom Ratzer Sattel, 1760 m (Straßen von Vigo di Cadore, Campolungo und Zahre/Sauris), über Casera Mediana und Westgrat. 3 Std.

Resettum, 2067 m

Der italienisch als Monte Ricitume bezeichnete höchste Punkt eines langen Grats erhebt sich im Knie zwischen oberstem und mittlerem Cellinatal.
Von Claut, 613 m, über Casera Resettum und Ostgrat. 4½ Std.

Karnischer Hauptkamm

Helm, 2483 m

Westlicher Eckpfeiler des Karnischen Hauptkamms über Sextental und Pustertal, einer der bekanntesten Aussichtsgipfel.
Von der Hahnspielhütte, 2200 m (von der Seilbahn-

△ Aus dem Karnischen Hauptkamm ist der Hochweißstein/Monte Peralba etwas nach Süden vorgerückt. Hier erblickt man ihn von der Piavequelle, die als historische Stelle Italiens mit einer Fahne geschmückt ist.

▷ Aus dem Valentintal unter dem Plöckenpaß zeigt sich die Hohe Warte, der höchste Gipfel der Karnischen Alpen, mit steilen Nordwänden.

Bergstation von Sexten ½ Std.), über Südseite und Südostgrat. ¾ Std.

Königswand, 2686 m

Vielzackiger Felsgipfel im Hauptkamm, höchster Berg des westlichen Teils. Erstersteiger: A. Victorin und P. Tassenbacher 1898.
Von der Obstanser-See-Hütte, 2340 m (aus dem Winklertal, Straße von Kartitsch, 1½ Std.), über Sandigen Boden, Große Kinigat und Königswandscharte. 3½ Std./II.

Porze, 2589 m

Massiger Felskoloß im Hauptkamm südlich von Obertilliach und nördlich von Santo Stéfano di Cadore.
Von der Neuen Porzehütte, 1930 m (vom Stausee, Straße von Obertilliach, 1 Std.), über Porzescharte und Westgrat. 2½ Std.

Hochweißstein, 2694 m

Aus dem Hauptkamm weit nach Süden vorgeschobener und auffallender turmartiger Gipfel, berühmter Aussichtspunkt, italienisch Peralba genannt.
Vom Hochweißsteinhaus, 1868 m (vom Parkplatz im Frohntal, Straße von St. Lorenzen, ½ Std.), über Hochalpljoch und Nordostrücken. 2½ Std.

Hohe Warte, 2780 m

Der friaulisch Coglians genannte höchste Gipfel der gesamten Karnischen Alpen mit steilen Nordwänden und prachtvollem Panorama steht im Hauptkamm zwischen Valentintal und Canal di Gorto. Erstersteiger: P. Grohmann 1865.
Vom Rifugio Marinelli, 2120 m (von Collina über dem Canal di Gorto 2½ Std.), über Forcella Monument und Südflanke. 2 Std.

Kellerwand, 2749 m

Doppelgipfelige Wandflucht mit steilen Abstürzen ins Valentintal und kleinem Gletscherrest, eindrucksvolle Berggestalt zwischen Hoher Warte und Plökkenpaß. Erstersteiger: A. Riebler 1878.
Vom Plöckenpaß, 1360 m, über Kollinkofel-Südostgrat und Südostschlucht. 4½ Std./II.

Monte Amariana, 1906 m

Mächtiger, herausragender südlicher Eckpfeiler des Serniokamms über der Mündung der Fella in den Tagliamento, wegen seines Panoramas einer der besuchtesten Berge Friauls.
Von Amaro, 300 m, über Stavolo Valeria und Plan dei Ajars. 5½ Std.

Monte Sernio, 2190

Der friaulisch Serenat genannte freistehende Gipfel zwischen Canal d'Incarojo und Val d'Aupa ist einer der berühmten Aussichtspunkte Friauls. Erstersteiger: M. und A. Grassi 1879.
Von Bevorchiáns im Val d'Aupa, etwa 650 m, über Casera Flop, Forca della Nuvernola und Coladors. 5½ Std.

Zuc del Boor, 2197 m

Mächtiges Felsmassiv mit auffallendem, schlankem Gipfelturm zwischen Aupa und Fella.
Von Chiusaforte, 350 m, über Polizze, Casera Costis, Canzlut und Sot Crete und Südostgrat. 7 Std./II.

Trogkofel, 2279 m

Formschöner, freistehender Felskoloß mit kleinem Gipfelplateau im Karnischen Hauptkamm über dem oberen Val Pontebbana. Erstersteiger C. Prochaska und J. Biehl 1886
Vom Naßfeldpaß, 1530 m, über Rudnigsattel und Südwestflanke. 3½ Std./I.

Gartnerkofel, 2195 m

Bekannter und häufig besuchter Doppelgipfel mit mehreren Zacken über dem Naßfeldpaß.
Von der Bergstation des Sessellifts vom Naßfeldpaß, etwa 1950 m, über Südkamm. ¾ Std.

Oisternig, 2052 m

Östlicher Eckpfeiler des Karnischen Hauptkamms nordwestlich von Tarvis mit berühmter Rundsicht.
Von der Feistritzer Alm, 1718 m (Straße von Feistritz), über Südosthang. ¾ Std.

Gailtaler Alpen

Golzentipp, 2317 m

Grasgipfel am Westrand der Lienzer Dolomiten, bekannter Aussichtspunkt.
Von der Connyalm, 2050 m (hierher Sesselbahn von

Obertilliach), über Kuttenschupfen und Südostkamm. 1¼ Std.

Spitzkofel, 2718 m

Zackenreicher, typisch geformter, von weither auffallender Gipfel, Wahrzeichen des Lienzer Talbeckens. Erstersteiger: F. Keil 1855.
Von der Kerschbaumer Alm, 1902 m (von Amlach bei Lienz 4 Std.), über Hallebachtörl, Südseite und Linderhütte. 2½ Std./I.

Große Sandspitze, 2779 m

Höchster Gipfel der Lienzer Dolomiten in der Umrahmung des Laserzkessels. Erstersteiger: F. Mitterhofer 1886.
Von der Karlsbader Hütte, 2260 m (hierher vom Parkplatz Dolomitenhütte 2 Std.), über Laserztörl, Schartenschartl, Sandspitzenrinne und Daumenschartl. 3 Std./II.

Hochstadel, 2678 m

Östlicher Eckpfeiler der Lienzer Dolomiten hoch über dem Oberdrautal und dem östlichen Talkessel von Lienz mit eindrucksvoller Nordwand und berühmter Rundschau.
Vom Hochstadelhaus, 1780 m (von Oberdrauburg 4 Std.), über Rudnigschartl und Baum-Rast. 2 Std.

Reißkofel, 2371 m

Höchster Punkt eines langgezogenen, steilwandigen Felsmassivs zwischen Oberdrautal und Obergailtal.
Von der E.-T.-Compton-Hütte, 1650 m (von Greifenburg 3½ Std.), über Törl und Ostgratweg. 2½ Std.

Spitzegel, 2118 m

Schroffer, aber begrünter Kammberg im Gailtaler Hauptkamm nordöstlich von Hermagor.
Von der Ladinzenhütte, 1692 m (von Ober-Vellach bei Hermagor 3½ Std.), über Obervellacher Alm und Nordwestkamm. 4 Std.

Hochstaff, 2218 m

Charakteristisch geformter Felsgipfel nordöstlich des Weißensees, der auch Staff genannt wird.
Vom Sattlegger, 1087 m, bei Stockenboi, über Pucheben und Ostkamm. 3½ Std.

▽ Höchster Gipfel der Gailtaler Alpen östlich der Lienzer Dolomiten ist der Reißkofel, ein schroffer Felswall zwischen Oberdrautal und Obergailtal; hier ist seine Südflanke zu sehen.

Dobratsch, 2166 m

Östlichster Berg, Doppelgipfel der Gailtaler Alpen und des Höhenzuges Villacher Alpe – auch der Gipfel selbst wird Villacher Alpe genannt –, berühmter Aussichtsberg mit Hütte und Sendeturm knapp unter den beiden Gipfeln.
Vom Parkplatz Roßtratte, etwa 1750 m (Mautstraße von Villach), über Zwölfernock, Ostflanke und Ludwig-Walter-Haus. 1½ Std (kleine Zeitersparnis durch Sessellift möglich).

Julische Alpen

Kanin, 2587 m

Höchster Punkt eines breitausladenden Felsmassivs am Westrand der Julischen Alpen zwischen Neveasattel und Isonzotal (Soča).
Vom Prestreljniksattel (Bergstation der Seilbahn von Bovec/Flitsch), 2202 m, über Skrbina pod Prestreljnikom, Ostflanke und Ostgrat. 1½ Std.

△ Von der Villacher Alpe am Ostrand der Gailtaler Alpen gehen die Blicke über das tief unten unter Nebeln verborgene Untergailtal hinweg zu den westlichen Julischen Alpen mit Wischberg und Montasch.

△ Vom Vršičpaß erblickt man an den nördlichen Ausläufern des Razor-Prisojnik-Stocks vorbei im Hintergrund die formschöne Škrlatica.

Montasch, 2752 m

Imposante, aus großer Entfernung auffallende Felsturmgestalt der nordwestlichen Julischen Alpen mit schroffen Wänden zwischen Seisera und Neveasattel, friaulisch Jôf del Montasio, slowenisch Poliški Spik. Erstersteiger: H. Findenegg mit A. Brussofier 1877.
Vom Rifugio Brazza, 1660 m (hierher vom Neveasattel 1½ Std.), über Forca dei Disteis, Südflanke und Grat. 3½ Std.

Wischberg, 2666 m

Höchster Berg eines stark gegliederten, langgezogenen Felsmassivs, das mit steilen Nordabstürzen ins Wolfsbachtal (Valbruna) abfällt, friaulisch Jôf Fuart, slowenisch Viš.
Vom Rifugio Guido Corsi, 1874 m (hierher von der Straße Raibl/Cave del Predil–Neveapaß 3½ Std.), über Südflanke. 2 Std.

Mangart, 2677 m

Auffallend abgerundeter und weithin sichtbarer Felsaufbau zwischen Weißenfelser Sattel und Koritnica-Tal mit eindrucksvoller Fernsicht. Erstersteiger: Stirner 1898.
Von der Koča na Mangrtu, 2092 m (Straße von Nähe Predilpaß/Predel), über Nordflanke. 1½ Std.

Jalovec, 2643 m

Beherrschende Felsturmgestalt über dem Planica-Tal. Erstersteiger: C. Wurmb mit M. Carnutta und A. Strgulc 1875.

◁ Im östlichen Teil des Hauptkamms der Karawanken steht der massige Koschutnigturm, der höchste Gipfel des Koschutastocks.

Von der Zavetišče pod špičkom, 2050 m (vom Vršič-Paß 4 Std.), über Ostflanke und Südseite. 2½ Std.

Krn, 2245 m

Berühmter Aussichtsberg und Weltkriegskampfplatz im Süden über dem Isonzotal, höchste Stelle eines langgezogenen Bergrückens, italienisch Monte Nero. Von Gomiščkovo Zavetišče na Krnu, 2200 m (vom Ort Krn 3 Std.), in wenigen Minuten zum Gipfel.

Škrlatica, 2738 m

Markanter, rötlicher und spitzer Felsgipfel nördlich des Triglavs zwischen Krnica-Tal und Vrata-Tal. Erstersteiger: J. Kugy, A. Komac und A. Kravanja 1880. Vom Pogačnikov dom, 2052 m (vom Aljažev dom im Vrata-Tal, Straße von Dovje/Lengenfeld, 4 Std.), über Križ-Joch, Biwakschachtel IV und Rdeca škrbina (Rote Scharte). 4½ Std.

Triglav, 2863 m

Alle Gipfel in weitem Umkreis überragender höchster Gipfel der Julischen Alpen in der Nähe ihres Ostrandes, gewaltige, bis 3 km breite Nordwände, die 1500 m ins Vratatal stürzen. Erstersteiger: L. Willonitzer mit Rozic, M. Kos und L. Korosec 1798.
Vom Triglavski dom, 2515 m (vom Aljažev dom, Straße von Dovje/Lengenfeld, 5 Std.), über Kleinen Triglav und Ostgrat. 1 Std.

Razor, 2601 m

Imposante Felsburg mit stark zerrissenen Steilwänden über Trenta (oberstes Isonzotal) und Vrata-Tal.

Eindrucksvolles Gipfelpanorama. Erstersteiger: O. Sendtner 1842.
Von Pogačnikov dom, 2052 m (vom Aljažev dom, Straße von Dovje/Lengenfeld, 5 Std.), über Südgrat. 2½ Std./I.

Karawanken und Steiner Alpen

Dreiländereck, 1518 m

Slowenisch Pec genannte westlichste Erhebung der Karawanken südlich von Arnoldstein. Informativer Rundblick.
Von der Dreiländereckhütte, 1458 m (dorthin mit Sessellift von Seltschach bei Arnoldstein), über Ostkamm. ½ Std.

Mittagskogel, 2145 m

Mächtige, weithin auffallende Felsgestalt mit steilen Nordabbrüchen, die Villach und den Wörthersee beherrscht, höchster Gipfel der Westkarawanken, slowenisch Kepa genannt.
Von der Bertahütte, 1567 m (vom Parkplatz, 850 m, Straße von Latschach, 1¼ Std.), über Ferlacher Sattel, Ostflanke und Nordostgrat. 1¾ Std.

Hochstuhl, 2238 m

Höchster Gipfel der Karawanken mit weitreichender Fernsicht, slowenisch Stol genannt.
Von der Klagenfurter Hütte, 1600 m (von der Johannsenruhe, Straße von Feistritz, 1 Std.), über Bielschitzasattel und Kleine Gamsgrube. 2½ Std.

Koschutnigturm, 2136 m

Höchster Gipfel des Koschutastocks, formschöner Berg über Zell Pfarre.
Vom Koschutahaus, 1279 m (hierher von Zell Pfarre 1¼ Std.), über Mejniksattel und Ostschlucht. 3 Std.

Hochobir, 2142 m

Freistehendes Bergmassiv nördlich des Karawankenhauptkamms westlich über Eisenkappel, wegen seines Panoramas berühmt.
Von der Eisenkappler Hütte, 1646 m (von Eisenkappel 3 Std.), über Südgrat. 2 Std.

Erlberg, 1929 m

Der slowenisch Uschowa oder Olševa genannte Kammberg erhebt sich als helle Kalkmauer über Solčava/Sulzbach.
Von St. Margareten, 926 m, bei Eisenkappel, über Lippuschmühle, Leppengraben und Felsentore. 3 Std.

Hochpetzen, 2114 m

Etwas nördlich des Hauptkamms stehender Felsgipfel über Bleiburg, östlichster ansehnlicher Felsberg dieses Kamms, auch Feistritzer Spitze genannt.
Von Siebenhütten, 1693 m (hierher Straße von Blei-

▽ Der Ostteil der Steiner Alpen von Norden, von Svety Duh mit dem Massiv der Ojstrica.

burg, Lift vom Petzenkönig), über Knieps, Kniepssattel und Südostgrat. 2 Std.

Raduha, 2062 m

Hauptgipfel der östlichsten Untergruppe, lange Felsmauer, die fast senkrecht gegen Solčava/Sulzbach abbricht.
Von der Zavetišče na Grohatu, 1455 m (von Grobelnik in der Savinjska Dolina 3 Std.), über Durce und Nordgrat. 1½ Std.

Mrzla Gora, 2202 m

Der früher Kaltenberg genannte steile Felsgipfel erhebt sich über der Vellacher Kotschna nahe der Grenze.
Vom Frišaufov dom/Frischaufhütte, 1318 m (hierher vom Straßenende in der Logarska dolina 2 Std.), über Südseite und Westflanke. 2½ Std.

Grintovec, 2558 m

Mächtiger, breitausladender Felsstock, höchster Gipfel der Steiner-Alpen mit steilen Nordabstürzen im Westteil der Gruppe zwischen Kankertal und Vellacher Kotschna.
Von der Zojsova Koča/Zoishütte, 1791 m (hierher von der Seebergstraße nördlich von Kokra/Kanker, etwa 580 m, 3½ Std.), über Male Vratce/Kleines Törl und Südseite. 2½ Std.

Planjava, 2399 m

Schroffer Felsaufbau im Zentrum der Steiner-Alpen zwischen Logarska dolina und Kamniska Bystrica.
Von der Koča na Jermanovih Vratih/Steinerhütte, 1884 m (3½ Std. vom Straßenende in der Logarska dolina), über Sukalnik und Südwestflanke. 2 Std.

Ojstrica, 2349 m

Östlicher Eckpfeiler der Gebirgsgruppe mit eindrucksvollem Panorama über Logarska dolina und Robanov kot.
Vom Kocbekov dom, 1808 m (hierher Aufstieg von Luče/Leutsch 4½ Std.), über Südgrat. 2 Std.

Bachergebirge

Velka Kapa, Črni vrh, 1543 m

Höchste Erhebung des Bachergebirges, aussichtsreiche Höhenkuppe im westlichen Teil der langen Reihe fast gleich hoher Gipfel, erschlossenes Skigebiet.
Vom Dom pod Veliko Kopo, 1397 m (Straße von Ribnica), über Ostkamm. ½ Std.

△ Der letzte Teil des Anstiegs auf den Grintovec, den höchsten Berg der Steiner Alpen, über die Südseite.

Stichwortverzeichnis

Grundsätzlich wurden in diesem Stichwortverzeichnis die Bezeichnungen der offiziellen Landkarten verwendet.

Es kann jedoch trotzdem sowohl bei deutschen als auch bei nichtdeutschen Namen zu Unklarheiten und Mehrfachnennungen kommen.
Da sich die vollständige Auflistung aller Schreibweisen aus Platzgründen verbietet, wird empfohlen, alle denkbaren zu berücksichtigen. Zu beachten sind dabei u. a. folgende Namenszusätze: Groß (Gr.), Klein (Kl.), Hoch, Grand, Grande, Cima, Cime, Aiguille, Mont, Monte, Munt, Pic, Piz, Pizzo, Tête, Testa, Le, La, Il.

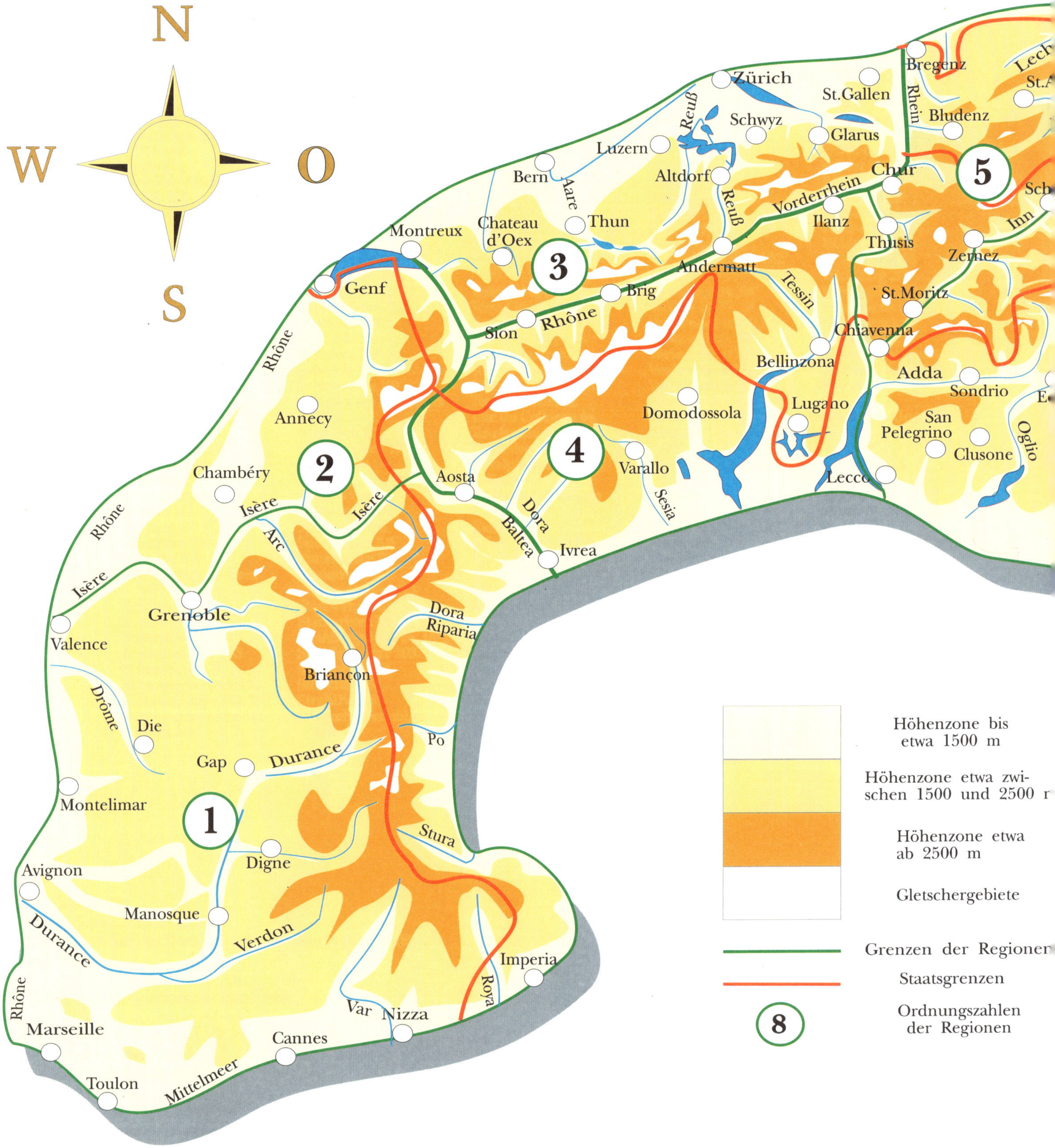
N
W
O
S
Genf
Montreux
Chateau d'Oex
Bern
Aare
Thun
Luzern
Reuß
Zürich
Schwyz
St.Gallen
Glarus
Altdorf
Reuß
Vorderrhein
Chur
Ilanz
Andermatt
Thusis
Bregenz
Rhein
Bludenz
Zernez
Inn
St.Moritz
Tessin
Chiavenna
Bellinzona
Lugano
Domodossola
Adda
Sondrio
San Pelegrino
Clusone
Oglio
Lecco
Brig
Sion
Rhône
Rhône
Annecy
Chambéry
Isère
Isère
Arc
Aosta
Dora Baltea
Ivrea
Varallo
Sesia
Rhône
Isère
Grenoble
Valence
Drôme
Die
Briançon
Dora Riparia
Po
Gap
Durance
Montelimar
Digne
Stura
Avignon
Manosque
Durance
Verdon
Imperia
Roya
Var
Nizza
Rhône
Marseille
Cannes
Toulon
Mittelmeer
1
2
3
4
5
8
Höhenzone bis etwa 1500 m
Höhenzone etwa zwischen 1500 und 2500 m
Höhenzone etwa ab 2500 m
Gletschergebiete
Grenzen der Regionen
Staatsgrenzen
Ordnungszahlen der Regionen